स्त्री की नज़र में

रीतिकाल

स्त्री की नज़र में
रीतिकाल

सम्पादक

मुकेश गर्ग

वाणी प्रकाशन

वाणी प्रकाशन
4695, 21-ए, दरियागंज, नयी दिल्ली 110 002
फ़ोन : +91 11 23273167 फ़ैक्स : +91 11 23275710

शाखाएँ
अशोक राजपथ, पटना 800 004, बिहार
कॉफ़ी हाउस कैम्पस, महात्मा गांधी मार्ग, इलाहाबाद 211 001, उत्तर प्रदेश
महात्मा गांधी अन्तरराष्ट्रीय हिन्दी विश्वविद्यालय, वर्धा 442 001, महाराष्ट्र
सुल्तानिया रोड, मोतिया पार्क, भोपाल 462 001, मध्य प्रदेश

www.vaniprakashan.com
marketing@vaniprakashan.in
sales@vaniprakashan.in

STRI KI NAZAR MEIN REETIKAL
Edited by Mukesh Garg

ISBN : 978-93-89563-80-1
Criticism/Feminism

प्रथम संस्करण 2020

मूल्य : ₹ 495

सिटी प्रेस, दिल्ली-110 095 में मुद्रित

वाणी प्रकाशन का लोगो मक़बूल फ़िदा हुसेन की कूची से

सम्पादक की नज़र में

रीतिकाल अब विमर्श के केंद्र में आता जा रहा है। हिन्दी साहित्य के इतिहास में किसी अन्य युग को ऐसा तिरस्कार नहीं झेलना पड़ा जैसा रीतिकाल को। पिछले सौ साल में हिन्दी आलोचना ने तरह-तरह से उसे पीटा है। रीतिकाव्य की श्रृंगार और नायिका-भेद वाली विषयवस्तु के कारण वह नैतिकतावादियों का आसान शिकार बन गया। उधर, कुछ प्रगतिशीलों ने शिल्पगत नफ़ासत, चमत्कारिता और अलंकारप्रियता के बहाने कलावादी कहकर उसे जब-तब ख़ूब लताड़ पिलाई। दो सौ साल तक स्त्री जिस साहित्य के केन्द्र में चिर-उपेक्षित स्त्री रही हो, उसे हमारे आलोचकों ने प्राय: परम्परावादी और मर्दवादी आग्रह से परखा। इस विपुल साहित्य में स्त्री के लिए कितना कुछ है, इसे देखने की कभी कोई ईमानदार कोशिश हुई हो, इसके ठोस प्रमाण नहीं मिलते।

हिन्दी की आलोचना देखें तो लगता है हम भक्तिकाल से सीधे आधुनिक काल में आ कूदे हैं। भक्तिकाल के एवरेस्ट से आधुनिक काल के उत्तुंग शिखर पर...सीधे। बीच में पड़ी है खाई, रीतिकाल की। दो सौ साल की खाई। ऐतिहासिक विकास-क्रम में कभी ऐसा होता है क्या? रीतिकाल की मुख्य विषयवस्तु से कुछ सार्थक ग्रहण किये बिना क्या आधुनिक काल सहसा खड़ा हो सकता था? हमारी आलोचना ने इस पर गहराई से कभी विचार नहीं किया।

स्त्री-केन्द्रित इस रीतिकालीन श्रृंगार-काव्य के रचनाकार सभी पुरुष हुए। मज़े की बात है इस कविता की आलोचना करने वाले साहित्यकार भी पुरुष हुए। स्त्री साहित्यकारों ने कभी कहीं कोई टिप्पणी की भी तो उस पर पुरुषों की आलोचना-दृष्टि का गहरा असर लक्षित होता रहा।

यह पुस्तक रीतिकाल पर स्त्री के विचारों को सामने लाने का पहला प्रयास है। इसलिए इसका ऐतिहासिक महत्त्व है। सभी लेखिकाओं ने हमारे आग्रह को स्वीकार किया और रीतिकाल के किसी-न-किसी पक्ष पर अपने विचार रखे। प्रख्यात कवयित्री अनामिका ने अलग क़िस्म की रोचक और सर्जनात्मक शैली में

रीतिकालीन काव्य पर अपने चिन्तन को आकार दिया है। साक्षात्कार के माध्यम से रीतिकाल पर वरिष्ठ साहित्यकार मैत्रेयी पुष्पा के विचार जानने का भी शायद पहली बार यहाँ अवसर मिल रहा है। सभी के हम हृदय से कृतज्ञ हैं। इस पुस्तक में एक तरफ़ रीतिकाल-सम्बन्धी पारम्परिक आलोचना के दर्शन होंगे तो दूसरी तरफ़ वर्तमान स्त्री-विमर्श से उपजे आलोचना के नये तेवरों से भी मुठभेड़ होगी। कुछ लेख उनके भी हैं, जिन्हें दिल्ली विश्वविद्यालय की उच्च कक्षाओं में रीतिकाल पढ़ाने अथवा शोधकार्य कराने का मुझे अवसर मिला। मुझे प्रसन्नता है उनके लेखों में मेरे मौलिक चिन्तन की झलक भी कुछ जगह आ गयी है। किसी शिक्षक के लिए इससे अधिक सन्तोष की बात और क्या होगी!

पुस्तक बहुत पहले आ जानी चाहिए थी, लेकिन अपरिहार्य कारणों से विलम्ब हुआ। प्रखर शोधार्थी सुश्री आरती रानी प्रजापति ने जिस निष्ठा और उत्साह से इस पुस्तक के लिए काम किया, उसके लिए अन्तःकरण से आशीष ही दिया जा सकता है। आख़िरी क्षणों में प्रसिद्ध साहित्यकार डॉ. गिरिराजशरण अग्रवाल का सहयोग मेरे लिए वरदान साबित हुआ। लक्ष्य-केन्द्रित उनकी श्रमशीलता को मैं नमन करता हूँ।

वाणी प्रकाशन ने अब तक न जाने कितने ऐतिहासिक महत्त्व के प्रकाशन किये हैं। मुझे विश्वास है यह पुस्तक उसी शृंखला की एक महत्त्वपूर्ण कड़ी साबित होगी।

–मुकेश गर्ग

अनुक्रम

'ऊँचे घोर मन्दर के अन्दर रहनवारी' और उनकी वंचित बहनें : रीतिकाल का पुनःपाठ

–अनामिका

कल रात मैं रीतिकाल के कवियों के बारे में यही सोचती हुई सोयी कि चित्रकला, खासकर मिनिएचर पेंटिंग, स्मारक, मिथक, रिवाज, धार्मिक मोटिफ आदि नवेतिहासवादी संसाधनों के आलोक में स्त्री-दृष्टि से इन्हें कैसे पढ़ा जाये, खासकर रीतिकालीन नायिकाओं और करीब दर्जनभर उन रीतिकालीन कवयित्रियों की आँख से–हिन्दी-साहित्य का कोई भी इतिहास जिन्हें फुटकर खाते में भी नहीं डालता! यह ऐसा है कि रीतिकालीन कवि शिक्षक, परामर्शदाता, इतिहासकार, राजनीतिक टिप्पणीकार, राजनायक और सैन्यनायक भी थे...राजनीति (राजपूत-मुग़ल-सम्बन्ध), मनोवृत्ति (कवियों के लिए क्या अभीष्ट है, क्या नहीं) और सामाजिक आचरण (कोर्टली प्रोटोकॉल, बहुसांस्कृतिकता के प्राक्आधुनिक प्रभाव)–सबकी झलक इनके ग्रन्थ हमें देते हैं...विधि-विधानों और नियमावलियों के प्रति उनका अतिरिक्त आग्रह उनके सांस्कृतिक परिदृश्य के आलोक में समझना हो तो किन स्रोतों का आश्रय लेना चाहिए? क्या दास्तानें, क़िस्से, वे किसानी रोमांस आदि कमाल के स्रोत नहीं हो सकते, जैसे रिज़ा कुल्लाह मुश्ताक़ी का 'वकीअत-ए-मुश्तानी' जिसका ज़िक्र इरफ़ान हबीब भी करते हैं।

उत्तर मुग़लकाल में जब भवन निर्माणकला उत्कर्ष पर थी और मनसबदारी की करदोहन-नीतियाँ अपने कठोरतम प्रसार पर, कारीगर और कलाकार गाँव छोड़कर रजवाड़ों के आसपास बसे कस्बों में शरण ले रहे थे। मुग़ल सल्तनत की सांस्कृतिक अधीनता स्वीकारते हुए, गृह-कलह से परेशान रजवाड़े और उनके दरबारी कवि रीतिग्रन्थों का पुनर्रोपण इस भाव से तो नहीं कर रहे थे, जिस भाव से (किसी ज़माने में समृद्ध रहे) लुटे-पिटे परिवार की औरतें नयी बहू को मखमली पोटली में बँधे 'चोरौका' गहने दिखाती हैं, जैसे यह सिद्ध करना ज़रूरी हो कि

'हम किसी से कम नहीं, हमारी भी एक सिद्ध परम्परा थी...संस्कृत आपकी समझ में नहीं आती तो लोकभाषा में ही हम उसका सजग भाष्य तैयार किये देते हैं जिससे आपको हमारे पूर्ववर्ती ऐश्वर्य और महीन रहन-सहन का अन्दाज़ लगे; आप कर-विभाजन के लिए बिरादरियों का लेखा-जोखा और बाहरी-सम्पदाओं की मैपिंग करा रहे हैं, तो हम सांस्कृतिक अलंकरणों की पॉलिश क्यों न करके दिखाएँ'...आदि-आदि। अस्मिता दुरूह चीज़ है। मान-मर्दन मानिनी नायिकाओं में जितनी दुरूहताएँ पैदा करता है, उससे कहीं गझिन-दुरूहताएँ उन राजाओं के मन में पैदा हुई होंगी, जिन्हें बावजूद इस मान-मर्दन के नयी सल्तनत के साथ वैसा ही ताल-छन्द बिठाने को मजबूर होना पड़ा होगा जैसे स्त्रियाँ पितृसत्तात्मक संरचनाओं के साथ बैठाने को मजबूर होती रही हैं : अपमान के हज़ार घूँट पीकर मुस्काने की कोशिश आसान तो नहीं होती।

मेरी समझ में यही कोशिश इन राजाओं और मातहत कवियों की थी : अपना सांस्कृतिक वैदुष्य अलंकार की तरह झलकाने की कोशिश, नवों रस निर्बाध बहाने की कोशिश, नायक-नायिकाओं का मनोवैज्ञानिक ऊहापोह पूरी महीनी में दरसाने की कोशिश, एक आत्मनिष्ठ, आत्ममग्न, मस्त, पारिवारिकता/एक रससिद्ध, भरा-पूरा आत्ममग्न जीवन भभकाने (प्रोजेक्ट करने) की कोशिश पूरी रीतिकालीन कविता में दिखाई देती है। कहते हैं न, थोड़ा मारा-राये, बहुत मारा, सोए! और सोए नहीं भी तो कछनी-काछ कर पड़े रहे मानो बाहर की कोई सुध ही नहीं, हालाँकि मन में यह चिन्ता भी है कि-'अली कली में ही रह्यो तो आगे कौन हवाल।'

यही सब सोचती अभी सोयी ही थी कि अचानक खटका हुआ और अगल-बगल बिखरी किताबों से बाहर टहलती निकल आईं वे सब प्रौढ़ा, नवोढ़ा नायिकाएँ, दूतिकाएँ और रीतिकालीन कवयित्रियाँ : बिरजूबाई, ब्रजवासीरानी बाँकावती, रसिकबिहारी 'बनी-ठनी', रानीकुँवरी 'प्रियसखी', रूपवती बेगम, वीराँ, शेख़ रंगरेजन, सुजान, सुन्दरकली और सुन्दरकुँवर बाई! यह तो उनके नामों से ही स्पष्ट है कि वे समाज की अलग-अलग श्रेणियों से आयी थीं-अलग-अलग वर्गों और जातियों से! कोई रानी थी, कोई आम गृहस्थिन, कोई वारवनिता तो कोई रंगरेजन। उन सबकी आँखें सूजी हुई थीं, जैसे सदियों से जागी हुई हों। बहनापा उम्र का फ़र्क़ नहीं जानता, न वर्ग-बिरादरी, जात-पाँत ही जानता है। इसी बहनापे के नाते उन्होंने मेरी ओर हाथ बढ़ाया और फिर सारी रात जो गपशप हुई, उसमें मेरी भूमिका नगण्य ही थी। प्रस्तोता-भाव से यह बातचीत आपके सामने रखना चाहती हूँ ताकि आप स्वयं निर्णय ले सकें कि क्या था रीतिकाल और उसकी उलझनें क्या थीं :

रसिकबिहारी 'बनी-ठनी' जी–वो एक अजब समय था, लड़की, दोहे-कवित्त और सवैयों के चुस्त बाने में तरह-तरह के त्रास कसमसाते बैठे थे। 1700 से 1857 तक के ताबड़तोड़ आक्रमण, आपसी बलवे और लूटपाट औरत-मर्द के रिश्तों का जितना कबाड़ा कर सकते थे, करते रहे। मनसबदारी प्रथा के भू-कर-नियोजन के समय से ही किसानों के गले में फाँस पड़ गयी थी, गाँव छोड़कर काश्तकार और कारीगर, कवि और कलाकार जिन देशी राजाओं की शरण गह रहे थे, उनकी अपनी स्थिति भी खस्ता ही थी। एक जगह शरण मिलती, फिर शरणदाता ही तबाह हो जाता या नाराज़। नौकरी छूटने-पकड़ने, बसने-उजड़ने का सिलसिला चलता ही जाता।

अनामिका–यह तो हमारे समय की ही स्थिति हो गयी, अम्मा! ऐडहॉक-नौकरियाँ, ऐडहॉक-रिश्ते! बार-बार बसने-उजड़ने वाले समाज में आपसी रिश्ते भी स्थायी कहाँ बन पाते होंगे। आधे पुरुष युद्ध के मोर्चे पर, आधे इधर-उधर नौकरियाँ ढूँढ़ते हुए, ऐसे में परकीया भाव का पनपना स्वाभाविक ही है। बेरोज़गार या विस्थापित नवयुवक अपनी सारी ऊर्जा नन्हे-मुन्ने, उड़नछू प्रेम-सम्बन्धों की अटूट शृंखला में ही ज़ाया करने को मजबूर होते हैं, जैसे तब के युवक होते होंगे। और जैसे अब के युवकों के आगे लोकप्रिय उपन्यासों-फ़िल्मों या नाटकों के प्रेम-प्रसंगों का मॉडल रहता है, उनके आगे संस्कृत क्लासिकों के प्रेम-प्रसंगों का मॉडल रहता होगा।

तब के सामान्य जनजीवन की झलक देने वाला कोई क़िस्सा याद हो तो सुनाएँ!

रानी कुँवरी–मेरा एक जानने वाला दरबार का मुलाज़िम था। ज़मीनों की नापजोख का काम उन दिनों ज़ोरों पर था, यह तो तुम जानती ही होंगी। इसी लेखे-जोखे के हिसाब से कर तय होता था। अकाल हो, बाढ़ हो–इससे मतलब नहीं। नियत तारीख़ पर किसानों को कर जमा करना ही होता। लिखत-पढ़त के काम में लगा-लगा वह दास्तानें भी लिखने लगा। उसी को कन्नौज के पास के उस निमखर गाँव से गुज़रते हुए उन ख़्वाजा ख़ान ने यह सच्ची दास्तान दर्ज कराई जो सुल्तान बहलोल लोदी के वक्त अफ़गानों द्वारा ज़ब्त कर ली गयी थी। उन्होंने देखा कि सामने के खेत पर एक वृद्ध दम्पति भैंस चरा रहा था। अचानक बारिश आयी तो अपने दुपट्टे की छतरी बनाकर वृद्धा वृद्ध को बचाने की कोशिश करने लगी। वृद्ध ने उलाहना दिया कि इतना छोह दिखाने की ज़रूरत नहीं, उसकी पुरानी बेवफ़ाई वह भूला नहीं है। ख़्वाजा ख़ान का मन इस उलाहने के मूल में जाने को उत्सुक हो गया; और क़िस्सा पूरा सुनने की गरज से उसने उनके घर

रात में मेहमान होना स्वीकार कर लिया। उसे खाट दे दी गयी और वृद्धा के लाख प्रतिकारों के बावजूद वृद्ध ने यह दास्तान सुना ही दी।

युवावस्था में वह निमखर में रहता था, वहीं रहते हुए उसे पड़ोसी बनिया (बक्कल) की बेटी से इश्क़ हो गया। एक बार काम की तलाश में जब वह गाँव के बाहर था, अफ़गानों ने गाँव ज़ब्त कर लिया और जिन औरतों को उठा ले गये, उनमें उसकी पत्नी भी थी। जोगी के भेष में उसे ढूँढ़ता-ढूँढ़ता जब वह अन्ततः सही ठिकाने पर पहुँचा (सरहिन्द), वह एक अफ़गान के दालान के बाहर बैठकर चावल चुनती दिखाई दी। जोगी की पुकार पर जब वह एक मुट्ठी चावल लेकर उसके पास गयी, उसने अपनी पहचान खोल दी और अपने इश्क़ की दुहाई देने लगा। जब वह वहाँ से टस-से-मस होता दिखाई न दिया, अपने नये स्वामी की ओर अभिमुख होकर वह बोली कि यह कोई जोगी-वोगी नहीं, मुझे अपने साथ भाग चलने की कह रहा है ये। अब क्या था, अपने नौकरों द्वारा ऐसी धुलैया कराई अफ़गान ने कि कई दिनों तक वह बेहोश रहा। होश आने पर भी गया नहीं, वहीं उसके अस्तबल में रहते हुए उसके घोड़ों की ऐसी अच्छी देखभाल उसने की कि अफ़गान ने उसे अपना मुख्य सेवक रख लिया।

दो बरस बीते; सुल्तान बहलोल किसी काम से अफ़गान राजधानी गया और वहीं तम्बू डालने का फ़रमान पा सारे माल-असबाब, नौकर-चाकर, ढोर-डंगर समेत उस औरत को उसने राजधानी ही चले आने का हुक्म भेजा, जो अब उसकी पत्नी कहलाती थी। तम्बू की ओर बढ़ते हुए बाक़ी लोगों को आगे भेज हमारा नायक अपनी पुरानी पत्नी को ले उड़ा। अफ़गान को पता चला कि दोनों उड़ गये तो तत्काल उन्हें ढूँढ़ने निकल गया और जब वे मिले तो नायक की धुनाई ही न की, उसे पेड़ से बँधवा भी डाला। लू और हरारत के मारे अब उसे बुखार आ गया था, औरत की गोद में सिर रख वह आराम ही कर रहा था कि नायक बोल पड़ा कि यह हरारत मामूली हरारत नहीं है, उसके शरबत में साँप का जहर मिला था। अफ़गान दोबारा उसे मारने को उठा पर भरभराकर हमेशा के लिए गिर गया। वह औरत जो अब तक पुराने पति की खाट खड़ी कर रही थी, तत्काल उसकी ओर अभिमुख होकर बोली कि अब उन्हें एक मिनट गँवाये बिना तत्काल भाग चलना चाहिए। एक बार गाँव पहुँची तो इस बुढ़ापे तक समर्पित पत्नी की तरह उसके साथ रहती रही जिसका ज़िक्र क़िस्से के शुरू में हुआ।

रूपकुँवरी-सोलहवीं शताब्दी के इस सच्चे क़िस्से में लिखनेवाले को सबसे दिलचस्प बात लगी औरत के चरित्र का यह पक्ष कि कितनी जल्दी-जल्दी वह स्वयं को नयी-नयी परिस्थितियों में ढालती गयी, कितनी निस्संगता से उसने

भाग्य के निर्णयों से समझौता किया। उसके धर्म-परिवर्तन और अन्य सम्भावित परिवर्तनों पर लेखक का कोई विचार न बना। बनिया की बेटी अफ़गान के साथ रहती हुई मुसलमान बनी होगी, दुबारा अपने पति के पास रहते हुए उसने हिन्दू रीति-रिवाज निभाने शुरू किये होंगे। अफ़गान मालिक के प्रति नायक की बेवफ़ाई या उसकी अपनी पत्नी का तोताचश्म होना लेखक को चकित नहीं करता, न वह एक बार भी उपदेष्टा की मुद्रा ही गहता है।

अनामिका–आधुनिक पाठक के लिए सबसे अधिक ध्यान देने वाली बात है अस्त-व्यस्त जनजीवन और विस्थापनजन्य अनिश्चितताएँ सांद्रता पर भी ग्रहण लगा जाती हैं। अचानक सैनिक दस्ता आता है और सब-कुछ घिंघोल देता है–हिंसा आरोपित आत्मीयता का आलम रचती है। आरोपित आत्मीयता खोखली तो होगी ही। उसमें प्रदर्शनप्रियता अधिक होगी, घनत्व कम होगा, इसलिए परिस्थितियाँ बदलने पर तोताचश्म होना भी आसान होगा–स्त्री-पुरुष दोनों के लिए। एक बार आक्रमण और हिंसा का हुदहुद तूफान और उसके बाद महीनों की श्मशान-शान्ति, बेरोज़गारी, ग़रीबी–करने को कुछ और न हो तो सारी ऊर्जा कामकेन्द्र की ओर मुड़ ही जाती है, और जब कामना भी घनीभूत प्रेम से संवलित न हो तो रह-रहकर छन्द टूट जाना भी स्वाभाविक ही है। ध्यान देने की बात यह है कि नायक-नायिका दोनों एक परेशान समाज में एकनिष्ठता के किसी दावे से मुक्त नज़र आते हैं–

चित पितु मारक-जोगु गनि भयौ, भयैं सुत, सोगु।
फिरि हुलस्यौ जिय जोइसी, समुझैं जारज-जोगु।।[1]

(दो सखियाँ हँस रही हैं ये कहकर कि किसी ज्योतिषी पिता के यहाँ कोई पुत्र पितृघातक योग में पैदा हुआ, शुरू में तो उसे क्लेश हुआ, पर गहरे मनन पर जब उसने देखा कि उसकी पैदाइश जारज योग में हुई, उसका मन मुदित हो गया कि अब तो मरेगा उसका रक़ीब, क्योंकि यह पुत्र तो पत्नी ने उसी की संगत से पैदा किया है।) यह या ऐसे और दोहे पढ़कर जारजता के सहज स्वीकार पर हँसी आना तो स्वाभाविक है। बिहारी का ही दूसरा दोहा देखें–

बहकि न इहिं बहिनापुली, जब-तब, बीर बिनासु।
बचौ न बड़ी सबील हूँ, चील घौंसुवा माँसु।।[2]

(एक सखी दूसरी को हँसकर परामर्श दे रही है कि अपनी मुँहबोली बहन को अपने नायक से बचाकर रखना, चील के घोंसले में मांस सुरक्षित रखना आसान नहीं होता।)

सुजान–जनजीवन का यह व्यंजक आख्यान रीतिकालीन कविता में वर्णित उन्मन काम-केन्द्रीयता की सही पृष्ठभूमि उजागर करता है। सर्वव्यापी साधनहीनता

का एक प्रमाण यह भी है कि ज़मींदारिनें ही नहीं जाँता चलातीं या सूत कातती, सामान्य स्त्रियाँ भी पद्मिनी-हस्तिनी नायिकाएँ बन सामने आती हैं–

ज्यौं कर, त्यौं चिकुटी चलति, ज्यौं चिकुटी, त्यौं नारि।
छबि सौं गति सी लै चलति, चातुर कातन-हारि।।[3]

(एक सखी अन्य सखी से कहती है कि वह चतुर, सूत कातने वाली नायिका जैसे-जैसे अपना हाथ चलाती है, वैसे-वैसे उसकी चुटकियों की गति तीव्र होती जाती है और ज्यों-ज्यों उसकी चुटकी चलती है, त्यों-त्यों ही उसकी ग्रीवा भी मुड़ती जाती है। चरखे के साथ-साथ नृत्य की गतियों का छविमय अभिनय वीप्सा तथा अनुक्तास्पद वस्तूत्प्रेक्षा अलंकार में।)

अनामिका–अन्य कुछ दोहों के साक्ष्य से भी रीतिकाल के गहनतम मनःसामाजिक तथ्य आते हैं। दुनिया का कोई भी आईना ऐसा नहीं होता, हो ही नहीं सकता, जिसमें सिर्फ़ 'व्यक्ति' प्रतिच्छायित हो, उसके पीछे की दीवार/पृष्ठभूमि नहीं। यदि सिर्फ़ 'चेहरा' दिखाने वाला जेब-आईना भी सामने रखें तो बनाव-सिंगार की तकनीकें, पसीना या आँसू पोंछने के तरीक़े और स्वयं आँख की उदासी/उसका हुलास समष्टि का सत्य प्रकाशित कर ही देते हैं। कथ्यात्मक सूत्रबद्धता के अनुसार कई ऐसे दोहों की तालिका जो काव्यकला के दोनों आयामों–सौन्दर्यशास्त्रीय और नीतिशास्त्रीय आयामों में जाज्वल्यमान मुझे जान पड़ती है। पोएटिक्स कुल मिलाकर 'ऐस्थिटिक्स' और 'एथिक्स' की संयुक्त नृत्य-मुद्रा ही तो है न–छोटे से स्पेस में महीन मीनाकारी–ऐसी मीनाकारी जिसकी एक-एक पत्ती जीवन की, आत्मा की सच्ची हरियाली का अक्स जान पड़े।

मात्र सत्रह-अठारह शब्दों के दोहे में एक पूरा आख्यान कैसे समाया होता है, अलग-अलग दृष्टियाँ कैसे नियोजित होती हैं, सम्भावित अर्थ पुंज अलग-अलग टोनल संयोजन में कैसी व्यंजनाएँ विकीरित करता है, इस पर तो कई ग्रन्थ लिखे जा सकते हैं, किन्तु फिलहाल हम उन कुछ दोहों पर अपना ध्यान केन्द्रित करेंगे जो स्त्री की देह और उसका मन, उसकी परिस्थिति और मनःस्थिति में सामंजस्य बिठाने की कोशिश करते नज़र आते हैं और जाने-अनजाने उस देशकाल की विडम्बनाओं का आभास भी देते चलते हैं, जिसने युद्धार्थ में अतिव्यस्त (हाइपर एक्टिव) रहे पुरुष-समाज को अचानक इतनी सारी फुर्सत दे दी थी कि उन्हें अपनी ऊर्जाओं का नियोजन करना पड़ रहा था। जैसाकि पहले कहा, यह स्थिति कुछ-कुछ वैसी भी मानी जा सकती है जैसी 'हायर एंड फायर' की शिकार कच्ची-पक्की, (रह-रहकर छूट जाने वाली) नौकरी कर रहे युवकों की आज है। बेरोज़गारी के दिनों का परिताप किराये के बन्द कमरों में कच्चे-पक्के, तुरन्त

तिरोहित हो जानेवाले यौन-सम्बन्ध बनाकर निकलता है। कच्ची-पक्की नौकरियाँ, कच्चे-पक्के रिश्ते, अतृप्त प्रणय-शृंखलाएँ क्षोभ से अधिक करुणा का विषय हैं और कुछ अर्थों में श्लाघा का विषय भी, श्लाघा इसलिए कि आसान नहीं है जलती झोंपड़िया में 'मल्हार गाना' जैसा करते रीतिकालीन नायक-नायिकाएँ और उत्तर-आधुनिक युवक-युवतियाँ दिखाई देते हैं।

इरफान हबीब ने अपनी बहुचर्चित 'मेडिवल इंडिया' के अन्तिम अध्याय में कुछ ऐसी ही रोमांटिक रपटों का हवाला दिया है, जिन्हें वे 'पेजेंट रोमांस' कहते हैं। अकबर के समकालीन रिज़कुल्लाह मुश्ताक़ी ने 'वक़ी-अत-ए-मुश्ताक़ी' नाम से इनका संकलन प्रकाशित किया था। इसमें ख़्वाजा ख़ान मेवाली नामक एक व्यक्ति द्वारा रपट की शैली में जो कथा बाँची जाती है, उसका पुनर्वाचन मैं ज़रूरी समझती हूँ। इस तथ्य की स्थापना के लिए कि ऊपर से इतने प्रसन्न और आत्मलीन इस युग के लोग भीतर से कितने उदास और निस्संग हो चले थे–खासकर यौनिकता के प्रश्न पर। बार-बार विवाह-सन्धियों, अपहरण, बलात्कार और विस्थापनजन्य दूसरी उठापटकें झेलती हुई स्त्रियों के लिए तो खासकर देह जैसे किराये का कमरा ही हो चली थी या फिर गले में लटका दिया एक ढोल।

ब्रजवासी रानी–मुग्धा पद्मिनियों से ज़्यादा बड़ी संख्या थी उदास प्रौढ़ाओं, परकीयाओं और खण्डिताओं की, जिनकी उदासियाँ बिहारी ने बख़ूबी पकड़ी हैं। सौन्दर्य और यौवन ही जिस समाज में स्त्री-जीवन का केन्द्रीय सत्य हो, वहाँ बुढ़ापा कितना भयावह बना दिया जाता है एक ऐसी स्त्री के लिए जो उपेक्षित परकीया का जीवन जीने को अभिशप्त रही हो, इससे सम्बद्ध कई दोहे बिहारी ने लिखे हैं, ऋतुमुक्ति (मेनोपॉज़) के स्नायविक तनावों से जूझती हुई एक सन्तानविहीन परकीया चॉसर की 'वाइफ ऑफ़ बाथ' भी है, पर उसके पास पुराने वृद्धपतियों से झींटे हुए पैसों के बुद्धिप्रवण विनियोग द्वारा खड़ा किया गया एक रोज़गार तो है–वह सफल कपड़ा विक्रेता है, पर रीतिकाल की ये प्रौढ़ाएँ नहीं जानतीं कि उम्र ढलने पर अपनी विशृंखल यौनिकता का करें क्या और सपत्नी के बच्चे को उसी स्थान पर चूमकर अपना तनाव दूर करती हैं जहाँ उसके पिता ने उसे चूमा था, या फिर अन्तरंग सखी के कन्धे पर सिर रखकर रो लेती हैं, पर इस रुलाई में एक महीन चुटकी भी छुपी है, जैसे कोई स्वयं का उपहास उड़ाता खड़ा हो–

सुभर भर्‌यौ तवगुन कनन, पकयौ कपट-कुचाल।
क्यौं धौं दार्‌यौ ज्यौ हियौ, दरकतु नाहिंन, लाल।[4]

(मेरा मन उसके कपट-कुचाल से इस प्रकार भर गया है जैसे पका अनार पुष्ट दानों से, पर लाल अनार की भाँति वह दरककर फटता क्यों नहीं) ऐसी बातें

सुनकर सखी भी फल का उपमान उठाकर हँसती हुई-सी नायक को समझाती है–

अनरस हूँ रसु पाइयतु, रसिक रसीली-पास।
जैसे साँठे की कठिन गाँठ्यौं भरी मिठास।[5]

(एक बार उसके पास चलकर तो देखो, उसकी इस अनावस्था में ही तुम्हें आनन्द आयेगा, जैसे कि गन्ने की गाँठ में भी मीठा रस होता है।)

बेचारी दूतियाँ! बहनापे की इससे बेहतर मिसाल तो स्त्रीवादी साहित्य में भी नहीं मिलेगी! वर्गभेद के बावजूद यह अपनत्व!

शाह रंगरेजन–लोग रीतिकाव्य पर सम्भ्रान्तवादी या दरबारी होने का आरोप लगाते हैं, पर मैं, शाह रंगरेजन, इस बात का जीता-जागता प्रमाण हूँ कि काव्य-तकनीकों का अभ्यास कराने वाले 'समस्यापूर्ति' आदि खेल तब गलियों तक फैल चुके थे। इसी खेल ने मुझे मेरे शाह से मिलाया। बाबा की दुकान पर पगड़ियाँ रँगने का काम करती थी। एक रोज़ एक पगड़ी के खूँट में मुझे एक पर्ची बँधी मिली, जिस पर कोई एक पंक्ति लिखकर छोड़ गया था, शायद आगे की पंक्ति उसे सूझ नहीं रही थी, सोचता-सोचता थक गया होगा, पगड़ी के सिरे पर गाँठ लगाकर भूल भी गया हो शायद! पंक्ति थी–

'कनक छरी-सी कामिनी काहे तैं कटि छीन।' समस्यापूर्ति में आनन्द उठाने वाली मैं उसी वक्त एक कूची उठाकर दूसरी पंक्ति दाग गयी, दोहा पूरा हो गया–'कटि को कंचन काट बिधि कुचन मध्य धर दीन।' हिसाब-किताब बराबर! रँगी हुई पगड़ी जब सूखी तो उसके उसी सिरे पर वह पर्ची बाँधी मैंने कि भई, जिसके पास से आयी, वहीं जा और दोहा पूरा लिए जा!

मुझे क्या पता था कि मेरा भाग्य पलटने आयी थी पर्ची! दोहा पूरा देखकर उलटे पाँव दौड़ते आये शाह आलम और मेरा माथा चूम लिया! तब से ही मैं बन गयी शाह रंगरेजन और आगे की सारी ज़िन्दगी दोनों मियाँ-बीवी मिलकर कविताई करते रहे।

सुन्दरकली–औरत की देह मार-पीट, मर्दन-तर्दन का टीला सही, पर वह आनन्दातिरेक का सोता भी है–भाषा में जिसकी कल-कल, छल-छल छमछमाती बढ़ी आती है। रीतिकवियों के पहले कालिदास और विद्यापति ने इसका मर्म समझा, पर उन्होंने रूपकों की ओट ली, हमने महीन मीनाकारी की देह-व्यापारों की अपनी कविता में। और हमारा अध्ययन तभी सम्यक् हो पायेगा जब मीनाकारी, पच्चीकारी के बरअक्स रीति-कविता परखी जाये।

सुन्दरकली बाई–और यह भी न भूला जाये कि यह काली बेगमाती ज़बान की रेक्ती कविता, दक्किनी हिन्दी की सूफ़ी कविता और ग़ज़ल के उभार

का भी काल था। मीर पद्माकर के समकालीन थे और दोनों की वक्रोक्तियाँ मिलती-जुलती हैं–

होगा किसी दीवार के साये के तले मीर,
क्या काम मुहब्बत से उस आरामतलब को।

यह बेखुदी कहानी का एक हिस्सा थी, तो दूसरा हिस्सा वह सूफ़ियाना महीनी जो उस वक्त के प्रसिद्ध उद्योग 'शीशागरी' में व्यक्त होती है–

ले साँस भी आहिस्ता है नाज़ुक ये बहुत काम।
शाफ़ाक़ के इस कारगहे शीशागरी का।[6]

इस महीन शीशागरी का असर भी रीतिकविता के शिल्प पर था।

बनीठनी–आपके समय के आलोचकों ने यह नहीं पहचाना, अनामिका! कोई कवि विद्वान है तो क्या उसकी लानत-मलामत करेंगे?

अनामिका–अरे नहीं, स्पेंसर, मिल्टन, वर्जिल की विद्वत्ता उनके कवित्व के आड़े नहीं आती, पूरी अठारहवीं शताब्दी में अंग्रेज़ कवि ग्रीक और रोमन मॉडलों का अनुकरण करते रहे, वैसा अनुकरण तो रीतिकवियों ने भी रीतिग्रन्थों का न किया...यह तो एक तरह का अभिवादन है परम्परा का, एक खास तरह की मैपिंग, एक अन्त:पाठीय संवाद जिसे आज हम श्रेष्ठ कविता का निकष कहते हैं।

सुजान–रीति-कविता को इतना ऊँचा भी चढ़ाने की ज़रूरत नहीं है, अनामिका, आज जिस उम्र में लड़कियाँ पाँचवीं-छठी में पढ़ती रहती हैं, उस उम्र में मुग्धा नायिकाओं का देह-दोहन शुरू हो जाता था, और बाईस-तेईस की उम्र में तो वे कलहान्तरिता प्रौढ़ाएँ या कुट्टिनियाँ बनने को मजबूर हो जाती थीं।

अनामिका–यह हम समझती हैं, अम्मा, आपने तो घनानन्द के सच्चे प्रेम का अमृत चखा था, पर ऐसी भी कई नायिकाएँ हुईं, जो आजीवन अनादृता रहीं! इन्हीं को निवेदित यह कविता आपके सामने रखती हूँ कि सनद रहे, हम उनके दु:खों से अनभिज्ञ नहीं–

नायिका भेद : नवेलिका थेरी बोली
आचार्य, हम इनमें कोई नहीं,
कोई नहीं, कोई नहीं, कोई नहीं,
मुग्धाएँ जब थीं हम,
देनी थीं हमको परीक्षाएँ
बोर्ड के सिवा भी कई,
संस्थानों में प्रवेश की परीक्षाएँ देते हुए
हमें फुर्सत ही नहीं मिली

आनन्दसम्मोहिता या रतिकोविदा होने की।
रात में जगीं भी हम तो मोटी पुस्तकों में सर खपाती हुई,
चौराहे तक निकलीं भी जब अँधेरे में,
मुदिता या अभिसारिका भाव से तो नहीं,
घर के कपड़ों में बस निकल पड़ीं
चुइंगम लाने की ख़ातिर कि नींद भगे।
प्रारब्धयौवन हुईं जब हम
नौकरी के सौ झमेले थे सर पर।
शास्त्रीय स्वकीयाएँ तो तन-मन से करती थीं
पतिगृह की सेवा, हम तन-मन-धन से
परिजन-पुरजन की, ससुराल-नैहर की,
घर की और बाहर की
दत्तचित्त सेवाएँ करती हुई ही
फैलती रहीं कचरमकुट्ट : मीराँ की प्रेम-बेल की तरह!
स्वाधीनपतिका नहीं, न ही प्रवत्स्यत्पतिका,
आनन्द-सम्मोहिता भी नहीं, न ही कलहान्तरिता!
कलह कभी करने का भी जी हुआ तो किससे करतीं,
बाल-बुद्धि ही थे परमेश्वर हमारे,
लगे ही नहीं वे कभी भी बराबर के,
'पिया मोर बालक हम तरुनी,
पिया ले ली गोदक चलती बाज़ार' का छन्द साधती हुई
आज जिस बाज़ार में हम खड़ी हैं न आचार्य जी,
उसमें पहेली नहीं, चुटकुला है हर जीव,
तुमुल कोलाहल-कलह का ऐसा
घनघोर-सा सिलसिला है यहाँ,
कबीर की लुकाठी से
सुलग रहे हैं बॉनफायर!
दो-चार ब्लॉगों पर
सुगबुगाता है कुछ यहाँ री-मिक्स-सा,
फुसफुसा रही हैं कुछ इधर-उधर
'बाज़ार से गुज़रा हूँ, खरीदार नहीं हूँ' की
झिलमिल-सी अन्तरपाठीयता!

हाँ, तो मैं यह कह रही थी,
कि कुट्टिनी, खण्डिता वग़ैरह भी
हम तो नहीं हैं,
हमारा अलग से ही बनना होगा कोई प्रभेद:
फूट गये हैं घड़े
सिकहर पर टँगे नौ रसों के,
घालमेल-सा हो गया है रसधारों का,
वीर में वात्सल्य बहता है,
शृंगार में बहती है कुछ भयावहता
शान्त भी वीभत्स या रौद्र से जा मिला है।
हर क्षण हमारा है नौ रसों का कॉकटेल
और हम भी हैं शायद मिश्र-प्रजाति वाले
बाँस का टूसा!
सुना था कहीं,
चीन देश में होती है
बाँसों की ऐसी प्रजाति
जिसका टूसा पड़ा रहता है
पचपन बरस धरती के भीतर
और तब जब चमकती है कहीं बदली
धरती की छाती दरक जाती है,
फोड़-फाड़कर सारी चट्टानें
झाँकता है बाँस का टूसा
धरती के बाहर।
भूले-भटके जो आ जाती हैं
मादक घटाएँ उधर,
उनकी छाया घूँट-भर पीकर
दिन दूनी, रात चौगुनी गति से
बढ़ जाता है बाँस का टूसा
यों बेहिसाब
कि उसकी गर्दन झुक जाती है,
कोई भी कन्धा नहीं मिलता
जिस पर टिके उसका माथा।

हाँ, हम समझती हैं उनका दुख
जिनको सर रखने को कोई भी कन्धा नहीं मिलता,
सन्न-सन्न बहती हैं सारी दिशाएँ उनके भीतर!
मलिन वस्त्र राधा का दुःख एक ऐसा ही दुःख था :
हरि के पसीने से भीग गया
और विरह की धूप में सूखा
तार-तार आँचल वह राधा का!
हालाँकि हमने किसी कृष्ण को कभी
कहीं नहीं देखा,
पर राधाएँ हमने देखी हैं इधर-उधर!
नागमती 'पद्मावत' वाली,
बड़े पलंग पर कहीं एक ओर लुढ़की पड़ी
और गहन बारिश में निपट अकेली
अपनी झोंपड़ी छवाती हुई
लगती है कैसी,
जानती हैं हम ये अच्छी तरह से!
अच्छी तरह से समझती हैं
हर बात पर चौंकती हैं क्यों
उत्कंठिताएँ!
धीरा-अधीरा वो रहती हैं क्योंकर
काम नहीं आते क्यों उनके
वर्षों से संचित संज्ञान और अनुभव?
क्यों खोटे सिक्के हो जाते हैं
सारे शुभाशय?
बजता नहीं कभी भूले से, फिर भी,
हाथों में क्यों हरदम रखती हैं
अपना मोबाइल?
क्यों ध्यान से पढ़ती हैं
सन्देश विज्ञापन कम्पनियों का
अपना धुँधला चश्मा पोंछकर?
किसका है इन्तज़ार इनको?
कोई कभी भी नहीं आता इनके सिरहाने!

सिर्फ़ बुद्ध आते हैं
आती है जैसे कि धूप सुबह की
ठिठुरती हुई कालरात्रि के बाद
किसी आँगन में!

सुजान–हाँ, तुम्हें यह कभी नहीं भूलना चाहिए कि नायिका-भेद की व्यवस्था स्त्रियों को कई विद्वेषी कोटियों में बाँटती है।

एक मुग्धा नायिका–एक बात सोचने की यह भी है कि क्यों वृद्धाएँ ही हमेशा कुट्टिनी होंगी और ग़रीब स्त्रियाँ इधर से उधर दौड़ने वाली दूतिकाएँ! क्यों आठ साल की मुग्धा रमण के लिए तैयार न हो तो पीटी-कूटी जाये?

पद्मिनी नायिका–मगर हिन्दी के रीतिकालीन कवियों ने संस्कृत कवियों की इस मुग्धा-तारण प्रविधि से स्वयं को मुक्त रखने की आदमीयत दिखाई। सिर्फ़ स्त्री-शरीर की नहीं, बारहमासाओं में ऋतुओं की महीन समझ भी उन्होंने दिखाई। दरबारों का प्रशिक्षण उन्हें अंग्रेज़ी कवियों की 'कोर्टली लव पोएट्री' के पाये का शिष्टाचार ज़रूर सिखा गया।

अनामिका–मुझे आपकी बातों से ऐसा जान पड़ता है कि रीतिकालीन कविता को उन लघु आख्यानों की महीन मीनाकारी के रूप में पढ़ें जिससे स्त्री-पुरुष के बीच का ही नहीं, मनुष्य और उसके परिवेश के बीच के क्षणभंगुर मोह-छोह का सटीक और सजग ग्राफांकन समझा जा सकता है। आपके समय का क्षणभंगुर परकीया प्रेम ही हमारे समय के 'हरी घास पर क्षण भर' वाले भग्न एहसास में विस्तीर्ण हुआ! पर रीतिकाल में स्त्री के माँ-बहन-बेटी और नागरिका वाले रूप गौण ही रहे और उस समय के आर्थिक-सामाजिक-राजनीतिक तनावों की भी आहट गुम-सी रही।

सुजान–गुम मत कहो, गुमसुम कहो! आओ, मैं तुम्हें सूत्र देती हूँ कि इन प्रणयसिद्ध दोहों में युग की आर्थिक-राजनीतिक-सामाजिक बेचैनियाँ कैसे पढ़ें!

यह तो तुमने ही कहा कि दुनिया का कोई भी आयीना ऐसा नहीं होता जिसमें आदमी के चेहरे के साथ उसकी पृष्ठभूमि, उसका परिवेश प्रतिबिम्बित न हो। ठीक इसी तरह दुनिया की कोई प्रेम कविता या आत्मनिष्ठ कविता ऐसी नहीं होती जिसमें युग की बृहत्तर हलचलें प्रतिबिम्बित न हों। आदमी-औरत के आपसी रिश्तों का राजनीति से बड़ा आईना और क्या होगा?

तो आओ, मैं तुम्हें बिहारी जैसे कवि से चुनकर कुछ दोहे ऐसे देती हूँ जिसमें हमारे युग की राजनीतिक-आर्थिक हलचलें कसमसाती हैं : पहला दोहा यह जिसमें यौवन को 'प्रवीण राजा' बताया गया है, यहाँ कटाक्ष की बात यह है

कि उसकी प्रवीणता उसके मनमानेपन में प्रतिबिम्बित है, उसकी न्यायवृत्ति में नहीं, तभी वह 'अपना जानकर' किसी अंग की पृथुलता छीनकर किसी और पर वार देने में तनिक नहीं झिझकता, निम्नांकित दोहे में 'इज़ाफ़ा' जैसा अर्थशास्त्र से सीधा उठाया गया शब्द भी ग़ौरतलब है–

अपने अंग के जानिकै, जोबन-नृपति प्रबीन।
स्तन, मन, नैन, नितम्ब कौ, बड़ौ इज़ाफ़ा दीन।[7]

दूसरे दोहे में 'पाप' और 'रोग' की शृंखला में राजा को बिठाते हुए कहा गया है कि सब श्रुति-स्मृतियों की यह मान्यता है कि राजा, पाप और रोग कमज़ोर को ही दबाते हैं–

कहैं यहै सब स्रुति-सुमृति यहै सयाने लोग।
तीन दबावत निसक ही, राजा, पातक, रोग।[8]

अनामिका–बिहारीलाल का एक दोहा मैंने भी ऐसा पढ़ा था जिसमें अंग्रेज़ी के 'मेटाफ़िज़िकल' कवि जॉन डन की विनोदवृत्ति झलकती है, जहाँ वे एक साँस में सारे संसार को रति का प्रतिबिम्ब मानते हुए उसे असल मुक्ति का स्रोत मानते हैं–

चमक, तमक, हाँसी, ससक, मसक, झपट, लपटानि।
ए जिहिं रति सो रति मुकुति, और मुकुति अति हानि।।[9]

रीतिकालीन कवियों के हास्यबोध पर भी कम विचार हुआ है।

बनीठनी जी–इधर-उधर भटको मत, लड़की, अभी हम तुम्हें यह समझाने की कोशिश कर रही हैं कि आर्थिक इतिहास के आलोक में बिहारी को पढ़ें तो पता चलेगा कि स्त्री-देह के बहाने वे अत्याचारी, मनचले राजाओं के 'मनमाने-बँटवारे' पर कटाक्ष कर रहे हैं।

सुजान–और घनानन्द में तो मनमाने बाँट-बखरे पर यह कटाक्ष और भी प्रबल है–

तुम कौन धौं पाटी पढ़े हौ लला
मन लेहु पै देहु छटाँक नहीं।[10]

'मन' और 'छटाँक' का श्लेष इस बात का भी प्रमाण है कि प्रेम कविताओं में विनोदवृत्ति उसे और धारदार और सरस बना देती है, और यह भी कि आदमी के दिमाग़ की बनावट इतनी क्लिष्ट है कि प्रेम में आठों पहर निमग्न रहते हुए वह अहर्निश प्रेम के बारे में ही नहीं सोचता। जहाँ से वह अपने उपमान, रूपक, बिम्बादि चुनता है, उस कठोर बृहत्तर जगत् को वह कनखियों से देखता ज़रूर रहता है। लवलीनता सापेक्ष ही होती है।

अनामिका–बचपन में हमें भूषण का वह कवित्त पढ़ाया जाता था, जिसमें राणाप्रताप की रानी एक आदर्श के लिए जीवन के सभी सुखों का त्याग ख़ुशी-ख़ुशी कर देती है, उस पूरे सवैये में अमीरी-ग़रीबी की इन्तिहा स्वेटर के उलटे-सीधे फन्दों-सी साथ-साथ बुन दी गयी है, इससे भी अमीरों-ग़रीबों के जीवन-स्तर का वैषम्य साफ़ उभर आता है–

ऊँचे घोर मन्दर के अन्दर रहनवारी
ऊँचे घोर मन्दर के अन्दर रहाती हैं!

भूषन सिथिल अंग, भूषन सिथिल अंग
बिजन डुलातीं ते वै बिजन डुलाती हैं।[11]

यमकों का ऐसा उत्कृष्ट उपयोग आर्थिक जीवन का वैषम्य दिखलाने के लिए भी हुआ होगा!

रूपकुँवर जी–पर वीर रस की कविताएँ पढ़ते हुए तुम्हें यह याद नहीं आता कि मोर्चे पर चाहे जो खेत रहे, किसी-न-किसी का बेटा, किसी-न-किसी का भाई/पिता/स्वामी ही होगा!

अनामिका–यह बात तो हमारे युग के स्त्रीवादी दर्शन से मिलती-जुलती है। लिबरल स्त्रीवादियों ने नि:शस्त्रीकरण का बृहत्तर मुद्दा वैसे ही उठाया था, जैसे रैडिकल स्त्रीवादियों ने रंगभेद का, और स्त्रीवादियों ने पर्यावरण-पोषण का। सिर्फ़ अपने वर्ग/वर्ण/लिंग के हित तक सीमित बात कोई साहित्य नहीं सोचता। आपकी बातें सुनकर ऐसा जान पड़ता है कि विशिष्ट क्षणों में स्त्री-शरीर को बृहत्तर विक्षेपणों के चित्रण का माध्यम प्रवीण रीतिकवियों ने वैसे ही बनाया जैसे एक बार मेरे टूटे हाथ के प्लास्टर का उपयोग मेरे बेटे ने पेड़-पौधे-चाँद-तारे-स्कूल-दोस्त और उनकी परेशानियाँ चित्रित करने वाले सफ़ेद कैनवास की तरह किया था, क्योंकि उस समय उसे निश्चेष्ट लेटी माँ की देह का सबसे अन्तरंग स्पेस यही लगा था।

अभी यह वार्तालाप चल ही रहा था कि बाहर से अख़बार वाले की आवाज़ आयी और मेरी नींद भक् खुल गयी; आँख खुलते ही एकदम से याद आया कि कैसे रीतिकाल के कुछ गौण कवियों ने 1857 से सिर्फ़ दो साल बाद अपने कवित्तों में वंचित तबकों और स्त्रियों की छीछालेदर भी की थी कि उन्हें कहाँ इतिहास की समझ, हालाँकि तब तक तो यह तथ्य स्थापित ही हो चुका था कि इस प्रथम स्वाधीनता-संग्राम में हिन्दू-मुसलमानों के साथ स्त्री-दलित भी मिलकर लड़े थे।

दरवाज़ा खोलने को बिस्तर से उतरी तो कानों में गूँज रहे थे 1859 में रचे गये दो कवित्त, मानो अपनी खिल्ली ख़ुद ही उड़ाये जा रहे हों–

हे पांडे यह बात को, को समुझे या ठाँव!
इते न कोई है सुधी, यह ग्वारन को गाँव।
यह ग्वारन को गाँव, नाँव नहिं सूधे बोलैं।
बसै पसुन के संग, अंग ऐडे करि डोलैं।
बरनै दीनदयाल छाँछ, भरि लीजै भांडे।
कहा कहो इतिहास सुनै को इत हे पांडे।[12]

इतिहास सुनने की क्या, अब तो इतिहास लिख भी रहा है यह गाँव, ठीक ऐसे ही जैसे वे 'नारियाँ' लिख रही हैं, जिन्हें एक तरफ़ तो 'कान्तासम्मित उपदेश' का आगार कहा गया, दूसरी तरफ़ 'कुमति की खान'–

नारि के सिखायन सागर मथति बार,
आसुरी समाज सुरापान करि सोयी जू।
कहै गिरधारी और नारि के सिखायन में,
रावन की सम्प्रदाय सम्पति बिगोई जू।
नारि के सिखायन में राजा दशरत मर्यौ।
नारि के सिखायन में काको घर खोई जू।
नारि के सिखायन में मेरो अपमान भयौ
नारि के सिखायन कान करै कोई जू।[13]

इसी को कहते हैं–मीठी-मीठी गप, कड़वी-कड़वी थू। अपने समस्त ग़लत निर्णयों का दोष उस निरीह स्त्री पर डालना, जिसे आपने शिक्षित भी नहीं किया, दुनिया भी नहीं दिखाई, रीतिकाल के कुछ कवियों के यहाँ पुरुषार्थ का चरम यही जान पड़ता है।

अनामिका–उपर्युक्त उद्धरण अपने-आपमें इसका भी प्रमाण है कि किसी भी युग की महत्त्वपूर्ण रचनाएँ सामाजिक विसंगतियों और मान्यताओं को बहुत ही भौंडे ढंग से आत्मसात् करने के कारण उस युग की जनमान्यताओं का कच्चा चिट्ठा खोलने में सर्वथा समर्थ होती हैं।

चाहें तो स्त्री-इतिहासकार और रचनाकार भी 'शठे शाठ्यं समाचरेत्' की नीति अपनाती हुई चयनधर्मी, एकांगी, प्रतिशोधमूलक साहित्येतिहास रच डालें, पर वे ऐसा नहीं करेंगी, क्योंकि इतिहास ने ही उन्हें सिखाया है कि एकांगिता पक्षाघात का पहला लक्षण है, और एक दमन-चक्र का जवाब दूसरा दमन-चक्र नहीं होना चाहिए। न यथास्थितिवाद का अतिरेक, न दमनकारी क्रान्तिकारिता का, एक सम्यक् दृष्टि लेकर उन्हें चलना है–रीतिकालीन नायिकाओं और कवयित्रियों से यह काल्पनिक संवाद उतना काल्पनिक भी नहीं, यथार्थ की मिट्टी में ही

कल्पना का बिरवा उगता है। पुरुष साहित्य-विमर्शकारों ने तो रीतिकाल की अच्छी छीछालेदर की है, पर स्त्री के 'प्रोग्रेसिव लैंस' से यदि हम इसे पढ़ें, यानी देह-मन और आत्मन् की नयी, सर्वसमावेशी, परतदार चेतना के साथ तो ऐसा लगेगा कि रीतिकालीन कवि विद्वान रसिक थे और आर्थिक-राजनीतिक-सामाजिक अस्थिरता के समदु:खभोगी। साहित्येतिहास का स्त्रीवादी नज़रिया यह मानकर चलता है कि सिर्फ़ अस्मिता ही नहीं, भाषा और इतिहास भी तरणशील, परतदार पाठ है, जिसकी सीमाएँ एक-दूसरे में बहती ही रहती हैं, इसलिए उसे निश्चित चौखटों में जड़ना उचित नहीं।

सम्यक् दृष्टि से देखा जाये तो साहित्य के किसी युग का इतिहास समय की पीठ पर लोट रही सुन्दर वेणी है, रीतिकालीन नायिकाओं की लम्बी चोटी की तरह की सुन्दर और सम्पुष्ट वेणी, जिसमें तरह-तरह के आख्यान गुँथे हैं। किसी एक आख्यान को वरीयता देकर उसी के संकुचित दायरे में 'पाठ' परखने से अच्छा है, उन्हीं आख्यानों के बहुलतावादी पारायण से प्राप्त सम्मिलित दृष्टि से सहानुभूतिपूर्वक पाठ-गुत्थियाँ टटोली जायें। रीतिकाल पर विचार करने वाले पुरुष- इतिहासकारों में अधिकांश के बारे में तो रीतिकालीन मीर से शब्द उधार ले ये ही कहा जा सकता है कि-

वफ़ाएँ देख लीं, बेवफ़ाइयाँ देखीं,
भला हुआ कि तेरी सब बुराइयाँ देखीं।[14]

एक पंक्ति में कहें तो कह सकते हैं कि स्त्री की अन्तरंग दृष्टि से अवांतर स्रोतों में आश्रय रीतिकवियों को पढ़ें तो ऐसा जान पड़ता है कि कर-नियोजन के लिए जिस उमंग से राजा खेतों की परिमितियाँ जुखवा रहे थे, पूर्ववर्ती नीतिशास्त्र, सौन्दर्यशास्त्र और काव्यशास्त्र का लेखा-जोखा सामने रख रहे थे कविगण, किन्तु अपने प्रत्यक्ष अनुभवों से उदाहरण जुटाकर। राजा भी कहने-भर को राजा थे, राजकोष और सैन्यदल भी संक्षिप्त ही बचे थे, इस तथ्य के आलोक में प्रशस्तिकाव्य को उनकी मनोवैज्ञानिक आवश्यकता मानकर माफ़ कर सकते हैं! हारे-टूटे, थके पुरुष को स्त्री-देह गर्भगृह के समान सुखद लगती ही है, छुपने की एक खोह, फिर भी इस देह के आश्रय उन्होंने कूटभाषा में राजनीतिक टिप्पणियाँ की हैं। उससे भी महत्त्वपूर्ण बात यह कि रीतिकालीन स्त्रियों ने कान्तासम्मित भाव से जो लिखा है, उससे भी युगीन मनोविज्ञान पर प्रकाश पड़ता है, इसकी विस्तृत चर्चा फिर कभी।

सन्दर्भ

1. बिहारी सतसई, आचार्य देवेन्द्रनाथ शर्मा, पटना, दोहा 657

2. वही, दोहा 631
3. वही, दोहा 322
4. वही, दोहा 407
5. वही, दोहा 380
6. मीर की शायरी, प्रकाश पण्डित, इलाहाबाद।
7. बिहारी सतसई, आचार्य देवेन्द्रनाथ शर्मा, पटना, दोहा 284
8. वही, दोहा 100
9. वही, दोहा 473
10. घनानन्द कवित्त, विश्वनाथ प्रसाद मिश्र, काशी।
11. भूषण और उनका युग
12. रीतिकाल के गौण कवि, दीनदयाल, पटना।
13. वही
14. मीर की शायरी, प्रकाश पण्डित, इलाहाबाद।

नोट : यहाँ जो किसानी प्रेमाख्यान उद्धृत है, वह इरफ़ान हबीब की 'मेडिवल इंडिया' नामक पुस्तक से (NBT)

रीतिकाल : त्रासद स्थितियों का परिदृश्य

डॉ. (श्रीमती) प्रेम सिंह

हिन्दी साहित्य का इतिहास ग़ारवपूर्ण है। इसके प्रत्येक युग के साहित्य पर गर्व किया जा सकता है। साहित्य चूँकि परिस्थिति-सापेक्ष होता है, अतः प्रत्येक युग की स्थितियों-परिस्थितियों के अनुसार ढलता-पलता रहता है। वीरगाथा काल के युद्धों की परिणति आगे चलकर भक्तिकाल में होती है, जिसमें मन-प्राण का त्राण पा जाने के कारण स्वर्णिम युग कहा जाता है। यही स्वर्णिम सौन्दर्य आगे चलकर रीतिकाल के नगीनों में बदल जाता है। सुख की अति, समृद्धि की अति, विलासिता की अति, शक्ति की अति ने कवि को बाध्य किया कि वह कल्पना की भी अति कर दे। भावना की भी अति कर दे। कवि की बाध्यता है कि उसे रहना तो चौखट के भीतर है। यह सबसे बड़ी त्रासदी है। रीतिकाल का कवि, कवि पहले है रवि को मात करता हुआ, रवि को धता बताता हुआ। वह जनता का कवि नहीं, दरबार का कवि है। यद्यपि ऐसा नहीं है कि जनता के बीच कवि नहीं रहे होंगे, परन्तु रीतिकाल विशेष में या आगे चलकर भी कोई ऐसे दस्तावेज़ सामने नहीं आये। यह अन्यायपरक त्रासदी है और रीतिकाल की सीमा भी।

रीतिकाल के साहित्य का सृजन जिस शृंगारिकता, आलंकारिकता, कलात्मकता तथा रीतिमत्ता के आधार पर होता है तथा जिस तरह से कवियों को श्रेणियों (रीतिबद्ध, रीतिसिद्ध, रीतिमुक्त) में विभाजित किया गया वह सरलता, सुबोधता का ही परिचायक है। कवि की कवित्व-शक्ति का गहन संज्ञान नहीं लिया गया, क्योंकि आलोचना करते समय कुछ दोष आरोपित कर दिये गये हैं। जैसे—अश्लीलता, समाज को प्रगति प्रदान करने की अक्षमता, आश्रयदाता की प्रशंसा, चमत्कारप्रियता और रूढ़िवादिता। ध्यातव्य है कि ये सभी दोष सम्पूर्ण रीतिकाल की कविता पर नहीं लगाये जा सकते।

रीति-कविता आदिकाल में भी लिखी गयी, भक्तिकाल में भी लिखी गयी और आधुनिककाल तो उस प्रकार की कविता का व्यावहारिक तथा प्रयोगात्मक

रूप कहा जा सकता है। यह अलग बात है कि सुविधा के लिए तथा प्रयोग-बहुलता की दृष्टि से अथवा इतिहास को स्मृत्यात्मक बनाने की दृष्टि से उसे विभिन्न कालखण्डों में विभाजित कर दिया जाता है वरना तो सभी प्रकार की प्रवृत्तियाँ सभी युगों की कविता में प्राप्त होती हैं।

समाज की संरचना का आधार स्त्री और पुरुष हैं। दोनों प्रवृत्तियाँ बलवान हैं। बल के दायरे पृथक्-पृथक् हैं। पुरुष की शक्ति नारी के प्रति प्रयोग-प्रदर्शन में है और नारी का बल सहनशीलता में है, ऐसा सदा-सर्वदा से होता आया और सम्भवतः होता भी रह सकता है। ढंग, रूप तथा प्रकार में अन्तर आ जाता है, परन्तु शक्तियों का आदान-प्रदान होता रहता है, जिससे परिस्थितियाँ चक्राकार परिवर्तित होती रहती हैं।

राजनीतिक दृष्टि से रीतिकाल शक्तिशाली मुग़ल-साम्राज्य के घोर पतन और ह्रास का काल था। इस समय में राजा ही सर्वेसर्वा माने जाते थे। राजनीतिक विघटन ने सामाजिक स्थिति को भी प्रभावित किया था। अराजकतापूर्ण स्थिति ने सामाजिक जीवन को आक्रान्त कर रखा था। शाहजहाँ की वैभवप्रियता, विलासप्रियता और प्रदर्शन-प्रवृत्ति का तत्कालीन सामन्तीय जीवन पर पर्याप्त प्रभाव पड़ा। परिणाम- स्वरूप पौरुष का ह्रास हुआ। आभिजात्य संस्कृति के नाम पर केवल विलास और प्रदर्शन की भावना शेष रह गयी।

रीतिकाल में यही कार्य-कारण सम्बन्ध बना रहा, क्योंकि परिवेश और साहित्य में इसी प्रकार का तालमेल बिठाया जा सकता था। प्रेम और शृंगार की भावनाओं को ही जीवन का आधार बना लिया गया। भावनाओं की दृष्टि से तो इस प्रकार की भावमयता शुभ मानी जा सकती है, परन्तु सम्पूर्ण समाज बिना रोटी-पानी के भावनाओं में ही कैसे डूबा रह सकता है। कवि की विवशता है कि उसे तो दरबार में ही रहना है और दरबारों में भी स्थानान्तरण होता रहता है। बहाना भक्ति का भी करना पड़ता है। राजा की शूरता का बखान भी करना है। नैतिकता का निर्वाह भी करना होता है। वास्तव में तो आजीविका के जुगाड़ का प्रश्न है। कवि के पास कौशल की कमी नहीं है, क्योंकि वह पहले कवि है, उसके कवित्व की शास्त्रीय परीक्षा भी हो चुकी है। दरबार में सुरा, सुन्दरी, सुराही है अर्थात् कवि के दोनों हाथों में लड्डू-ही-लड्डू हैं। जब कारण है ही तो कार्य कैसे न हो। परन्तु रीतिकालीन कविता में उस प्रकार का सौष्ठव नहीं है, जिसमें गाम्भीर्य हो, क्योंकि वातावरण में उस प्रकार की गहनता नहीं है। आरोपित भावनाओं के कारण एक विशेष प्रकार की शालीनता, गुरुता या गम्भीरता नहीं आ पाती। इसकी पुष्टि डॉ. नगेन्द्र के कथन से की जा सकती है-"रीतिकाव्य

में गम्भीर जीवनदृष्टि का अभाव था। उसके श्रृंगार में प्रेम की एकनिष्ठता न होकर विलास और रसिकता का प्राधान्य था। अतएव स्वभावतः ही उसका विरह अगम्भीर है। रीतिकाल के कवि सामान्यतः प्रवासजन्य विरह-गाम्भीर्य का वर्णन करने में इतने सफल नहीं हुए हैं, जितने कि खण्डिता के मान आदि प्रसंगों के वर्णन में। कारण यह है कि उनकी सहज रसिक वृत्ति इस प्रकार के प्रसंगों में ही अधिक अनुकूल पड़ती थी। वैसे इस प्रकार की परिस्थितियों में भी तीव्रता की कमी नहीं है, परन्तु यह तीव्रता ईर्ष्या और अतृप्त कामोद्दीपन की तीव्रता है। यह भूखे शरीर की ही तीव्रता अधिक है। गम्भीर वियोग-पीड़ा का प्रसंग जहाँ आता है, वहाँ रीतिकालीन कवि अनुभूति के विफल हो जाने के कारण ऊहा, अतिशयोक्ति आदि परम्परामुक्त साधनों के द्वारा ऐसे चित्र उपस्थित करता है, जो मज़ाक़ बन जाता है। बिहारी के विरह-ज्वाल वाले दोहे उसके अकाट्य प्रमाण हैं।" बिहारी चूँकि नागर तथा रसिक प्रवृत्ति के कवि थे। उसी प्रकार का लिखना उन्हें रास आता था।

रीतिकालीन साहित्य अपनी तरह का मनोविज्ञान भी गढ़ लेता है, जिसमें ऊहात्मकता और कल्पना की अतिशयता होती है। दुःख की अतिशय दुखमयता, सुख की अतिशय सुखमयता इस काल के साहित्य की देन है। जहाँ सन्तुलन का अभाव है, परन्तु काल की विवशता भी है। क्योंकि जब भी दो संस्कृतियाँ परस्पर एक होने का प्रयत्न करती हैं, उस प्रयत्न में मूल भाव जो संस्कारिकता का होता है, उसका भेद रह ही जाता है। यद्यपि मध्यकाल में भारतीय तथा मुस्लिम संस्कृति के मध्य जो सामंजस्य अथवा समन्वय हुआ, उसका व्यापक प्रतिबिम्ब रीतिकालीन श्रृंगारिक रचनाओं में देखने को मिलता है। इस युग की श्रृंगार प्रधान रचनाओं में संस्कृत और फारसी काव्य-प्रवृत्तियों का समन्वित रूप प्रायः देखने को मिलता है। यह रूप उनके प्रेम-वर्णन से लेकर उनकी भाषा तक में देखा जा सकता है। यही कारण है कि चित्रण तो प्रेम का किया गया है, परन्तु ऐहिकतामूलक चित्रण ही अधिक है। डॉ. त्रिभुवन सिंह के अनुसार इसका मुख्य कारण प्रेग-वर्णन में विदेशी मेल ही था। इस प्रकार से विदेशी सस्ते प्रेम का प्रभाव उर्दू शायरों के साथ रहने से हिन्दी कवियों पर पड़ा। निगाहों का खंजर चलाना, गली में फेरे लगाना, परकीया प्रेम-प्रेमिका द्वारा प्रेमी का तिरस्कार, प्रेमिका की अपेक्षा प्रेमी पर प्रेम का अधिक प्रभाव आदि फारसी साहित्य से ही दरबारी कवियों ने ग्रहण किया। बिहारी, घनानन्द, ठाकुर, आलम, बोधा सभी में यह विदेशी तत्त्व पाया जाता है। बरछी खाना, महबूबा की गली में फेरा लगाना इनका साधारण कार्य हो गया। रीतिकाल की राधा नज़रों की गोलियाँ चलाती है। कवि ठाकुर अपनी

प्रेमिका की गली में प्रतिदिन जाते हैं कि वह उनका चेहरा तो पहचान लेगी और यह जान लेगी कि उसी के लिए रोज़ आते हैं। नायिका अपने पुत्र का मुँह चूमती है कि पुत्र का मुँह प्रियतम चूम गये हैं। प्रेमी-प्रेमिका का पुत्र लेने के लिए हाथ बढ़ाता है तो उसकी उँगलियाँ प्रेमिका के स्तनों से छू जाती हैं। इस प्रकार के वर्णन फारसी काव्य-परम्परा से प्रभावित प्रतीत होते हैं। इतना ही नहीं बिहारी की नायिका विरह से तप्त होकर जब उसाँस लेती है तो हिंडोले की भाँति छह-सात हाथ आगे-पीछे आती जाती है। विरह-ज्वाला में जलती हुई नायिका पर गुलाब की शीशी उड़ेलने पर गुलाबजल बीच में ही वाष्प बनकर उड़ जाता है अथवा विरह-ज्वाला में जलती हुई नायिका के पास स्नेहवश जाने वाली सखियाँ जाड़े की रात में भी भीगा वस्त्र ओढ़कर जाती हैं। वह नायिका जिस गाँव में रहती है, वहाँ माघ की रात में भी लू चलती है इत्यादि।

अत्याधुनिक बाज़ारवादी युग में प्रेम का बाज़ारीकरण हो गया है और रीतिकालीन प्रेम से आगे की नग्नता-वीभत्सता खुलेआम बिक रही है। यहाँ भी विभिन्न संस्कृतियों का तालमेल ज़िम्मेदार है। रीतिकाल में तो मुस्लिम संस्कृति से समन्वय बिठाना था। आज तो संस्कृतियों की गणना भी नहीं की जा सकती। एक प्रकार की प्रतियोगिता का युग है। रीतिकाल में समन्वय का अवमूल्यन दृष्टिगोचर होता है।

इन कवियों ने उस समय प्रचलित खाद्य पदार्थों-मसाले, फल, मिठाई आदि की चर्चा भी अपने काव्य में की है। उन्होंने पर्वोत्सवों के अन्तर्गत सबसे अधिक वर्णन होली के पर्व का किया है। भारतीय लोकजीवन में पर्वों का विशेष महत्त्व है। यह व्यक्ति के जीवन की नीरसता को दूर कर उसमें नवीन उल्लास का संचार कर देते हैं, जिससे मानव को नवीन शक्ति की प्राप्ति होती है। होली के अतिरिक्त इन्होंने तीज, गणगौर, दीपावली, दशहरा, गणेश चतुर्थी, मेले आदि के त्योहारों को भी नीतिकथनों में गूँथकर चित्रित किया है।

रीति-कवियों को जो वातावरण प्राप्त हुआ था, उसमें संस्कृत-काव्य-परम्परा और फारसी-काव्य-परम्परा दोनों की प्रवृत्तियाँ समाहित थीं तथा विशेष रूप से फारसी-काव्य-प्रवृत्तियों का ही प्रचलन मुस्लिम दरबारों में था। हिन्दू राजदरबार भी उनका अनुकरण कर रहे थे। ऐसी स्थिति में रीतिकवियों का समकालीन दरबारी प्रवृत्तियों से प्रभावित होना स्वाभाविक था।

जो भी कविता लिखी गयी उसमें भाव और कला का सुन्दर सामंजस्य है। भावसौन्दर्य का साधारणीकरण भाषा के द्वारा ही सम्भव होता है। समर्थ भाषा के अभाव में काव्य की प्रेषणीयता असम्भव है, अतः भाषा का भावानुगामिनी

होना परमावश्यक है। डॉ. रामस्वरूप चतुर्वेदी के अनुसार, "कविता की भाषा का केन्द्रीय तत्त्व भावचित्रों अथवा बिम्बों का विधान है। कवि परम्परा में स्वीकृत भावचित्रों का प्रयोग अधिक नहीं करता, आवश्यकता पड़ने पर सामान्य से सामान्य शब्द के आधार पर इच्छित भावचित्र स्वयं निर्मित करता है।" (भाषा और संवेदना, डॉ. रामस्वरूप चतुर्वेदी, पृ. 24, वही पृ. 28) रीतिकाल में जिस भाषा को भावाभिव्यक्ति का माध्यम चुना गया था, वह ब्रजभाषा थी। इस समय तक ब्रजभाषा इतनी प्रचलित और परिपक्व हो गयी थी कि प्रत्येक साहित्यकार इसे अपना रहा था। ब्रजभाषा क्षेत्र के बाहर के कवि भी इसमें सफलतापूर्वक काव्य- रचना कर रहे थे। यह इस युग की काव्य-प्रवृत्ति के भी अनुकूल थी। अत: कवियों का इसके प्रति विशेष आग्रह था। डॉ. महेन्द्रकुमार के अनुसार, "विक्रम की 14वीं शताब्दी के अन्त तक एक निश्चित स्वरूप प्राप्त कर लेने के उपरान्त ब्रजभाषाभाषी प्रदेश में ही काव्य-रचना का माध्यम नहीं रही, अपितु इसके आगे अनेक इतर भाषाभाषी क्षेत्रों में भी अत्यन्त सम्मान के साथ ग्रहण की जाने लगी थी।" (रीतिकालीन रीतिकवियों का काव्यशिल्प, डॉ. महेन्द्रकुमार, पृ. 421)

रीतिकालीन साहित्य का व्यावहारिक रूप और भावनाओं का प्रयोगात्मक रूप आधुनिक बाज़ार में देखा जा सकता है, जिसकी गिरफ़्त में आज सारा विश्व समा गया है। रीतिकालीन श्रृंगारिकता, आलंकारिकता, कलात्मकता का सजीव रूप आँखों में टँगा रहता है। रीतिकालीन कविता किताबों में, एम.एम.एस. पर इंटरनेट पर, विज्ञापनों में बोलती-सी प्रतीत होती है। यूँ तो प्रत्येक युग का साहित्य बाज़ार का विषय बन गया है। आदिकालीन हथियार बच्चे को घुट्टी में पिलाए जा रहे हैं। हिंसात्मक खिलौने हर बच्चे के हाथ में हैं। हर घर में पति-पत्नी शूरता दिखा रहे हैं। विश्व-स्तर पर संग्राम छिड़ा हुआ है। हार-जीत का भी कोई प्रश्न नहीं है, सभी हारे हुए हैं और सभी जीते हुए हैं। आज भक्तिकाल को पनपने में भला क्या संकोच हो सकता है। राजनीतिक भक्त, साम्प्रदायिक सन्त। सभी प्रकार का संकीर्तन हो रहा है। प्रत्येक युग के साहित्य में त्रासद स्थितियों का परिदृश्य देखा जा सकता है। ये त्रासद स्थितियाँ एक से दूसरे युग को या कहना चाहिए युगों-युगों को प्रभावित करती हैं। रीतिकाल इसका अपवाद नहीं हो सकता, यह अलग बात है कि रीतिकाल को कुछ अधिक ही उछाला जा रहा है। वास्तव में तो रीतिकाल पर जो भी आरोप लगाये जाते हैं, यदि उन्हें उस काल की विशेषताओं के तौर पर देखा जाये तो आधुनिक युग इन्हीं विशेषताओं का परिणाम है ऐसा कहा जा सकता है जैसे बिहारी का दोहा-

समै-समै सुन्दर सबै, रूपु-कुरूपु न कोय।
मन की रुचि जेती जितै तित तेती रुचि होय।

यह दोहा यद्यपि नायिका के सुन्दर-असुन्दर समझने के सन्दर्भ में वर्णित हैं तो भी इसको जीवन अथवा साहित्य के किसी भी पक्ष के सम्बन्ध में सटीक कहा जा सकता है। इस दोहे का मूल भाव यही है कि कोई वस्तु वास्तव में उतनी सुन्दर-असुन्दर या कहिए अच्छी-बुरी नहीं होती, जितनी कि हमारी किसी अभिरुचि के कारण वह हमको सुन्दर या अच्छी और असुन्दर या बुरी प्रतीत होने लगती है। जैसे आधुनिक युग का बाज़ार इससे भी अधिक अश्लील वस्तुओं का प्रदर्शन कर रहा है, जिसे जो रुच जाये ले ले, नहीं रुचता है तो आरोप कहाँ तक लगाया जा सकता है?

युगचेतना कालगत प्रवृत्तियों के आधार पर बनती-बिगड़ती रहती है। अतः रीतिकालीन साहित्य को उपेक्षा की दृष्टि से नहीं देखा जा सकता और न ही किसी अन्य काल को। साहित्य में तो सभी प्रकार की भावनाओं का युगानुरूप न्यूनाधिक रूप में चित्रण किया ही जाता है। यदि रीतिकाल को अधिक अश्लीलता के आरोप से मण्डित किया जाता है तो क्या भक्तिकाल के सूरदास ने राधाकृष्ण के अश्लील चित्र नहीं उतारे हैं–

नीबी ललित गही जदुराई।
जबहिं सरोज धर्‌यो श्रीफल पर, तब जसुमति गयी आयी।

इसी तरह विद्यापति, नंददास, जायसी और सेनापति के अनेक वर्णन घोर अश्लील कहे जा सकते हैं। यहाँ तक कि आदिकालीन साहित्य भी अपवाद नहीं है। आधुनिककाल तो अश्लीलता का पर्याय माना जा सकता है। रीतिकाल तो सौन्दर्य और प्रेम-सम्बन्धी आदर्शों का चित्रण करके काव्य की एक दिशा की ओर विशेष प्रगति का संकेत भी करता है।

सारतः कहा जा सकता है कि रीतिकाल में जो साहित्य रचा गया, वह अपने-आप में अनूठा है। आगामी युग की पृष्ठभूमि इस साहित्य में परिलक्षित होती है। जो भी आक्षेप या आरोप लगाये जाते हैं, उनके मूल में द्वन्द्वात्मक स्थितियाँ हैं। वास्तव में साहित्य की परख कुछ गिने-चुने मानदण्डों के आधार पर नहीं की जा सकती। समाज में जिस प्रकार की विविधता या विभिन्नता पायी जाती है, उस कसौटी पर कब किस युग का साहित्य खरा उतर जाये, कहा नहीं जा सकता, जैसे आधुनिक युग में रीतिकालीन प्रवृत्तियाँ वैश्वीकरण के कारण प्रबल हो गयी हैं। भारतीय संस्कृति में जिन प्रवृत्तियों पर निषेध लगाये गये हैं, विभिन्न संस्कृतियों के मिश्रण के कारण वे सभी बेमानी हो गये हैं। रीतिकालीन साहित्य जीवनोपयोगी तथा समृद्ध साहित्य है। इसमें कोई सन्देह नहीं है।

रीतिकालीन काव्य और नैतिकता के दायरे का विस्तार : पुनर्लेखन के सन्दर्भ में

डॉ. हर्षबाला शर्मा

आजकल हवाओं में है इतिहास
और इतिहास की इबारत,
रूह को छूकर हवा धीरे से निकल जाती है...
कानों में कुछ बाँसुरी की तान सा कहकर...कि
ये पल तुम्हारा है,
इसे जी लो जिस तरह चाहो
गुज़रो इसमें से भरपूर
महसूस करो, जियो इसे
और भर लो इसे अपने भीतर एक एहसास की तरह
सुनो...तुम इतिहास में हो...

इतिहास क्या है? यदि इस प्रश्न पर विचार किया जाये तो अतीत की घटनाओं के व्यवस्थित अध्ययन को इतिहास माना जा सकता है। ई.एच. कार ने इसे विस्तार देते हुए कहा, "इतिहास आज और बीते हुए कल के बीच के निरन्तर संवाद का नाम है।" किसी भी काल को समझने और जानने के लिए इतिहास सदैव एक प्रामाणिक आधार होता है तथा किसी भी साहित्य की समझ दो कालों की समानान्तर दृष्टियों के माध्यम से ही विकसित की जा सकती है। एक–उस काल विशेष के इतिहास और समाज के आधार पर और दूसरी–आज की दृष्टि की व्यापकता के आधार पर उस साहित्य का विश्लेषण।

इस सन्दर्भ में यह भी जानना आवश्यक है कि किसी भी काल की अपनी नैतिकताएँ और अपनी सीमाएँ भी होती हैं। समय के बदलाव के साथ नयी मान्यताएँ और बदलते दृष्टिकोण के अनुसार किसी भी पुरातनकाल की परख

अवश्य की जानी चाहिए, परन्तु उसे केवल इस आधार पर त्याज्य मान लेना कि नये युग की प्रतिध्वनियाँ उस काल के भीतर दिखाई नहीं देतीं, उस युग के साथ न केवल अन्याय है, बल्कि एकांगी दृष्टिकोण का भी सूचक है। युग-विशेष की पहचान उस कालखण्ड के इतिहास के सन्दर्भ में ही हो सकती है। रीतिकाल को एक स्त्री की नज़र से देखना स्वयं में जितना रोचक दिखता है उतना ही चुनौतीपूर्ण भी है। एक ऐसा काल, जिसमें हर ओर स्त्री की ही चर्चा है, पर स्त्री स्वयं सिरे से लापता है। स्त्री अपनी इच्छा और अपने मर्म की गाथा स्वयं कहीं नहीं कहती। अथवा अभी तक की गयी खोज में किसी ऐसी स्त्री का ज़िक्र नहीं मिलता, जिसने अपनी कथा, पीड़ा अथवा इच्छाओं की अभिव्यक्ति स्वयं की हो! भक्तिकाल में भी स्त्री-रचनाकारों का प्रतिनिधित्व है, पर रीतिकाल में क्यों नहीं?

स्त्री-अभिव्यक्ति की चर्चा के सन्दर्भ में सर्वप्रथम थेरी-गाथाओं की चर्चा मिलती है, जिनकी रचना छठी शती ईसा पूर्व उन स्त्रियों द्वारा की गयी, जिन्हें बुद्ध की अनिच्छा-स्वरूप भी किसी प्रकार आनन्द के हस्तक्षेप से संघ में प्रवेश प्राप्त हुआ। इन थेरी-गाथाओं में उनके हृदय की अभिव्यक्ति हुई, पर इसे लेकर भी इतिहासकारों में मत-मतान्तर है कि इसकी रचना स्त्रियों ने की अथवा पुरुषों द्वारा ही उनकी भावाभिव्यक्ति की गयी है। न्यूमेन ने तो कहा कि इन थेरी-गाथाओं के लेखक पुरुष ही थे। बाद में कैथरीन ब्लैकस्टोन ने सिद्ध किया कि इन गाथाओं की रचना स्त्रियों द्वारा ही की गयी थी। इसके पश्चात् एक महत्त्वपूर्ण सन्दर्भ अक्का महादेवी का 12वीं शती में कन्नड़ साहित्य में मिलता है। पर उनका पूरा सन्दर्भ भक्ति से जुड़ा है। 13वीं शती में मराठी साहित्य में जनाबाई लिखती हैं कि मुझे दुःख नहीं होना चाहिए, क्योंकि मैंने स्त्री रूप में जन्म लिया है, तो यातनाएँ तो मुझे भोगनी ही होंगी। सन्तों को तो वैसे भी यातनाओं को सहना ही पड़ता है। क्षमा शर्मा उनके एक पद का हिन्दी अनुवाद लिखती हैं–

हाथ में मंजीरे/कन्धे पर वीणा/कौन मुझे रोकने की हिम्मत कर सकता है/ साड़ी का पल्लू गिर जाता है/हज़ार बातें बनाते हैं लोग/किन्तु मैं जाऊँगी भरे बाज़ार में/निडर, निस्संकोच (औरतें और आवाज़ें, पृ. 8)

15वीं शती में रामी (बंगला), 12-14वीं शती में गंगासती (गुजराती), रत्नाबाई (गुजराती), 15-16वीं शती में मीराबाई काव्य-रचना कर रही थीं और भक्ति के माध्यम से किसी प्रकार मुक्ति की कामना की इच्छा कर रही थीं। इसी काल में समानान्तर रूप से कन्नड़-काव्य में अतुकरी मौल्ला का क्रान्तिकारी चित्र मिलता है, जहाँ भद्र समाज की चुनौती को स्वीकार करके वह पाँच दिन में रामायण का नया प्रारूप तैयार करती हैं। इसी काल में समानान्तर रूप से उर्दू,

तमिल और तेलुगु में स्त्री रचनाकार स्वातन्त्र्य की माँग का काव्य रच रही थीं, जिस पर भी विचार किया जाना चाहिए। यहाँ मैं दो स्त्रियों का ज़िक्र करना ज़रूरी समझती हूँ, जो रीतिकाल के समानान्तर अपनी देह की अभिव्यक्ति काव्य-रचना के माध्यम से कर रही हैं–एक भक्ति के लिए और एक देह की माँग के लिए। मराठी में बहिणाबाई लिखती है–

The vedas cry aloud, the Puranas shout,
No good may come to women,
I am born with a women's body,
How am I to attain truth?
They are foolish, seductive and deceptive,
Any connection with a woman is disastrous,
Bahina says-if a woman's body is so harmful?
How in this world will I reach truth?[1]

वहीं दूसरी ओर मृदुछुपलानी तेलुगु में राधा-सम्वत्सम् लिखती हैं, जिसे अनैतिक कहकर उसकी भर्त्सना की गयी। वे अपनी तुलना चन्द्रमा से करती हैं। प्रताप सिन्हा के राज्य की नर्तकी मृदुछुपलानी स्त्री की देह की इच्छाओं की पूर्ति की माँग करती है–

Move on her lips,
the tip of your tongue,
do not scare her
by biting hard
place on her cheeks
a gentle kiss
do not scratch her
with your sharp nails
hold her nipples
with your fingertips
do not scare her
by being aggressive ... (Move on her lips)[2]

ऐसे में यह मान लेना कुछ कठिन प्रतीत होता है कि रीतिकाल में स्त्रियों ने रचना नहीं की होगी। शायद अभी इस दिशा में और कार्य किया जाना चाहिए। एक स्त्री जिसका ज़िक्र रीतिकाल में मिलता है–'शेख़' जो मुसलमान स्त्री है और जिसका सम्बन्ध आलम से जोड़ा जाता है। शेख़ ने आलम के साथ मिलकर काव्य-रचना की, इसे प्रायः विद्वानों ने स्वीकार करते हुए भी आलम को ही

काव्य का मूल रचयिता माना है। आलम ग्रन्थावली से एक उदाहरण द्रष्टव्य है–

आलम सो नवल निकाई इन नैनन की,
पाँखुरी पदुम पे भँवर थिरकत है।

(आलम)

चाहत है उड़िवे कौं देखत मयंक मुख,
जानत है रैनि ताँते ताहि में रहति है।

(शेख)

'कनक छरी–सी कामिनी काहे कों कटि छीन' की दूसरी प्रसिद्ध पंक्ति 'कटि को कंचन काट बिधि कुचन मध्य धर दीन' जैसी प्रसिद्ध पंक्ति शेख द्वारा ही लिखी गयी। परन्तु विद्वानों के वर्ग ने यह सिद्ध कर दिया कि शेख़ और आलम दो नहीं, एक ही हैं! ख़ैर!!

रीतिकालीन साहित्य के मूल्यांकन के सन्दर्भ में प्रायः आचार्य महावीरप्रसाद द्विवेदी तथा आचार्य रामचन्द्र शुक्ल के कथनों का उल्लेख करते हुए यह मान लिया जाता है कि रीतिकालीन काव्य नाली की दुर्गन्ध के समान है और पूर्णतः त्याज्य। परन्तु रीतिकालीन काव्य के पुनर्मूल्यांकन पर बल देते हुए मैं नैतिकता के बने–बनाये प्रतिमानों से इतर अथवा प्रतिमानों के विस्तार का प्रस्ताव रखना चाहती हूँ, जहाँ रीतिकाल को मात्र तिरस्कृत मानकर छोड़ देना ही एक रास्ता नहीं हो सकता। वास्तव में प्रतिमानों का भी पुनर्निर्धारण हो सकता है और होना चाहिए।

अक्सर आधुनिककाल के सन्दर्भ में यूरोपीय पुनर्जागरण के अनुसार अन्धकार–काल की संकल्पना प्रस्तुत की जाती है और रीतिकाल को अन्धकारकाल मानकर उसे अस्वीकृत कर दिया जाता है। परन्तु दो भिन्न देशकाल की तुलना के मानदण्ड समान नहीं हो सकते। इस काल के भीतर अनेक रचनाएँ लिखी जाती रहीं तथा काव्यशास्त्रीय सिद्धान्तों का प्रवर्तन भी हुआ। आन्दोलनों की भी इस दौर में महत्त्वपूर्ण भूमिका रही तथा भक्ति–नीति के काव्य का भी सृजन हुआ, जिसकी चर्चा अब की जा रही है...रीतिकालीन युग में एक ओर पण्डितराज जगन्नाथ रससिद्धान्त की स्थापना करते हुए 'रमणीयार्थ प्रतिपादकः शब्दः काव्यम्' कहकर शब्द और अर्थ की रसनिष्पत्ति में भूमिका पर विचार कर रहे थे, वहीं नज़ीर अकबराबादी इसी काल में कविता का सृजन कर रहे थे। नज़ीर की कविताओं के दो उदाहरण प्रस्तुत हैं–

जाता है हरम में कोई कुरआन बगल मार
कहता है कोई दैर में पोथी के समाचार
पहुँचा है कोई पार भटकता है कोई ख़्वार

बैठा है कोई ऐश में फिरता है कोई ज़ार
हर आन में, हर बात में, हर ढंग में पहचान
आशिक़ है तो दिलबर को हर इक रंग में पहचान

ख़ुदा और भगवान को एक रंग में देखने वाले नज़ीर इसी काल में कृष्ण पर भी भक्तिकाव्य का सृजन कर रहे हैं–

तारीफ़ करूँ अब मैं क्या उस मुरली बजैया की
नित सेवा कुंज फिरैया की और बन-बन गऊ-चरैया की
गोपाल, बिहारी, बनवारी, दुखहरना, मेल करैया की
गिरधारी, सुन्दर, श्याम बरन और हलधर जू के भैया की
यह लीला है उस नन्द-ललन, मनमोहन, जसुमति-छैया की
रख ध्यान सुनो दंडौत करौं, जय बोलो किशन कन्हैया की।[3]

इसी काल में हिन्दी का पहला कहा जाने वाला नाटक रीवाँ के नरेश विश्वनाथ सिंह द्वारा 'आनन्द रघुनन्दन' लिखा गया। सबलसिंह चौहान द्वारा महाभारत और रामायण का पद्यानुवाद इसी काल में किया गया।

रीतिकाल की ओर ध्यान से देखने पर ज्ञात होता है कि वारिस शाह के 'हीर-राँझा' की रचना इसी काल में हुई, जिसका 24वाँ बन्द द्रष्टव्य है–

नड्ढी सिआलां दी वियाह के लीयावसां मैं करो बोलीयो अते ठठोलीआं नी
बहै घत्त पीड्हा वांग मुहरियो दे होवन तुसां जिहीआं अग्गे गोलीआं नी
मझो वाह विच बोड़ीए भाबीआं नूं होवन तुसां जिहीआं बडबोलीआं नी
बस करो भाबी असीं रज रहे भर दित्तीआं जे सानूं झोलीआं नी।[4]

यहाँ हीर-राँझे के प्रेम और उसे परिणति की ओर ले जाने और संघर्ष करके भी प्रेम को प्राप्त करने के कई स्पष्ट उदाहरण मिलते हैं।

इसी काल में गुरु गोबिन्दसिंह द्वारा 'चंडीचरित' की रचना की गयी, जिसका आरम्भ ही ब्रजभाषा के इस छन्द से होता है–'बर देहीं सिव। नित मोहिं इतै, सुभ कर्मन तों कबहूँ न टरौं, न डरौं अरि सों जब जाइ लरौं, निसचै कर आपनी जीत करौं।' भक्ति के समानान्तर रीतिकाल में इस रचना को किन प्रतिमानों के सहारे पढ़ा जाये, इस पर भी विचार की आवश्यकता है।

यही काल सतनामी सम्प्रदाय के विद्रोह का काल बनता है (1672) और सतनामी औरंगज़ेब के विरोध में हथियार उठाते हैं। फतेह शाही का ब्रिटिशों के प्रति विद्रोह (1767-1792), देवी सिन्हा का विद्रोह (1782), पायचे राजे (1796-1905) तथा फ़क़ीरों-संन्यासियों का विद्रोह (1763-1800) आदि इसी काल की घटनाएँ हैं।

इस पृष्ठभूमि के साथ रीतिकालीन काव्य पर चर्चा करते हुए पहली महत्त्वपूर्ण बात यह है कि इसे अन्धकारकाल कहकर ख़ारिज क़तई नहीं किया जा सकता। हाँ, इसकी सीमाओं और सम्भावनाओं पर बहस अवश्य की जानी चाहिए।

प्रमुख मुद्दा है–नैतिकता का प्रश्न और इसी नैतिकता के दायरे में रीतिकाल को अस्वीकृत किया गया है। रीतिकाल का कवि एक ऐसी स्त्री की छवि का निर्माण करता है, जिसे पढ़कर पुरुषों की मानसिकता के विकृत होने और स्त्रियों के कुलीनता के आवरण के छिन्न-भिन्न हो जाने की सम्भावना से द्विवेदीयुग के साहित्यकार ही नहीं, आज तक के आलोचक डरे हुए हैं। मैनेजर पाण्डेय अश्लीलता और स्त्री नामक लेख में 18वीं सदी की तेलुगु कवयित्री मृदुछुपलानी की रचना 'राधिका संवत्सम्' का ज़िक्र करते हुए नैतिकता के प्रश्न की लम्बी चर्चा करते हैं–"उपनिवेशवाद से पैदा हुआ मध्यवर्ग अपनी मानसिक बुनावट में विक्टोरियनकालीन नैतिकता से ग्रस्त था। इस मध्यवर्ग में अपनी पुरानी रूढ़ियों और विक्टोरियनकालीन वर्जनाओं के विचित्र घालमेल से एक पाखण्डी चरित्र विकसित हुआ...भारत में जिस प्रकार का राष्ट्रवाद विकसित हुआ है, उसकी कई विशेषताएँ तो सीधे-सीधे उपनिवेशवाद से सीखी और स्वीकार की गयी हैं। स्त्री-पुरुष के लिए इस दोहरे मानदण्ड की ग़ैर-आलोचनात्मक स्वीकृति इसी प्रवृत्ति का एक जीवन्त उदाहरण है। इसीलिए वीरेशलिंगम ने मृदुछुपलानी की काव्य-रचना का विरोध करते हुए यह तर्क दिया है कि एक स्त्री को उद्दाम काम का खुला चित्रण करने वाला काव्य नहीं लिखना चाहिए, क्योंकि इससे समाज के नैतिक स्वास्थ्य पर प्रतिकूल प्रभाव पड़ता है।"[5]

इस पृष्ठभूमि में रीतिकालीन काव्य को नैतिकता के कठघरे में खड़ा करने वाली मानसिकता को समझा जा सकता है। मैनेजर पाण्डेय के ही शब्दों में, 'अश्लीलता एक अर्थ में पुरुषवादी वर्चस्व को कायम रखने का माध्यम है।'[6] रीतिकालीन शृंगार के दायरों में ऐसी कविता भी है, जो नकारात्मक भी है, पर स्वस्थ प्रेम, शृंगार, मन को रिझाते रूप-सौन्दर्य, स्वकीया प्रेम, प्रेम की पराकाष्ठा के चित्र भी बहुतायत में मौजूद हैं, जिनकी चर्चा यहाँ की जायेगी। साथ ही भक्ति, रीति, विषय-वासना के तिरस्कार, कृष्ण की रूपमाधुरी, कुलकामिनी के प्रति सदिच्छा तथा विषयों के विस्तार को भी देखा जा सकता है।

इस काल के इतिहास पर विचार करने से स्पष्ट ज्ञात होता है कि यह काल मुग़ल सत्ता के शिल्प के विकास और आगे जाकर औरंगज़ेब के शासनकाल में संगीत और कला के निषेध का काल बनता है। दरबारी कला के प्रोत्साहन का कारण कहीं यह भी था कि केन्द्रीय स्तर पर चित्रकला, स्थापत्य कला, वास्तु और

संगीत को प्रोत्साहन दरबारों में दिया जा रहा था। इन कलाओं के उत्कृष्ट नमूनों में जहाँगीर द्वारा बनाये गये निशात बाग़ तथा शालीमार बाग़ का नाम अत्यन्त प्रसिद्ध है, जिसे देखने के लिए विश्व भर से लोग आते हैं, पर साहित्य के जिस सौन्दर्य को कालिदास के काव्य में सराहना मिलती है, उसे रीतिकाल में अस्वीकृत कर दिया जाता है, यह भी अत्यन्त अन्तर्विरोधी मानसिकता की स्थिति है। (द्रष्टव्य कुमारसम्भव, अष्टम सर्ग, छन्द-4-91)। अन्त में कालिदास लिखते हैं–'इति महाकविकालिदासकृतौ कुमारसम्भवे महा काव्ये उमासुरतवर्णनं नामाष्टमः सर्ग।'[7]

रीतिकाल में कवि देव ने श्रृंगार, रीति और वैराग्यभाव तीनों की रचना की है। वे लिखते हैं–'नवरस को पति सरस, इति रससिंगार पहिचान्यो' और साथ ही वह सिंगार और कामुकता में भी अन्तर करते हैं–'यह विचार प्रेमीन को, विषयी जन को नाहिं' अथवा 'तबहीं लौं सिंगार रस जब लग दम्पति प्रेम।' रीतिकाल के ये कवि दरबारों में रहते हुए भी परकीया प्रेम के साथ स्वकीया प्रेम को भी नहीं भूले हैं और अनेक स्थानों पर उसकी स्थापना भी करते हैं। स्त्री की पीड़ा और दैन्य का यह चित्र देव ही प्रस्तुत कर रहे हैं–'साथ में राखिए नाथ उन्हें, हम हाथ में चाहत चारि चुरी यह।' पद्मावत में नागमती की पीड़ा यही है कि कुलशील का सम्मान रखने के कारण वह पति का अपमान नहीं कर सकती, इसलिए यदि रत्नसेन नहीं आये तो भी आँखें उसकी प्रतीक्षा करती रहेंगी। रीतिकाल की स्त्री और भी दीन-हीन है जो रो भी नहीं सकती। नायक के परस्त्री-गमन की जानकारी होते हुए भी मरण के बाद भी पति से ही प्रेम के नियम से वह बँधी हुई है, पर आँखें धोखा दे देती हैं, बहने लगती हैं। पति के पूछने पर उत्तर है कि–

नीके में फीके ह्वै आँसू भरौ कत, ऊँचौ उसास गरो क्यों भर्‌यो परै,
रावरो रूप पियो अँखियान भर्‌यो, सु भर्‌यो उबर्‌यो सो ढर्‌यो परै।

इस पीड़ा के चित्र देव के काव्य और रीतिकाल में अनेक हैं, जिन पर भी चर्चा होनी चाहिए।

'ऐसो जो हौं जानतो कि जैहै तू विषै के संग, एरे मन मेरे हाथ-पाँव तेरे तोरतो' अथवा 'ढारत समीर चौंर, कामना न मेरे और, आठौं जाम राम तुम्हैं पूजत रहत हौं' जैसे पदों की व्याख्या हेतु भी नवीन दृष्टि से इन पाठों के प्रति मान्यताओं के परिवर्तन की आवश्यकता है।

आचार्य शुक्ल ने भी घोर एकान्तिक रूप से रीतिकाल का विरोध किया हो, यह भी पूर्णतः सत्य नहीं। शुक्ल जी ही लिखते हैं–"इन रीतिग्रन्थों के कर्ता भावुक, सहृदय और निपुण कवि थे। उनका उद्देश्य कविता करना था न कि काव्यांगों का शास्त्रीय पद्धति पर निरूपण करना। अतः उनके द्वारा बड़ा कार्य

यह हुआ कि रसों (विशेषतः शृंगार रस) और अलंकारों के बहुत ही सरस और हृदयग्राही उदाहरण अत्यन्त प्रचुर परिमाण में प्राप्त हुए। ऐसे सरस और मनोहर उदाहरण संस्कृत के सारे लक्षणों से चुनकर इकट्ठा करें तो भी उनकी इतनी अधिक संख्या न होगी।"[8]

बिहारी के काव्य के आधार पर मुक्तक को चुना हुआ गुलदस्ता तथा कवि के गुण के आधार पर काव्य की प्रशंसा का सूत्र शुक्ल जी ही प्रस्तुत करते हैं। आवश्यकता है अपनी कसौटियों के विस्तार की और बने-बनाये चश्मे से बाहर निकलकर देखने की।

मतिराम स्वकीया नायिका के चित्र प्रस्तुत करते हुए एक अत्यन्त स्वाभाविक चित्र प्रस्तुत करते हैं, जहाँ स्त्री के मन में विवाह के कुछ समय पश्चात् पति के साथ रहने की इच्छा है, पर पति को बाहर जाना है और पत्नी यह बात खुलकर नहीं कह सकती, उसकी भी मान और प्रतिष्ठा का प्रश्न है, ऐसे में भी आँसू नहीं रोक पाती, पर पूछने पर बहाना यही है–'सोवत न रैन-दिन रोवत रहति बाल, बूझे तै कहति मायके की सुधि आयी है।' (मतिराम ग्रन्थावली)

स्वाभाविक जीवन के इन स्वाभाविक चित्रों को भी ख़ारिज करना चाहें तो कर दीजिए, पर फेसबुक के उस चरित्र का क्या करेंगे, जहाँ ऐसे चित्र अधिकांश पढ़ी-लिखी लड़कियाँ प्रस्तुत कर रही हैं और मित्रमण्डली उसे लाइक कर रही है? हर युग में यह अन्तर्द्वन्द्व भी है और उसके प्रति सामाजिक स्वीकार और विरोध भी। ऐसे में रीतिकाल के प्रति ही यह अनुदारता क्यों?

दरबारी काव्य होने के कारण इस काव्य की कुछ सीमाएँ अवश्य हैं और रीतिकालीन काव्य पर विचार करने वाले विद्वानों को उसे स्वीकार करने में गुरेज़ नहीं होना चाहिए। पर वहीं आधुनिक विचारकों को अपनी नैतिक मान्यताओं के विस्तार की भी आवश्यकता है। समय के बदलाव के साथ हमारी नैतिक मान्यताओं में भी बदलाव आया है। वस्त्रों से लेकर दृष्टि ने भी नैतिक प्रतिमानों को विस्तृत किया है। एक समय में फ़िल्मों में आने मात्र के नाम से जिस स्त्री समाज को अनेक लांछनों का सामना करना पड़ा था आज उस फ़िल्मी संसार में अपने बच्चों को भेजने की दौड़ यह साबित करती है कि हमने अपने दायरों का विस्तार किया है। ऐसे में किसी भी काल को बनी-बनायी दृष्टि से कैसे परखा जा सकता है? घनानन्द के काव्य को अक्सर सुजान प्रेम के आधार पर याद किया जाता है पर उनके काव्य में एक चित्र आज के समय के अनुरूप अथवा उससे भी आगे है, जिसकी चर्चा यहाँ की जा रही है–'जगत में जोति एक कीरति की होति है पै, राधिका तो कीरति के कुल को प्रकास है।' यह पंक्ति

तो आधुनिक काल में भी कहीं नहीं दिखाई देती कि बेटी को कुल का प्रकाश माना गया हो!! यहाँ मैं घनानन्द के विरहकाव्य अथवा सुजान के प्रति उनकी स्वच्छन्द प्रेमकाव्य प्रस्तावना का उल्लेख नहीं करूँगी, क्योंकि उन पर अनेक स्थानों पर चर्चा हो चुकी है। प्रेम को लेकर 'सूधो सनेह को मारग' पर भी विद्वान् एकमत हैं और स्वच्छन्द काव्यधारा को पर्याप्त स्थान दे चुके हैं। भूषण के काव्य की वीरभावना को भी पर्याप्त स्वीकार मिल चुका है, पर यहाँ रीतिकालीन उन कवियों की ही चर्चा प्रमुख है, जिन्हें श्लील-अश्लील के भीतर रखकर प्राय: अस्वीकृत किया जाता है।

इस दृष्टि से मतिराम के काव्य में सामान्य नायिका का लक्षण देखा जा सकता है–'धन दे जाके संग में रमें पुरुष सब कोइ, ग्रन्थन को मत देखि के गणिका जानहुँ सोइ।' (रसराज, छन्द-94)। यह लक्षण तो सामान्य ही है, परन्तु महत्त्वपूर्ण यह है कि इस काल में गणिका को भी नायिका के रूप में देखने का प्रयास किया गया है।

महादेवी वर्मा लिखती हैं, "इन स्त्रियों ने जिन्हें समाज पतित के नाम से सम्बोधित करता आ रहा है, पुरुष की वासना की वेदी पर कैसा घोरतम बलिदान दिया है, इस पर किसी ने कभी विचार नहीं किया...पुरुष की कभी न बुझने वाली वासनाग्नि में हँसते-हँसते अपने जीवन को तिल-तिल जलाने वाली इन रमणियों को मनुष्य जाति ने कभी दो बूँद आँसू पाने का भी अधिकारी नहीं समझा...चाहे कभी किसी स्वर्णयुग में बुद्ध से अम्बपाली को करुणा की भीख मिल गयी हो...पर साधारणत: ऐसी स्त्रियों को समाज से असीम घृणा और तिरस्कार ही प्राप्त हुआ।"[9]

रीतिकाल का कवि इन स्त्रियों की पीड़ा के कुछ चित्र भी प्रस्तुत कर सका, इस पर नाक-भौं सिकोड़ने से बेहतर होगा कि उस समय के इस अनुभव का विस्तार किया जाये।

आज के विमर्शवादी युग में भी पति की रक्षा हेतु अनेक बार समाज के समक्ष किसी भी दोष के लिए स्त्री द्वारा स्वयं को दोषी दिखाने की प्रवृत्ति देखी जा सकती है। ऐसे में उस युग में भी इस पातिव्रत्य को निभाने के लिए स्त्री यदि बाँझपन का दोष स्वयं पर ले रही है, तो आश्चर्य क्या? इसकी मार्मिकता की पहचान के लिए इन कवियों की प्रशंसा की जानी चाहिए–

गुरुजन दूजे ब्याह को प्रतिदिन कहत रिसाइ,
पति की पत राखै बहू आपनु बाँझ कहाइ।

(सतसई, छन्द-9)

कितना सत्य और मार्मिक चित्र है एक स्त्री की दशा का!

जहाँ तक यौवन के चित्र प्रस्तुत करने की बात है, कालिदास के ग्रन्थों में पार्वती के सौन्दर्य को यौवन से ही जोड़कर देखा गया है–'आरोहणार्थ नवयौवनेन कामस्य सोपानमित्र प्रयुक्तम्' (कुमारसम्भवम्, छन्द-39)। अब जिस प्रवृत्ति को संस्कृत के कवि भी अपरिहार्य मानकर नायिका के लिए युवा स्त्री का चयन कर रहे थे, ऐसे में इन दरबार के कवियों का यह कहकर तिरस्कार करना कि इन्होंने युवा स्त्री को काव्य का आलम्बन बनाया, इस पर पुनर्विचार की आवश्यकता है।

रीतिकालीन काव्य को किसी भी एकरेखीय प्रणाली के आधार पर मूल्यांकित करके सरल निष्कर्ष निकाले जा सकते हैं, पर मेरी प्रस्तावना यही है कि किसी भी काल की मूल्यांकन-पद्धति चक्रीय होती है, एकरेखीय नहीं। इस काल हेतु भी मूल्यांकन के लिए समग्रता से इस काव्य के पठन और आलोचन की आवश्यकता है। पूर्वाग्रह से ग्रसित होकर इसे विशिष्टतम अथवा निकृष्टतम कहना सही नहीं, बल्कि धैर्य और परिश्रम की ज़रूरत है। याद रखना होगा कि ठाकुर इसी काल में काव्य में अलंकारों की भरमार की भर्त्सना का साहस करते हैं–'सीख लीनो मीन मृग, खंजन कमल नैन...डेल सो बनाय आय मेलत सभा के बीच, लोगन कबित्त कीबो खेल करि जानो है।' और देव के काव्य में वर्ण-जातिभेद पर तिरस्कार और भर्त्सना के उदाहरण मिलते हैं–

हैं उपजे रज बीजहिं तें, बिनसे हू सबै छिति छारकै छाँड़े
बेदनि मूँद कियौ इन दूदु कि सूद अपावन पावन पांडे।

वहीं भक्तिकाल में कबीर और तुलसी दोनों के महान् काव्यों में भी स्त्री की भर्त्सना मिलती है। ऐसे में शायद मैनेजर पाण्डेय का ही एक सूत्र इसे समझने की युक्ति प्रदान करता है–"समाज में मौजूद संरचना के ग्राम्शी ने दो आधार गिनाए हैं–लोकमत (कॉमनसैन्स) और साधुमत (गुडसैन्स)। तुलसी ने एक और मत की चर्चा की है–वेदमत (शास्त्रमत)। किसी समाज की संरचना को समझने के लिए इन मतों के अन्तःसम्बन्ध पर विचार करना आवश्यक है।"[10] आवश्यक है कि इस काल को भी इतिहास, समाज और विद्वजनों के मतानुमत के साथ रखकर भी अपनी दृष्टि से समझा जाये और नयी मान्यताएँ भी प्रस्तावित की जायें। इस काल की समझ को एक स्त्री के दृष्टिकोण से समझा जाना और देखा जाना चाहिए ताकि इस काल के प्रति भी नयी दृष्टि विकसित की जा सके।

सन्दर्भ

1. Women Writing in India : 600 B.C. to the early twentieth century, edited by Susie J. Tharu. K. Lalita.

2. वही
3. अब्दुल अलीम, नज़ीर अकबराबादी और उनकी विचारधारा, परिशिष्ट, पृ. 205
4. http://www.wichaar.com/news/k337/ARTICLE/16935/2009.10-25.html
5. प्रो. मैनेजर पाण्डेय, आलोचना की सामाजिकता, पृ. 141-142
6. वही, पृ. 143
7. कालिदास ग्रन्थावली, सं. ब्रह्मानन्द त्रिपाठी, पृ. 288
8. आचार्य रामचन्द्र शुक्ल, हिन्दी साहित्य का इतिहास, पृ. 183
9. प्रो. निर्मला जैन, महादेवी साहित्य, पृ. 264
10. प्रो. मैनेजर पाण्डेय, आलोचना की सामाजिकता, पृ. 146

रीतिकाल में स्त्री-यौनिकता का सवाल उर्फ़ देह अपनी बाक़ी उनका

डॉ. नीलिमा चौहान

भारतीय सन्दर्भों में सेक्सुएलिटी का इतिहास लिखे जाने के लिहाज़ से रीतिकालीन कविता का अपना महत्त्व है। जैसे पाश्चात्य जगत् में हिस्ट्री ऑफ़ सेक्सुएलिटी का प्रथम अध्याय विक्टोरियनकाल (1837-1901) से प्रारम्भ होता है।[1] उसी प्रकार, वात्स्यायन के कामसूत्र के सैद्धांतिक यौनिकता-विमर्श के बाद पहली बार सम्भवत: रीतिकाल की कविता में ही इस विमर्श के इतिहास-लेखन के लिए विश्लेषणोपयोगी सन्दर्भ-बिन्दु मिलते हैं। मिशेल फूको ने विक्टोरियन काल के सेक्सुअल रिप्रेशन को विक्टोरियन यौनिकता का मुख्य कारक माना है, जिसके परिणामस्वरूप यौनिकता के विषय पर तत्कालीन समाज में चुप्पी, प्रतिबन्ध, नकार और पाखण्डपूर्ण वातावरण का जन्म होता है।[2] यदि रीतिकाल के काव्य को ग़ैर-परम्परागत दृष्टि से आधुनिकता के आयीने में देखने का प्रयास किया जाये तो लगभग ऐसा ही पाठ सामने आता है। इसी पाठ के माध्यम से रीतिकाल को हमारे समय व समाज के सेक्सुएलिटी के इतिहास का उत्कर्ष काल मानने के लिए पर्याप्त आधार दिखाई देते हैं।

यौनिकता-विमर्श, निस्सन्देह, एक बायोलॉजिकल सन्दर्भ पर केन्द्रित है और यह जींस या गुणसूत्रों की ऐनोटॉमी है, लेकिन इस विमर्श की परिधि में भूगोल, विशेषकर सामाजिक व सांस्कृतिक कंस्ट्रक्ट्स भी शामिल होते हैं। व्यक्ति की यौनिकता उसकी देह व अस्तित्व से सम्बद्ध होकर जितनी निजी अवधारणा है, उससे कहीं अधिक सामाजिक-सांस्कृतिक संरचनाओं से अन्तर्संबद्ध होती है तथा निरन्तर निर्मित व पुनर्निर्मित होती है। सेक्सुएलिटी का सम्बन्ध व्यक्ति की यौनेच्छा, यौन-व्यवहार, वैयक्तिकता, अस्तित्व से है। साथ ही यौनिक सन्दर्भों को प्रभावित करने वाले प्रत्येक सामाजिक सन्दर्भ से इसका गहन वास्ता है। व्यक्ति

की यौनिकता के अनुभूतिगत आयाम भी हैं अर्थात् यौनेच्छा की अभियोग्यता, सेंसुएलिटी, यौनाभिव्यक्ति की विशिष्टता, यौनक्रिया की निजतम मनोनुभूतियाँ।[3] स्पष्ट है कि सामाजिक व वैयक्तिक दो विपरीत ध्रुवों से सम्बद्ध यौनिकता में स्त्री व पुरुष की अवस्थिति भी उतनी ही विपरीत व वैभिन्यपूर्ण होगी। अर्थात् स्त्री व पुरुष की भिन्न शारीरिकता, सामाजिक स्थिति, भौगोलिक स्थिति, सांस्कृतिक संरचनागत असमानताओं का प्रभाव, उनकी यौनिक अभिव्यक्ति व अनुभूति दोनों को समान नहीं रहने देते। इसलिए आधुनिक विमर्शों में स्त्री-स्वातन्त्र्य के साथ ही स्त्री-सेक्सुएलिटी का विमर्श भी अस्तित्व में आया या कह सकते हैं कि यौनिकता-विमर्श से जेंडर-विमर्श की आधुनिकतम विमर्श-श्रेणी शुरू होती है।

हिन्दी साहित्य के रीतिकाल में इन आधुनिक विमर्शों के इतिहास की प्राक्कल्पना के लिए पर्याप्त व विस्तृत अध्ययन-सामग्री उपलब्ध है। अपनी श्रृंगारिकता, स्थूलता, दैहिकता और सौन्दर्य-केन्द्रीयता के कारण रीतिकाल की आक्षेपग्रस्त कविता अपने समय का पहला यौनिकता का प्रगल्भ इतिहास सामने रखती है। फूको ने हिस्ट्री ऑफ़ सेक्सुएलिटी की पृष्ठभूमि में जिस महानतापूर्ण, दम्भपूर्ण, प्रपंचकारी सामाजिक परिवेश की बात की है, वही परिवेश रीतिकाल की कविता की पृष्ठभूमि का भी रहा। शाही दम्भ की प्रतिच्छाया में पनपी कविता में शौर्य व श्रृंगारिकता कविता के प्रधानतम उत्प्रेरक तत्त्व दिखाई देते हैं। प्रेम पर रसिकता का, संवेदना पर प्रयोजनवादिता का, आत्मानुभूति पर कल्पना का प्राधान्य ही दिखाई देता है। इस पूरे परिवेश में स्त्री की देह ही है और वह भी विशुद्ध ऑब्जेक्टिफाइडी अन्दाज़ में।[4] स्त्री का अस्तित्व व उसका संवेदना-पक्ष ही नहीं, उसका सामाजिक कर्म भी दर्ज नहीं है। इस कविता का परिवेश व उसकी रचना-प्रक्रिया में ही नहीं, उसकी आस्वाद्यता में भी स्त्री की उपस्थिति का नकार है। अतः इस काल की कविता उस रिप्रेशन के अपने चरम पर पहुँचने का संकेत करती है, जिसके बाद भारतेन्दु व द्विवेदी युग में स्त्री की सत्ता के प्रश्न स्थूलता में ही सही, पहली बार दिखाई देते हैं। महावीरप्रसाद द्विवेदी के 'उर्मिला विषयक उदासीनता' नामक निबन्ध में स्त्री के प्रजननांगों, गर्भधारण व उपेक्षणीय सामाजिक स्थिति की ओर पहली बार कोई श्रृंखलाबद्ध विचार-श्रेणी सामने आयी। इसी तरह मैथिलीशरण गुप्त की पंचवटी में स्त्री-अस्तित्व व स्त्री-सेक्सुएलिटी के प्रश्न को कवि सामाजिक विचार का विषय बनाता है। रीतिकाल में अतिशय श्रृंगारिकता व कामुकता ने स्त्री व स्त्री-देह को उपभोग्य वस्तु में तब्दील कर दिया। इस वस्तुकरण ने स्त्री के समाज, कविता व इतिहास से विलुप्तीकरण पर ज़्यादा प्रश्न खड़े किये। रीतिकाल के काव्य में श्रृंगारिकता,

नायिका-भेद, सौन्दर्य-वर्णन, देह-चित्रण व सामाजिक-सांस्कृतिक सम्बन्धों के डिकोडीकरण के माध्यम से उस काल की सेक्सुएलिटी व उसमें स्त्री-सेक्सुएलिटी का अध्ययन किया जा सकता है।

रीतिकाल की दरबारी कविता को तत्कालीन पुरुष की मसल फ्लेक्सिंग प्रवृत्ति कहना तनिक भी अत्युक्तिपूर्ण वक्तव्य नहीं है। मध्यकालीन सामन्ती परिवेश में रागरंग-संगीत कलाओं की तरह कविता में स्त्री का पण्यकरण करने की प्रवृत्ति दिखाई देती है, जहाँ आनन्द केवल पुरुष-केन्द्रित अवधारणा है व स्त्री के जन्म व वजूद का अन्तिम लक्ष्य आनन्द का सृजन करने वाली वस्तु-मात्र है। भक्तिकाल के विलुप्त आध्यात्मिक सन्दर्भ तथा दरबारी अभिवृत्ति से जनित विलास-भावना के कारण उपजी कविता में-स्त्री एक प्राणहीन-संवेदनाहीन आलम्बन ही बनकर रह गयी। इस केंद्रिकता का चरम उद्देश्य भोग व विलास तथा शुद्ध ऐंद्रियता था। अतः इस भावना के आलम्बनस्वरूप कोई नायिका चाहिए चाहे वह कोई भी हो जैसी भावना ने सेक्सुएलिटी के स्त्रीपक्ष को एकदम सारहीन मान लिया। देव ने निस्संकोच रूप से स्वीकार किया है-

काम अन्धकारी जगत, लखै न रूप कुरूप।
हाथ लिए डोलत फिरै, कामिनि छरी अनूप।
तातैं कामिनि एक ही, कहन सुनन को भेद।
राचैं पागैं प्रेमरस, मेटैं मन को खेद।[5]

मतिराम, देव, पद्माकर आदि कवियों के लिए शृंगारिकता ऐंद्रियता के उत्सव से कम नहीं थी। यौनिकता के देह व सौन्दर्य से इस कदर अन्तर्भुक्त हो जाने से स्त्री की यौनिकता के लिए पूर्ण नकार का परिवेश था। स्त्री-जन्म का लक्ष्य मानो सौन्दर्यवती नायिका बनकर ही सार्थक हो सकता था। अतः कामकलाओं में प्रवीण होना व रूप-रस की माधुरी से नायक की यौनिकता को उद्‌बुद्ध करने में ही स्त्रीत्व परिभाषित होता था। प्रेम व शृंगार की फाँक यहाँ स्पष्ट दिखाई देती है।[6] सौन्दर्यजनित आकर्षण से जो उपजता है, वह प्रेम की कोटि में तो कहाया है, किन्तु उसमें बलिदान, समर्पण व रोमानी साहसिकता का प्रायः अभाव ही है। प्रेम आत्मा के परिष्कारक रूप में नहीं अभिव्यक्त हुआ है, उसमें ऐंद्रियता का प्राधान्य है और एकांगिता है। स्त्री के लिए प्रेम कुल की कानि को खण्डित करने वाला तत्त्व है, जिसकी एवज में सामाजिक तिरस्कार व निंदा रूपी दण्ड का प्रावधान है। अर्थात् स्त्री के लिए अपनी यौनिकता का शारीरिक व भावनात्मक पक्ष त्याज्य है। "काममय होते हुए भी रीतिकाव्य काम को प्रवृत्ति से अधिक कुछ नहीं मानता, उसके द्वारा उद्‌बुद्ध जीवन की गहन मनोवैज्ञानिक और सामाजिक समस्याओं से

वह अनभिज्ञ है।"[7] दृष्टिकोण की यह एकांगिता और गाम्भीर्य का अभाव रीतिकाल पर लगने वाले आक्षेपों के लिए उत्तरदायी है तथा इसी अगाम्भीर्य व एकांगिता के कारण सेक्सुएलिटी व जेंडर-विमर्श व स्त्री-स्वातन्त्र्य जैसे आधुनिक विमर्शों के आलोक में रीतिकाल के साथ हीनता का मूल्य आ जुड़ता है। "इस काल की शृंगारिकता में अप्राकृतिक गोपन अथवा दमन में उत्पन्न ग्रन्थियाँ नहीं हैं, उसमें स्वीकृत रूप से शरीरसुख-साधना है, जिसमें न आध्यात्मिकता का आरोप है, न वासना के उन्नयन अथवा प्रेम को अतींद्रिय रूप देने का उचित-अनुचित प्रयत्न। जीवन की वृत्तियाँ उच्चतर सामाजिक अभिव्यक्ति से चाहे वंचित रही हों, परन्तु शृंगारिक कुण्ठाओं से मुक्त थीं। इसका परिणाम यह हुआ कि काम जीवन का अन्तरंग साधक तत्त्व न रहकर बहिरंग साध्य बन गया।' डॉ. नगेन्द्र के इस कथन से आधुनिकतम विमर्शों के आलोक में केवल आंशिक सहमति ही हो सकती है। इस काल के यौनिक वर्णनों में समाज व सांस्कृतिक संरचना स्त्री को वासना के केन्द्र में प्रतिष्ठित कर रहे हैं व स्त्री के यौनिक अस्तित्व को हाशिए पर धकेल रहे हैं। यहाँ काम-क्रिया के सामाजिक, मनोवैज्ञानिक, राजनीतिक, धार्मिक पहलू दिखाई नहीं देते। यह एकोन्मुखी भावना के रूप में पनपा और एकांगी रूप में अभिव्यक्त हुआ भाव है। अपने सहचर व समाज से निरपेक्ष ही उस आनन्द की भी सत्ता है, जो इस क्रिया का सहज प्रतिफलन है। स्त्री का यौन सुख भी केवल इस भावना में है कि वह यौनिक रूप से कितनी अधिक सन्तुष्टि प्रदान करा सकने की योग्यता रखती है।

सेक्सुएलिटी को सेंसुअस रूप में वर्णित करने में रीतिकाल की कविता पीछे नहीं रही।[8] कामक्रीड़ा के वर्णनों में, विपरीत रति के चित्रों में, प्रणय-निवेदनों में नायक-केन्द्रित चित्रांकन हुआ है। नायिका के पैरों को स्पर्श करके विपरीत रति के लिए प्रणय-निवेदन करने वाले चित्र में नायिका की रतिदक्षता से प्राप्त होने वाला सुख ही काम्य है। नायिका की स्वेच्छा, काम-अभिरुचि या उसके यौन-अस्तित्व का कोई स्वतन्त्र रूप नहीं द्रष्टव्य है। कामक्रीड़ा के उपरान्त नायिका के आनन्द की सघनता नायक की सन्तुष्टि पर आश्रित है। देह पर टिकी कवि की दृष्टि नायिका के मन में कम ही झाँक पायी, अगर झाँकने भी पायी तो वहाँ भी उसकी सत्ता को पुरुषाश्रित मानकर काल्पनिक वर्णन-मात्र किये हैं। "इन रसिकों की दृष्टि प्रायः शरीर के सौन्दर्य पर ही टिकी रहती थी, मन के सूक्ष्म सौन्दर्य तक कम ही पहुँच पाती थी और आत्मा का सात्त्विक सौन्दर्य तो उसकी परिधि से बाहर ही था।"[9] तत्कालीन सामाजिक व साहित्यिक परिवेश में स्त्री के अस्तित्व के कोई चिह्न नहीं दिखाई देते। देह व सौन्दर्य के चित्रणों में

स्त्री वस्तुकृत कर दी गयी है। नख-शिख वर्णन और शिख-नख वर्णन के रूप में सेक्सुअल उत्तेजना को उद्दीप्त करने वाले अंगोपांगों की भूमिका से वह युग बहुत प्रभावित है। स्त्री-देह, संवेदना, काम-स्वीकृति, शारीरिक स्वातन्त्र्य व शरीर के छवि-निर्माण में स्त्री की भूमिका को ही दरकिनार किया गया है। स्त्री की देह में अधर, ग्रीवा, नितम्ब, कुच, कुचाग्र, त्रिबली, नाभि आदि अंगों का सौन्दर्य-चित्रण में एवं कामोद्दीपन के दृश्यों में चित्रण किया गया है।[10] यहाँ सौन्दर्य मानो स्त्री के जीवन का अन्तिम लक्ष्य हो जिसके आधार पर वह योग्य नायक स्त्री को ग्राह्य मानेगा। कुरूपता, विरूपता के लिए प्रेम, शृंगार व कविता में ही नहीं समाज में भी कोई उपयोगिता नहीं है। शृंगार का जन्म सौन्दर्य से इतर नहीं मिलता। सौन्दर्य की प्रभावान्विति में आक्रामकता भी है व दिव्यता भी, परन्तु समस्त सौन्दर्य दैहिकता पर ही केन्द्रित भी है। विरह-वर्णनों में नायिका के स्वास्थ्य के खराब हो जाने सम्बन्धी चित्रण अवश्य हैं, किन्तु स्त्री-देह को स्वास्थ्य के साथ जोड़कर नहीं देखा गया, न ही स्वास्थ्य के साथ सौन्दर्य को। इस देह-विमर्श में स्त्री के गर्भाशय की उपस्थिति कविता की कल्पना से बाहर की बात है। इसलिए इस कविता में मातृत्व के कोई चित्र नहीं मिलते। जिस कविता में बार-बार देह के वर्णन आते हों वहाँ सेक्सुअल स्वास्थ्य-सम्बन्धी या प्रजनन-स्वास्थ्य-सम्बन्धी चित्रों का कोई प्रकारान्तर से भी संकेत नहीं है।

नायिका-भेद की परिपाटी का निर्वाह करते हुए रीतिकाल तत्कालीन समाज की मानसिक संरचना की विकृतियों को उद्घाटित करता है।[11] इस काल में स्त्री काव्य-रचना व मनोरंजन का उपकरण मात्र दिखाई देती है, भावहीन व संवेदनाहीन देहमात्र। यह विभेद स्त्री के सेक्सुअली सन्तुष्टि प्रदान करने की विभिन्न डिग्रियों का ही सारणीकरण प्रतीत होता है। नायिका-भेद व उसके उपभेदों पर दृष्टिपात करते ही उस समय की स्त्री की दयनीय व उपेक्षणीय स्थिति को डिकोड किया जा सकता है। स्वकीया, परकीया व वेश्या अथवा कुलटा, प्रेष्या व सामान्या आदि भेदों से स्त्री के प्रति उपभोगवादी सामाजिक नज़रिया उजागर होता है। प्रेमगर्विता, अन्यसंभोगदु:खिता, सौन्दर्यगर्विता, प्रोषितपतिका स्त्री की जेंडर ट्रेनिंग ही नहीं, उसके सामाजिक अस्तित्व की नगण्यता को भी इंगित करते हैं। कुलटा या अधमा जैसे विभेद एक सेक्सुअल ऑब्जेक्ट के रूप में इस्तेमाल होने वाली स्त्री की सामाजिक नियति का अन्दाज़ कराते हैं। इस विभेदीकरण का निहितार्थ यह है कि पारिवारिक संरचना में अपने स्थान के लिए संघर्ष करती स्त्री को अपना स्थान तभी मिल सकता है, जब वह रूपवती व कामप्रवीण होकर नायक के लिए काम्य हो। इस तरह के विभेद स्त्री की यौनिक पहचान

को कई शरीरेतर व मनोभावेतर कारकों से जोड़ते हैं; स्त्री के सोचने, महसूस करने या उसमें दखल देने के लिए बहुत कम स्पेस या कहें कि कोई स्पेस नहीं छोड़ते।[12] बड़ी होती बच्ची की भी जेंडर ट्रेनिंग यह है कि उसे यौन-वस्तु में तब्दील होना है और यौनक्रीड़ा की पारखी बनना है। यहाँ सखियाँ, परिवार, लोक व नायक के रूप में एक आरोपित छद्म परिवेश में अपने यौनिक-सैल्फ व उसकी अनुभूति के लिए कोई गुंजाइश नहीं है। यहाँ पति के प्रेम की डिग्री पर ही उसकी पारिवारिक और सामाजिक हैसियत को आश्रित मानकर ज्येष्ठा व कनिष्ठा जैसे विभेद किये गये हैं।

इस काल में नायिका केवल पत्नी, उपपत्नी, भाभी, बहू, सखी रूप में है। माँ, बेटी, बहन या सामाजिक रूप से सक्रिय और कर्मशील रूपों के चित्रण नगण्य हैं। स्त्री का शृंगारेतर कोई ऐसा पक्ष नहीं है, जो कवि को काव्योपयोगी प्रतीत हुआ हो। यौन-जीवन, यौन-अनुभवों, यौन-कुण्ठाओं से जनित मनोवैज्ञानिक या सामाजिक विषमताओं का चित्र नदारद है।[13] यौन-प्रक्रिया में स्त्री को जीवित प्राणी मानकर उसके भाव-जगत् की, मनोजगत् की विभिन्न स्वाभाविक छवियाँ नहीं हैं; न ही नायक के कामभाव या आनन्द के सामाजिक, मनोवैज्ञानिक और भावात्मक पक्ष अंकित हुए हैं। यौनिकता का अर्थ केवल रस है, लक्ष्य भी केवल रस है व परिणति भी केवल रस है। यह आस्वाद्यता पुरुष-केन्द्रित है। स्त्री-आस्वाद्यता के लिए कोई स्थान नहीं है। रीतिमुक्त काव्य में चूँकि दैहिकता का प्राधान्य नहीं है, इसलिए वहाँ प्रेम की सहजानुभूति के वर्णन मिलते हैं, जिनमें पुरुष-यौनिकता का प्रवाह नहीं है, न ही स्त्री उपभोग्या और सेक्स ऑब्जेक्ट के रूप में चित्रित है। जबकि दरबारी काव्य में "वह समाज की चेतन इकाई न होकर बहुत कुछ जीवन का उपकरण-मात्र है।"[14]

इस काल की कविता में यौनशक्ति बढ़ाने के लिए नायक का वैद्य के पास जाने और वैद्य-वधू का स्वपति के अक्षम होने,[15] नायिका के पड़ोसी के गर्भ को धारण करने,[16] नवजात की पत्री में जारज सन्तान का योग होने,[17] स्त्री का देवर के साथ गुप्त प्रेम होने, नपुंसक पति के दोष को स्त्री द्वारा स्वयं पर ले लिए जाने,[18] नायिका के कामज्वर से पीड़ित होने, पारिवारिक वातावरण में रति-निमन्त्रण के लिए तरह-तरह के उपाय करने, सखियों द्वारा यौन-शिक्षा दिये जाने[19] जैसे कई चित्र उपलब्ध हैं। किन्तु उनसे उस काल की सेक्सुएलिटी के स्त्री-पक्ष का कोई मज़बूत कंस्ट्रक्ट नहीं बन पाता। न ही उस समय के समाज की सेक्सुअल ओरिएंटेशन की उपर्युक्त विमर्श से भिन्न कोई अन्य छवि बनाने के मज़बूत आधार मिलते हैं। जैसे स्त्री समलैंगिकता के संकेत-मात्र खोजे जा सकते

हैं, लेकिन समलैंगिकता एक वर्जित विषय था। सेक्सुअल व्यवहार-सरणियों के मनोरम चित्र भी दिखाई देते हैं। सेक्सुएलिटी के साथ नैतिकता, क़ानून व धर्म के बन्धन या पाबन्दियाँ नहीं मिलतीं, किन्तु परकीया नायिका के लिए समाज में आदर का भाव नहीं है। जेंडरजन्य व्यवहार पूरी तरह समाजीकरण की प्रक्रिया से उपजा हुआ है यानी स्त्री व पुरुष अपने यौन-व्यवहारों की विशिष्टता का निर्वहन करते हैं। यहाँ यौनिकता जैविक क्रिया-मात्र है, उसके साथ यौनिक आइडेंटिटी का आयाम जुड़ा भी है तो वह भी पुरुषकेन्द्रित है। स्त्री पुरुषेतर यौनिक अस्तित्व की जद्दोजहद में भी नहीं है, बने-बनाये खाँचों में अपनी यौनिकता को फिट करने में उसकी समस्त ऊर्जा लगी है।

दरअसल, इस युग का सम्पूर्ण काव्य स्त्री सेक्सुएलिटी के दमन व वंचना का काव्य है।[20] स्त्री की यौनिकता के पूर्ण नकार, मनाही व उसके सम्पादन से भरा यह काव्य स्त्री को इतना अधिक वस्तुकृत करता है कि आगामी कालों में इसकी प्रतिक्रिया स्वरूप स्त्री-अधिकारों, स्त्री-अस्तित्व, स्त्री की यौनिकता जैसे सवालों पर बात होने लगती है। रीतिकाल के आयीने में नवजागरणकाल व प्रसाद युग का साहित्य तथा स्त्री-समानता के प्रश्नों का जन्म हुआ तथा बीसवीं सदी के नव्य विचार-सरणियों के प्रभाववश पैदा हुए स्त्री आन्दोलनों का जन्म हुआ माना जा सकता है। सेक्सुएलिटी की अवधारणा जड़ नहीं है उसे परिभाषित व पुनर्परिभाषित किया जा सकता है। भौगोलिक, सामाजिक, राजनीतिक, धार्मिक, क़ानून जैसी संरचनाओं से इसकी परिभाषा व आयाम निर्मित होते रह सकते हैं। सेक्सुएलिटी के कई मुद्दों पर विभिन्न स्त्रीवादी आन्दोलन एकमत नहीं हैं तो कुछ विषय निरन्तर विचार-मंथन की माँग करते हैं। रीतिकालीन सेक्सुएलिटी और आधुनिक पोर्न जगत् में कई समानताएँ हैं, दोनों में स्त्री-देह व कामुकता मुख्यतः पुरुषकेन्द्रित है व दोनों ही व्यावसायिकता की माँग पर आधारित हैं। दोनों में आस्वाद्यता का केन्द्र पुरुष है। कुल मिलाकर रीतिकाल आधुनिक यौनिकता विमर्श, जेंडर-विमर्श, स्त्री-स्वातन्त्र्य के विमर्शों के लिए महत्त्वपूर्ण अध्ययन सामग्री सिद्ध हो सकता है; बशर्ते इसका निरपेक्ष, पूर्वधारणारहित, ग़ैर-पारम्परिक व सजग विश्लेषण किया जाये।

सन्दर्भ

1. मिशेल फूको, हिस्ट्री ऑफ़ सेक्सुएलिटी, खण्ड-1, पृ. 3
2. वही, पृ. 17
3. विश्व स्वास्थ्य संगठन के अनुसार यौनिकता के चार तत्त्व बताये गये हैं–
   (i) Sexuality is a central aspect of being human throughout life and

encompasses sex;s gender identities and roles, sexual orientation, eroticism, pleasure, intimacy and reproduction.

(ii) Sexuality is experienced and expressed in thoughts, fantasies, desires, beliefs, attitudes, values, behaviours, practices, roles and relationships.

(iii) Sexuality is influenced by the interaction of biological, psychological, social, economic, political, cultural, ethical, legal, historical and religious and spiritual factors.

(iv) Sexuality includes the basic need for human affection, touch and intimacy, as consciously and unconsciously expressed through one's feelings, thoughts and behaviour.

Sexuality may be the origin for happiness and satisfaction on the other hand, but in cases of sexual dysfunction it may cause frustration and suffering. Sexuality is a central motivation in couple formation.

(Ref:: http:èkèkèkwww.vaestoliitto. fièk@Binèk263341èkFinsex09_ Chapter+1.pdf)

4. "विलास की सरिता दोनों कूलों को तोड़कर बह रही थी। विलास का केन्द्र-बिन्दु नारी थी, जिसके चारों ओर अनेक कृत्रिम उपकरण एकत्र थे।" डॉ. नगेन्द्र, रीतिकाव्य की भूमिका, नेशनल पब्लिशिंग हाउस, दिल्ली, पृ. 167

5. डॉ. नगेन्द्र, रीतिकाव्य की भूमिका, पृ. 171

6. "प्रेम भावना-प्रधान एवं एकोन्मुख होता है, विलास या रसिकता उपभोग-प्रधान एवं अनेकोन्मुखी होती है, तभी तो प्रेम में तीव्रता होती है, रसिकता में केवल तरलता। रीतिकाल के प्रतिनिधि कवि बिहारी, मतिराम, पद्माकर, रसिक ही थे, प्रेमी नहीं।" आ. विश्वनाथ प्रसाद मिश्र, हिन्दी साहित्य का अतीत, भाग-2, पृ. 58

7. डॉ. नगेन्द्र, रीतिकाव्य की भूमिका, पृ. 173

8. (क) त्यौं त्यौं छुहूँ गुलाब सैं छतियाँ अति सिहराति
(ख) चढ़ी हिंडोरे सैं रहें लगी उसासनि साथ
आ. विश्वनाथ प्रसाद मिश्र, हिन्दी साहित्य का अतीत, भाग-2, पृ. 270

9. डॉ. नगेन्द्र, रीतिकाव्य की भूमिका, पृ. 168

10. "श्रृंगार के वर्णनों को बहुतेरे कवियों ने अश्लीलता की सीमा तक पहुँचा दिया।" आचार्य रामचन्द्र शुक्ल, हिन्दी साहित्य का इतिहास, नागरी प्रचारिणी सभा, वाराणसी, पृ. 133

11. "नायिका श्रृंगार रस का आलम्बन है। इस आलम्बन के अंगों का वर्णन एक स्वतन्त्र विषय हो गया और न जाने कितने ग्रन्थ केवल नख-शिख वर्णन के लिखे गये।"–आचार्य रामचन्द्र शुक्ल, हिन्दी साहित्य का इतिहास, नागरी प्रचारिणी सभा, वाराणसी, पृ. 131

12. "यह विभाजन नारी की आन्तरिक मनोवृत्तियों से सम्बद्ध किसी एक निश्चित एवं सर्वव्याप्त आधार को लेकर नहीं किया गया, परन्तु उसके पीछे कोई आधार या संगति न हो यह भी बात नहीं है। वास्तव में यहाँ हमें विभिन्न आधारों की संसृष्टि मिलती, जो अधिकांश में जीवन के बाह्य रूपों पर आश्रित हैं।" डॉ. नगेन्द्र, रीतिकाव्य की भूमिका, पृ. 133

13. "नारी के व्यक्तित्व, उसके प्रेम-विरह, सुख-दुःख, हाव-भाव, लीला-विलास का एक ही उद्देश्य है, उसके आकर्षण को समृद्ध करते हुए उसको अधिक से अधिक उपभोग्या बना

देना। इसीलिए तो उसमें व्यक्ति के प्रति एकनिष्ठा नहीं है। नायिका-भेद का विस्तार नारी के भोग्यरूपों का विस्तार ही तो है–रीतिकाल के पुरुष को नारी-विशेष की वैयक्तिक सत्ता (Individuality) से प्रेम नहीं था–उसके नारीत्व से ही प्रेम था।" डॉ. नगेन्द्र, रीतिकाव्य की भूमिका, पृ. 171

14. वही।
15. जगन्नाथदास रत्नाकर (सं.), बैद बधू हँसि भेद सौं, रही नाह-मुँह चाहि, बिहारी रत्नाकर, दोहा 479
16. कंत चौक सीमंत की, बैठी गाँठि जुराय।
    पेखि परोसिन कौं प्रिया, घूँघट में मुस्काय।
    –रामजी मिश्र (सं.), मतिराम कृत रसराज, पृ. 33
17. चित पितमारक-जोगु गनि भयौ, भयैं सुत सोगु।
    फिरि हुलस्यो जिय जोइसी समुझैं जारज-जोगु।
    –जगन्नाथदास रत्नाकर (सं.), बिहारी रत्नाकर, दोहा 575
18. गुरुजन दूजे ब्याह को नित उठ रहत रिसाय।
    पति की पत राखत वधू, आपनु बाँझ कहाय।
    –रामजी मिश्र (सं.), मतिराम कृत रसराज, पृ. 370
19. (क) पति रति की बतियाँ कहीं, सुखी लखी मुस्काय।
    (ख) लहि रतिसुख लगियै हियें, लखी लजौहीं नीठि।
    –आ. विश्वनाथ प्रसाद मिश्र, हिन्दी साहित्य का अतीत, भाग-2, पृ. 264
20. झूठे ही ब्रज में लग्यौ मोहि कलंक गुपाल।
    सपनेहूँ कबहूँ हिये, लगे न तुम नँदलाल।
    –आ. विश्वनाथ प्रसाद मिश्र, हिन्दी साहित्य का अतीत, भाग-2, पृ. 271

रीतिकाव्य : स्त्री के दृष्टिकोण से

डॉ. साधना अग्रवाल

प्रेम बहुत व्यापक विषय है, जिसे न केवल रीतिकालीन कवियों ने उठाया है, बल्कि आदिकाल से लेकर आज तक के कवि प्रेम-कविताएँ लिखते रहे हैं। शायद ही कोई ऐसा कवि होगा, जिसने प्रेम-कविताएँ न लिखी हों। क्योंकि इस संसार में तीन चीज़ें ही शाश्वत मानी गयी हैं—जीवन, मृत्यु और प्रेम।

रीतिकाव्य का विरोध हिन्दी में दो कारणों से क़िया गया। एक तो यह कि यह सामन्तों की रुचि के अनुसार लिखा गया था और दूसरा यह कि यह घोर शृंगारिक है। पं. विश्वनाथ प्रसाद मिश्र के अनुसार, "हिन्दी की मध्यकालीन शृंगारिक रचना की पर्याप्त कुत्सा की गयी है। अवस्था, परिस्थिति आदि के कारण रचना में भेद होता है, इस नियम की भी छूट उसे नहीं दी गयी है। काव्य-परम्परा की भी छूट मिलती है। पर उसे किसी प्रकार की छूट नहीं दी गयी और उसकी निंदा की गयी। हिन्दी की समस्त रचना पर यदि साहित्यिक दृष्टि से विचार किया जाये तो हिन्दी का शृंगारकाल ही उसका अनारोपित काव्यकाल दिखता है। उसमें जितने अधिक उत्कृष्ट कवि हुए उतने किसी युग में नहीं। उस युग की रचना भी परिमाण में बहुत है। यदि उसका सारा वाङ्मय प्रकाशित किया जाये तो युगों में प्रकाशित हो सकेगा। शृंगार की एक से एक उत्कृष्ट उक्तियाँ उसमें प्रभूत परिमाण में हैं, इतनी अधिक हैं कि संस्कृत साहित्य अत्यन्त समृद्ध होने पर भी उनकी बराबरी नहीं कर सकता। इस युग की शृंगारी अभिव्यक्ति में अनुवदन संस्कृत के अनुधावन पर नहीं है। उसमें मौलिक अभिव्यक्ति बहुत अधिक है। अभिव्यक्ति का आधार-विषय एक ही होने के कारण उक्तियाँ अवश्य मिलती-जुलती हो गयी हैं। पर यह कहना ठीक नहीं है कि शृंगारकाल में केवल पिष्टपेषण ही हुआ है। उसने संस्कृत को भी प्रभावित किया है।" तो प्रश्न यह उठता है कि शृंगारिक काव्य तो संस्कृत के कालिदास से लेकर जयदेव तक ने रचा है और हिन्दी में

विद्यापति से लेकर सूरदास से होता हुआ आज तक के तमाम कवियों ने। पर इनकी कविताओं का तो कोई विरोध नहीं करता?

यह सही है कि रीतिकाल के कवियों ने एक निश्चित या विशिष्ट प्रणाली को दृष्टिगत रखते हुए काव्य-रचना की क्योंकि रीतिकाल में 'रीति' शब्द एक विशेष प्रकार की 'पद-रचना' या परिपाटी का सूचक है। रीति वास्तव में एक प्रणाली या प्रस्तुति का ढंग है। इस युग के कवियों ने एक निश्चित या विशिष्ट प्रणाली को दृष्टिगत रखते हुए काव्य-रचना की और फिर उसके अनुरूप उदाहरणों की रचना। ये उदाहरण उनके अपने रचे हुए भी होते थे और कभी दूसरे कवियों के भी दे दिये जाते थे। अतः लक्षण बताकर उदाहरण देने की प्रवृत्ति इसी युग में एक परम्परा-सी बनती चली गयी। इन उदाहरणों में अधिकांश शृंगारी होते थे। इसलिए अधिकांश कवियों ने अलंकार, रस, नायक-नायिका भेद, ध्वनि, गुण, दोष आदि के लक्षण-उदाहरण प्रस्तुत कर एक विशिष्ट रीति-सी डाल दी और इसी रीति का पालन 200 वर्षों तक किया जाता रहा। यही कारण है कि कवि-शिक्षा देने या लाक्षणिक ग्रन्थ लिखने के कारण इन कवियों को आचार्य या आचार्य-कवि भी कहा जाता है।

मध्यकालीन समाज सामन्तवादी समाज था। उच्चवर्ग के राजाओं तथा सामन्तों का जीवन वैभव का जीवन था। पुष्प, इत्र, गन्ध, फव्वारे, उद्यान, रमणीय-विहार-स्थल राजाओं-सामन्तों को तृप्ति प्रदान करते थे तो सुरा-सुराही और सुन्दरी जैसी विलासी सामग्री के कारण वे नैतिक चेतना विमुख होते जा रहे थे। आचार्य शुक्ल लिखते हैं, "शृंगार-वर्णन को बहुत से कवियों ने अश्लीलता की सीमा तक पहुँचा दिया। इसका कारण जनता की रुचि नहीं, आश्रयदाताओं की रुचि थी, जिनके लिए वीरता और कर्मण्यता का जीवन बहुत कम रह गया था।'

रीतिकालीन मुग़ल बादशाह शाहजहाँ के राज्यकाल में कवि और कलाकारों को दरबारी आश्रय और प्रोत्साहन मिलता था। शाहजहाँ की अपनी रुचि भी स्थापत्य-कला, चित्रकला, संगीत तथा काव्यादि में विशिष्ट थी। आर्थिक मोह तथा कला-संरक्षण ने कवियों-कलाकारों को दरबारी बनाया तो कविता और कला भी दरबारी बनते चले गये। कवि और कलाकारों की तरह कविता और कला भी आश्रित और परमुखापेक्षी होती चली गयी। आश्रयदाताओं का मनोविनोद तथा कवियों की अर्थ-प्राप्ति एक-दूसरे के पूरक बनते चले गये। काव्य-रचना अब राजाओं की रुचि एवं इच्छा के अनुरूप ही होने लगी। कवियों ने आश्रयदाताओं को तृप्त एवं प्रसन्न करने के लिए शृंगारी रचनाओं का सृजन जी-भर कर किया। राजाओं की वासना-तृप्ति ने कविता का उद्देश्य तथा स्वरूप बदल डाला।

कवियों से काव्य-शिक्षा ग्रहण करना भी राजाओं-आश्रयदाताओं की रुचि में शामिल हो गया। परिणामतः संस्कृत-लक्षणों को ध्यान में रखकर कवियों ने आचार्यत्व धर्म का मोह पाला और वे काव्यशास्त्रीय ग्रन्थों का निर्माण भी करने लगे। इसी युग में कुछ रीति-इतर काव्य-परम्पराएँ भी मिलीं, जो कि भक्तिकालीन परम्पराओं का गौण विस्तार भी कही जा सकती हैं। ऐसी काव्यधाराओं में भक्तिपरक कृष्ण एवं राम-सम्बन्धी, ज्ञानमार्गी, प्रेममार्गी, नीतिपरक, वीरकाव्यपरक, प्रकृति, राजप्रशस्ति, वैद्यक एवं चिकित्सा-सम्बन्धी तथा ज्योतिष-सम्बन्धी काव्य-सृजन भी चलता रहा।

शृंगार की प्रवृत्ति इस युग में प्रमुख है और शृंगार-सम्बन्धी काव्य परिमाण में पर्याप्त है, परन्तु यह भी भुलाया नहीं जा सकता कि इस युग के बहुत से कवियों ने शृंगार को प्रमुखता नहीं दी। बहुत से कवियों ने लक्षण-ग्रन्थ लिखकर भी शृंगार को कोई स्थान नहीं दिया। नीति, भक्ति, प्रवृत्ति के ऐसे कई ग्रन्थ भी हैं, जहाँ शृंगार उपलब्ध नहीं है।

लेकिन यह भी सच है कि प्रत्येक युग में एक ही तरह की कविता नहीं लिखी जाती। इसलिए हमें आज रीतिकालीन कविता को जानने और समझने के लिए सिर्फ़ नायक-नायिका भेद और अलंकारों के चक्कर में पड़कर उसका मूल्यांकन नहीं करना चाहिए बल्कि कविता के पास सहृदयता के साथ जाना चाहिए। मतिराम, बिहारी, देव, पद्माकर, घनानन्द, ठाकुर, बोधा, गिरिधर आदि इस युग के कुछ ऐसे कवि हैं, जिनके अनेक अनमोल छन्द हिन्दी-कविता को समृद्ध करते हैं।

इस लेख में मैंने बिहारी और घनानन्द के कुछ छन्दों को उदाहरणस्वरूप चुना है ताकि बात और स्पष्ट हो सके। सुपरिचित आलोचक नंदकिशोर नवल अपनी पुस्तक 'रीतिकाव्य' के 'बिहारी सतसई : सौन्दर्य और प्रेम का काव्य' नामक लेख में लिखते हैं, "बिहारी सतसई को शृंगार का काव्य माना जाता है, जबकि मूलतः वह सौन्दर्य का काव्य है और उसमें प्रेम के भी उत्कृष्ट दोहे मिलते हैं।" आचार्य शुक्ल ने बिहारी को रीतिकाल के 'प्रतिनिधि' कवियों में रखा है और रीतिकाल रस की दृष्टि से उनके लिए शृंगार-काल था। उनका यह सुदृढ़ मत था कि "जो हृदय के अन्तस्तल पर मार्मिक प्रभाव चाहते हैं, किसी भाव की स्वच्छ-निर्मल धारा में कुछ देर अपना मन मग्न रखना चाहते हैं, उनका सन्तोष बिहारी से नहीं हो सकता।" अन्त में उन्होंने यह दो टूक फैसला दिया है-"भावों का बहुत उत्कृष्ट और उदात्त स्वरूप बिहारी में नहीं मिलता। कविता उनकी शृंगारी है, पर प्रेम की उच्च भूमि पर नहीं पहुँचती, नीचे ही रह जाती है।" हिन्दी में देव और बिहारी

की श्रेष्ठता को लेकर लम्बा विवाद चला है। आचार्य शुक्ल ने उसमें हिस्सा नहीं लिया था, लेकिन उनके इस कथन पर ध्यान देते हैं तो उनका विचार अप्रकट नहीं रह जाता, "मार्मिक प्रभाव का विचार करें तो देव और पद्माकर के कवित्त-सवैयों का गूँजने वाला प्रभाव बिहारी के दोहों का नहीं पड़ता।" स्पष्ट है कि देव और बिहारी के विवाद में बिहारी की कविता का अपने ढंग से महत्त्व स्वीकार करते हुए भी वे देव के साथ थे। इस परम्परा को हिन्दी के दूसरे रसवादी आलोचक डॉ. नगेन्द्र ने देव की कविता पर पूरा ग्रन्थ प्रस्तुत करके आगे बढ़ाया।

आचार्य हजारी प्रसाद द्विवेदी बिहारी को रीतिकाल का 'प्रतिनिधि' कवि न मान 'लोकप्रिय' कवि मानते हैं और साफ़ शब्दों में कहते हैं कि "बिहारी की सतसई किसी रीति-मनोवृत्ति की उपज नहीं है। यह एक विशाल परम्परा के लगभग अन्तिम छोर पर पड़ती है और अपनी परम्परा को सम्भवतः अन्तिम बिन्दु तक ले जाती है।"

मेरा आग्रह है कि बिहारी सतसई में केवल काव्य-सौन्दर्य ही न देखा जाये अपितु उनकी कविता में शृंगार के साथ प्रेम और सौन्दर्य को भी देखा जाना चाहिए। बिहारी प्रेम और शृंगार की कविता लिखकर भी अपने उत्तरदायित्व को कुशलतापूर्वक कैसे निबाहते हैं, इसके लिए उनका यह दोहा देखिए—

नहिं परागु, नहिं मधुर मधु, नहिं बिकासु इहिं काल।
अली कली ही सों बँध्यौ, आगै कौन हवाल।

माना जाता है कि जयपुर के राजा जयसिंह अपनी नवविवाहिता रानी के प्रेम में इतने व्यस्त रहते थे कि राजकाज देखने के लिए भी महल से बाहर नहीं निकलते थे। जनता के सुख-दुःख से उन्होंने अपनी आँखें मूँद ली थीं। उन्हें किसी की चिन्ता नहीं थी और न ही किसी में इतना साहस था कि उन्हें उचित सलाह दे सके। कवि बिहारी ने राजा जयसिंह की आँखें खोलने के लिए उक्त दोहा उन्हें भेज दिया। इस दोहे को पढ़कर राजा जयसिंह की मोहनिद्रा भंग हो गयी और पुनः वे राजकाज में रुचि लेने लगे। आचार्य शुक्ल का मानना है कि इस पर महाराज बाहर निकले और तभी से बिहारी का मान बहुत बढ़ गया। महाराज ने बिहारी को इसी प्रकार के सरस दोहे बनाने की आज्ञा दी। बिहारी दोहे बनाकर सुनाने लगे और प्रति दोहे पर एक अशर्फ़ी मिलने लगी। इस प्रकार 700 से अधिक दोहे बने जो संगृहीत होकर 'बिहारी सतसई' के नाम से प्रसिद्ध हुए। इसका एक-एक दोहा हिन्दी साहित्य का एक-एक रत्न माना जाता है।

बिहारी के कुछ प्रेम-सम्बन्धी उत्कृष्ट दोहे देखिए—

1. उन हरकी हँसि कै इतै, इन सौंपी मुसकाइ।
नैन मिलैं मन मिलि गये, दोऊ, मिलवत गाइ।
2. लई सौंह सी सुनन की, तजि मुरली, धुनि आन।
किये रहति नित राति-दिनु कानन लागे कान।
3. कहत, नटत, रीझत, खिझत, मिलत, खिलत, लजियात।
भरे भौन मैं करत हैं, नैननु हीं सब बात।
4. जब-जब वै सुधि कीजिए, तब-तब सब सुधि जाँहि।
आँखिनु आँखि लगी रहैं, आँखें लागति नाँहि।
5. स्याम-सुरति करि राधिका, तकति तरनिजा तीर।
अँसुवनु करति तरौंस कौ, खिनकु खरौंहों नीर।

पहले दोहे में नायक और नायिका दोनों अपनी-अपनी गायों को लेकर वृन्दावन में चराने गये हैं। नायक हँसकर नायिका से कहता है कि मेरी गायों के झुण्ड में तुम अपनी गायों को मत मिलाओ, लेकिन नायिका मानती नहीं है और मुस्कराकर उसमें अपनी गायें मिला देती है। कवि के अनुसार गायों के मिलाने में दोनों की आँखें मिलती हैं, तो दोनों के मन भी मिल जाते हैं। यह केवल रीतिकाव्य या शृंगार की कविता नहीं है, बल्कि यह प्रेम की विलक्षण कविता है, जो प्रेम की गहन अनुभूति रखने वाले कवि के भीतर ही जन्म ले सकती है। दूसरे दोहे में गोपिका ने कसम खा ली है कि वह कृष्ण की मुरली-ध्वनि के अलावा कुछ और न सुनेगी। इसलिए वह रात-दिन वन की ओर ही अपने कान लगाये रहती है। इसमें प्रेम की स्वाभाविकता का वर्णन है। अगले दोहे में एकान्त न मिलने के कारण प्रेमी-प्रेमिका भरे हुए भवन में सबके सामने भी बिना कुछ बोले आँखों ही आँखों में कैसे एक-दूसरे से प्रेम-भरी बातें करते हैं। यह सम्भवत: आज के प्रेमी-प्रेमिकाओं के लिए भी उदाहरण है। इसी कारण आचार्य शुक्ल मानते हैं कि जिस कवि में कल्पना की समास शक्ति के साथ भाषा की समाहार शक्ति जितनी अधिक होगी, उतनी ही वह मुक्तक की रचना में सफल होगा। यह क्षमता बिहारी में पूर्ण रूप से वर्तमान थी। इसी से वे दोहे जैसे छोटे छन्द में इतना रस भर सके हैं। इनके दोहे क्या हैं रस के छोटे-छोटे छींटे हैं। इसी से किसी ने कहा है-

सतसैया के दोहरे, ज्यों नावक के तीर।
देखन में छोटे लगैं, घाव करैं गम्भीर।

अगले दोहे में विरहिणी नायिका को जब-जब अपने प्रिय की याद आती है, तब-तब वह अपनी सारी सुध-बुध भूल जाती है। परिणामस्वरूप उसे नींद भी नहीं आती और उसका हृदय अपने प्रिय की ओर ही लगा रहता है। यह बिल्कुल

सहज-स्वाभाविक प्रक्रिया है। अन्तिम दोहे में कृष्ण गोकुल से जा चुके हैं। एक दिन राधा यमुना के तट पर पहुँचती है, तो वहाँ कृष्ण के साथ बिताये गये अपने दिनों को याद कर एकटक उसे देखने लगती है। तट के नीचे यमुना का जल बह रहा है। उसी समय उसकी आँखों से आँसू की कुछ बूँदें टपकती हैं, तो क्षणभर के लिए वे उस जल को खारा बना देती हैं। निश्चय ही यह प्रेम है, शृंगार नहीं।

आज के भयावह समय में जहाँ हमारी ज़िन्दगी से प्रेम का स्पेस कम हो गया है, ऐसी स्थितियों में बिहारी के प्रेम के महत्त्व को न केवल समझा जाना चाहिए बल्कि समझाना भी चाहिए।

इस लेख में मैंने अपने दूसरे पसन्दीदा कवि घनानन्द को चुना है। घनानन्द के बारे में आचार्य शुक्ल का कहना है कि घनानन्द दिल्ली के बादशाह मुहम्मदशाह के मीरमुंशी थे। कहते हैं कि एक दिन दरबार में कुछ कुचक्रियों ने बादशाह से कहा कि मीरमुंशी साहब गाते बहुत अच्छा हैं। बादशाह से इन्होंने बहुत टालमटोल किया। इस पर लोगों ने कहा कि ये इस तरह न गायेंगे यदि इनकी प्रेमिका सुजान नाम की वेश्या कहे तब गायेंगे। वेश्या बुलायी गयी। इन्होंने उसकी ओर मुँह और बादशाह की ओर पीठ करके ऐसा गाना गाया कि सब लोग तन्मय हो गये। बादशाह इनके गाने पर जितना खुश हुआ उतना ही बेअदबी पर नाराज़। उसने इन्हें शहर से निकाल दिया। जब ये चलने लगे, तब सुजान से भी साथ चलने को कहा, पर वह न गयी। इस पर इन्हें विराग उत्पन्न हो गया और ये वृन्दावन जाकर निम्बार्क सम्प्रदाय के वैष्णव हो गये और वहीं पूर्ण विरक्त भाव से रहने लगे।

घनानन्द स्वच्छन्द काव्यधारा के प्रमुख कवि हैं। घनानन्द की एक प्रसिद्ध उक्ति है–'लोग हैं लागि कबित्त बनावत/मोहिं तौ मेरे कबित्त बनावत।' कहने का तात्पर्य यह है कि जहाँ अन्य कवि अपनी कविता का कारण स्वयं होते हैं, वहाँ घनानन्द ऐसे कवि थे, जिनका निर्माण स्वयं उनकी कविता करती थी। घनानन्द मूलत: विरहावस्था के कवि हैं। इसलिए उन्हें 'प्रेम का पपीहा' कहा गया है, जो स्वाति नक्षत्र का जल पीने के लिए रटता रहता है और उसके बदले अमृत भी मिले, तो उसका पान नहीं करता है। घनानन्द के प्रेम की विशेषता एक यह भी है कि जहाँ और कवियों ने प्रेम के बारे में प्राय: परम्परा से प्राप्त ज्ञान के आधार पर लिखा है, वहाँ उनके लिए वह स्वानुभूत था।

नारी-प्रेम, सौन्दर्य, प्रेमानुभूति तथा व्यापक विरह-वेदना का यह एकनिष्ठ तथा अन्तर्मुखी कवि सूक्ष्म से सूक्ष्म भाव को भी सफलता से रूपायित करता है। सरल, सहज तथा सीधे प्रेममार्ग पर चलने वाला यह महाकवि सयानेपन तथा

बाँकपन से कोसों दूर रहता है। एकनिष्ठता उसका आदर्श रही है। तभी तो वह कहता है–

अति सूधो सनेह को मारग है, जहाँ नैकु सयापन बाँक नहीं।
तहाँ साँचे चलैं तजि आपुनपौ, झझकें कपटी जे निसाँक नहीं।
घनआनँद प्यारे सुजान सुनौ, इत एक तें दूसरो आँक नहीं।
तुम कौन धौं पाटी पढ़े हौ लला, मन लेहु पै देहु छटाँक नहीं।

अर्थात् प्रेम का मार्ग इतना सीधा है कि उसमें किसी प्रकार के सयानेपन की वक्रता का कोई स्थान नहीं है। उस मार्ग पर वे सच्चे प्रेमी ही चल सकते हैं, जिन्होंने अहंकार को पूरी तरह छोड़ दिया है। वे कहते हैं कि मेरे हृदय में एक के अतिरिक्त कोई दूसरी छाप नहीं है। कबीर के प्रेम का ढाई आखर घनानन्द के यहाँ एक अंक में सिमट गया है। निश्चित रूप से प्रेम तभी सफल हो सकता है जब कोई छल-कपट न हो जिसकी ओर घनानन्द संकेत करते हैं। उन्होंने प्रेममार्ग पर चलने वालों की निश्छलता पर बल दिया है।

एक और छन्द में घनानन्द को प्रेमी और सुजान के प्रेम में चातक तथा मेघ की प्रेमासक्ति की छाया दिखाई दी है। कवि चातक की भाँति प्रेमी-कृपा का आकांक्षी है–

प्रीतम सुजान मेरे हित के निधान कहो
कैसे रहैं प्रान जौ अनखि अरसाय हौ।

प्रेम के सम्बन्ध और उसकी महानता के बारे में घनानन्द का कहना है–

प्रेम को महोदधि अपार हेरि के,
बिचार, बापुरो हहरि वार हीतें फिरि आयो है।
ताहि एक रस है बिबस अवगाहैं दोउ,
नेही हरि राधा जिन्हैं देखे सरसायो है।

अर्थात् प्रेम के अपार महासागर को देखकर बेचारा घबराकर अपनी ओर वाले तट से ही लौट आया है। तात्पर्य यह है कि प्रेमतत्त्व का अवगाहन तो क्या, उसका स्पर्श भी बुद्धि के वश की बात नहीं।

दूसरी ओर घनानन्द अपना सन्देश तो प्रिय के पास भेजना चाहते हैं, लेकिन वह उसको परेशान नहीं करना चाहते। वह पवन को दूत बनाकर प्रियतम के पास भेजना तो चाहते हैं, लेकिन उनका पवन से अनुरोध है कि पवन उनके प्रियतम की चरणरज लाकर उन्हें दे दे, जिसे आँखों में लगाकर वह वियोग-पीड़ा से छुटकारा पा सकें–

एरे बीर पौन! तेरो सबै ओर गौन, बीरी
तो सो और कौन, मनै ढरकौंहीं बानि दै।

कुछ ऐसा ही हरिऔध ने भी कहा है, 'जो तू ला देगी चरण रज तो तू बड़ा पुण्य लेगी।'

वियोगावस्था में प्रकृति के उद्दीपन दृश्य कष्टकारी होते हैं, जिसकी ओर घनानन्द ने इशारा किया है–

कारी कूर कोकिला! कहाँ को बैर काढ़ति री,
कूकि–कूकि अब हीं करेजो किन कोरि लै।

प्रेम में किसी भी तरह के विश्वासघात को कोई भी सहन नहीं करता। घनानन्द ने भी इस पर अपनी अँगुली रखी है और अपने प्रिय को इसके लिए वह उलाहना देने से भी नहीं चूकते।

दूसरी ओर प्रिय के रूप पर रीझने में मन की क्या दशा होती है, इस पर यह सवैया देखिए–

रावरे रूप की रीति अनूप नयौ नयौ लागत ज्यौं-ज्यौं निहारियै।
त्यौं इन आँखिन बानि अनौखी, अघानि कछू नहिं आन तिहारियै।

इसी प्रकार वियोग–व्यथा की सैकड़ों अन्तर्दशाओं के मार्मिक चित्र कवि ने खींचे हैं, जो हृदय को सीधे छूते हैं। विरह की अन्तिम अवस्था का अर्थात् मृत्यु से ठीक पहले की स्थिति का घनानन्द ने बहुत मार्मिक चित्रण किया है। विरही के प्राण मरते समय प्रिय के सन्देश या एक झलक के लिए अटके रह गये हैं। देखिए यह उदाहरण–

बहुत दिनान के अवधि आसपास परे,
खरे अरबनि भरे हैं उठि जान को।

आचार्य शुक्ल के अनुसार मरते समय घनानन्द ने अपने रक्त से यह कवित्त लिखा था। हृदयगत पीड़ा एवं कसक को उभारने में, अलंकारों की बुनावट तथा नक्काशी में और प्रभावी रंग–वैभव की छटा बिखेरने में घनानन्द का कोई सानी नहीं। इसलिए आचार्य शुक्ल ने अपने इतिहास में लिखा है कि "अपनी भावनाओं के अनूठे रूप–रंग की व्यंजना के लिए भाषा का ऐसा बेधड़क प्रयोग करने वाला पुराने कवियों में दूसरा नहीं हुआ।"

अन्ततः कहा जा सकता है कि रीतिकाव्य शृंगार का ही नहीं, प्रेम का भी काव्य है। यह ज़रूर है कि यह प्रेम अतींद्रिय नहीं, वह चाहे घनानन्द का प्रेम ही क्यों न हो। प्रेम यदि मात्र भावात्मक हुआ, तो उसमें मानवीय ऊष्मा नहीं होगी। जैसा कि बाबा नागार्जुन ने कहा है–

फलित नहीं, पुष्पित मात्र होकर रह गया
प्रेम हाय शरीर-सम्पर्कहीन!!
व्यक्तित्व के बोझ से दब रही देह दीन
परम प्रिय है चाय, कभी-कभी ओवल्टीन
सुनते हैं हम-आप, बजती है हृदयबीन
चारों ओर जल ही जल फिर भी पिपासित मीन
सैक्स, तेरा बुरा हो
काट लूँ गला गर हाथ में छुरा हो।

सन्दर्भ

1. आचार्य रामचन्द्र शुक्ल, हिन्दी साहित्य का इतिहास।
2. आचार्य हजारी प्रसाद द्विवेदी, हिन्दी साहित्य का उद्‌भव और विकास।
3. सं., डॉ. नगेन्द्र, हिन्दी साहित्य का इतिहास।
4. विश्वनाथ प्रसाद मिश्र, हिन्दी साहित्य का अतीत।
5. नंदकिशोर नवल, रीतिकाव्य।
6. डॉ. नगेन्द्र, रीतिकाव्य की भूमिका।

स्त्रीमुक्ति की अवधारणा और रीतिकाव्य

डॉ. प्रीति प्रकाश प्रजापति

रीतिकाल के विषय में स्त्री के नज़रिए से कुछ लिखने का प्रस्ताव जब सामने आया तो मन में सहज ही एक प्रश्न उठा कि विद्यार्थी-जीवन से अब तक रीतिकाल के विषय में विभिन्न साहित्येतिहासकारों और आलोचकों के माध्यम से जो दृष्टिकोण अर्जित किया है, क्या वह रीतिकाल को समझने में अपर्याप्त है? क्या वर्तमान युग में नये सिरे से उभरे नारीवादी दृष्टिकोण से रीतिकाल के सम्बन्ध में पूर्व प्रचलित धारणा में कुछ अन्तर आ सकता है?

भक्तिकाल और आधुनिककाल के बीच रीतिकाल एक ऐसा युग है, जिसके अन्तर्गत हिन्दी-कविता अवकाश-भोगी राजाओं और सामन्तों की विलासी मनोवृत्ति को उत्तेजित व तृप्त करने का साधन बन गयी और कवि इस सामग्री को उपलब्ध कराने वाला माध्यम। राजा प्रजा से उदासीन, प्रजा अभावग्रस्त अकिंचन और उपेक्षित। राजा विलासी और प्रजा निर्धन, कवि कहाँ जाए? प्रजा के दुःख और संघर्ष में उसका सहचर बनकर अपनी कलम की तलवार ले उसके पक्ष में खड़ा हो या दरबार की चकाचौंध में खोकर मखमली गलीचों और रेशमी परदों की झिलमिलाहट और रंगीनी में अपनी कला को ऐश्वर्यमय सौन्दर्य से मण्डित कर दे और बदले में सुरक्षित व निश्चित आनन्दमय जीवन प्राप्त करे। अधिकांश कवियों ने राज्याश्रय को चुना। लल्लन राय के शब्दों में–"एक बार मुग़ल शासन की पूर्ण प्रतिष्ठा के बाद, हिन्दू राजाओं को अपनी खोई हुई शक्ति फिर से प्राप्त करने की इच्छा या आकांक्षा शेष नहीं रह गयी थी। ...ऐसी निराशा और पराजय की मनोदशा में उन्होंने अपने उपलब्ध साधनों का उपयोग राग, रंग और विलासिता में मग्न होने के लिए किया। विलासिता के अन्य अनेक उपकरणों के साथ ही उन्होंने कला की अन्यान्य विधाओं–नृत्य, संगीत, चित्र, काव्य आदि को भी अपने मनोरंजन का साधन बनाया। उनकी शान-शौकत और प्रतिष्ठा के लिए जिस

प्रकार नर्तकी, वेश्याएँ, गायक, चित्रकार आदि राजदरबार के आवश्यक अंग हुए, ठीक उसी प्रकार कवि भी। फलस्वरूप इस काल में बड़ी तेजी के साथ कविवर्ग राज्याश्रयों की ओर उन्मुख हुआ। रीतिकाल के प्रायः सभी कवि राजकवि बने। राजसभा में बड़प्पन की प्राप्ति ही उनके लिए परम उद्देश्य बन गया।" (घनानन्द, लल्लनराय, पृ. 10)

अब सवाल उठा निठल्ले राजाओं और सामन्तों की विलासी मनोवृत्ति को तृप्त करने के लिए जिस उत्तेजक सामग्री की आवश्यकता है, वह लायी कहाँ से जाये? कवि ने अपनी अनुभवशून्यता को शास्त्रज्ञान और कल्पनाशक्ति से भरा। वे प्राचीन ग्रन्थ, जिनमें कामकला के विभिन्न रूप, नायिका भेद तथा रस और अलंकारशास्त्र से संबंधित वर्णन और विवरण भरपूर मात्रा में उपलब्ध थे, इन कवियों के लिए स्रोत सामग्री बने। कवियों ने 'कामसूत्र', 'चन्द्रालोक', 'कुवलयानंद' आदि प्राचीन ग्रन्थों का अवगाहन किया। विलासी पुरुष के लिए नारी मात्र भोग की सामग्री बनती आयी है, जिसको पाने व मनचाहा उपयोग करने में सामन्ती मानसिकता के पुरुष अपने पुरुषत्व को गौरवान्वित महसूस करते रहे हैं। इसी से नारीदेह का संसर्ग उनके लिए मात्र उत्तेजना और उसका उपभोग एक मनोरंजक क्रीड़ा बन जाता है। अनेक बार साहित्य और अन्य कलाएँ इस मनोरंजन को और अधिक विनोदपूर्ण, आकर्षक और उत्तेजक बनाने का साधन बनकर अपनी भूमिका को धूमिल करती रही हैं।

रचनाशीलता की दृष्टि से हिन्दी साहित्य का रीतिकाल एक ऐसा ही युग रहा है। इस युग में विद्यमान सामाजिक वैषम्य के प्रति कला-जगत् की उदासीनता के कारण लोक तथा आभिजात्य अभिरुचियों के बीच उत्पन्न अन्तराल को रेखांकित करती हुई, लल्लनराय की यह टिप्पणी ध्यान देने योग्य है–"ऐसे विषमताग्रस्त समाज में साहित्य एवं अन्यान्य कलाएँ वैभवशाली अभिजात वर्ग के इर्द-गिर्द सिमटकर केवल कलागत बाह्य रीति-नीति को ही महत्त्व देने लगती हैं। वे व्यापक लोकजीवन और उसकी वास्तविक आशा-आकांक्षा से शून्य होकर रूढ़िबद्ध ऊपरी ढाँचे को ही अधिक महत्त्वपूर्ण मान लेती हैं। रीतिकालीन अन्यान्य कलाओं में इस तथ्य को आसानी से देखा जा सकता है। तत्कालीन काव्य तो इसका ज्वलन्त प्रमाण है।" (घनानन्द, लल्लनराय, पृ. 11)

वर्ण्यविषय की दृष्टि से रीतिकाव्य का प्रमुख विषय है शृंगार और उसके केन्द्र में है, नारी-देह का सौन्दर्य, मादकता और उत्तेजनकारी कामकला। क्या इस वर्णन को कहीं भी उस अतीतकालीन देह उत्सव से जोड़कर देखा जा सकता है, जो खजुराहो और कोणार्क के मन्दिरों की मूर्तिकला में अंकित काम-चेतना

के रूप में अभिव्यक्त हुआ है? या फिर आधुनिक युग में नारीवादी आन्दोलनों के प्रभाव से विकसित नारी की दैहिक स्वतन्त्रता की पक्षधर उस विचारधारा के परिप्रेक्ष्य में रीतिकालीन शृंगार-चेतना को नये सिरे से समझने में क्या कोई नया पहलू उभरकर सामने आ सकता है? यदि हम उपर्युक्त वर्णित पहली सम्भावना की बात करें, तो रीतिकालीन शृंगार-वर्णन जड़ शास्त्रीय पिष्टपेषण अधिक है। उसमें वह ताजगी, मौलिकता और जीवन्तता नहीं, जो खजुराहो की मूर्तिकला में व्यक्त देह-उत्सव की छवियों में विद्यमान है। उन मूर्तिकारों में अनुभव की जो आँच है, विचार-स्वातन्त्र्य और नवीन कल्पनाशक्ति का विकास तथा मौलिक प्रतिभा का जो उन्मेष है, उसका रीतिकालीन कवियों में प्राय: अभाव है। उन मूर्तिकारों और रीतिकालीन कवियों की सृजन-प्रेरणा में एक बड़ा अन्तर यह भी है कि वे मूर्तिकार जहाँ स्वत:स्फूर्त प्रेरणा से कला-सृजन में प्रवृत्त हुए, वहीं रीतिकालीन कवियों को अपने अवकाशभोगी आश्रयदाता वर्ग की विलासी कामवृत्ति को तुष्ट करने के लिए काव्य-रचना करनी पड़ी। ज़ाहिर है कि उन्हें उस जीवन-शैली का अनुभव नहीं था। अत: उस उत्तेजक सामग्री को जुटाने के लिए उन्हें प्राचीन शास्त्रीय ग्रन्थों का सहारा लेना पड़ा।

क्रीड़ा, विनोद, उत्तेजना, मनोरंजन, अवकाशवृत्ति, भोग, विलास, वासना, लालसा, खोखला सामन्ती दर्प, पितृसत्तात्मक दृष्टिकोण, निष्क्रिय और जड़ जीवन-शैली आदि रीतिकालीन रीतिबद्ध शृंगार काव्य की पृष्ठभूमि व उपर्युक्त सभी प्रेरक तत्त्वों पर यदि हम ध्यान दें तो सहज ही शृंगार-चित्रण की उस मनोवृत्ति का उत्स और उद्देश्य उद्‌घाटित हो जाता है, जिसने नारी के सहज मानवीय, गरिमामय, प्रेरक, जीवन्त और आकर्षक रूप को उपेक्षित कर मात्र पुरुष की भोग्या बनाकर उसे मादक द्रव्य के समान उत्तेजित, उन्मत्त और तृप्त करने वाली सामग्री के रूप में प्रस्तुत किया।

वह नारी, जो स्वयं निरीह, परवशा, पराश्रिता और शोषिता थी, पुरुष के अवकाश-भोगी, अकर्मण्य, भीरु और निर्मम मन को भरने और बहलाने का अनजाने ही साधन बन रही थी। देखा जाये तो इन रीतिबद्ध कवियों के शृंगार-वर्णन और उनके द्वारा नायिका-भेद तथा नारी के नख-शिख चित्रण का रस लेते हुए अनेक विद्वान् न केवल इस कविता पर मुग्ध होते रहे वरन् इन कवियों के प्रति सहानुभूति भी रखते रहे, किन्तु अर्थ और यश की उद्दीप्त लालसा से किया गया काव्य-सृजन मेरी दृष्टि में कोई अबोध कृत्य नहीं है, जिसे विनोद में टाला जा सके। न ही इसके मूल में आजीविका का दुर्निवार संकट बताकर उन्हें अतिरिक्त सहानुभूति देने की आवश्यकता है। इन कवियों ने जो भी सृजन किया,

पूरे होशोहवास में किया। कुछ ने तो अपराध-बोध से ग्रस्त होकर आत्मभर्त्सनापरक छन्द भी लिखे हैं, जैसे कवि देव का यह छन्द–

ऐसो जो हौं जानतो, कि जैहे तू विषै के संग
एरे मन मेरे, हाथ पाँव तेरे तोरतो।
आजु लौं हौं कत, नर नाहन की नाहीं सुनि,
नेह सों निहारि, हारि बदन निहोरतो।
चलन न देतो देव, चंचल अचल करि,
चाबुक चितावनीन, मारि मुँह मोरतो।
भारो प्रेम-पाथर, नगारो दै गरे सों बाँधि,
राधावर-बिरद के बारिध में बोरतो।

(रीतिकाव्य संग्रह, सम्पादक जगदीश गुप्त,
संस्करण-1961, छन्द संख्या-34, पृ. 206-20)

मुझे तब सचमुच आश्चर्य होता है जब सुप्रसिद्ध साहित्यमर्मज्ञ और आलोचक आचार्य हजारी प्रसाद द्विवेदी रीतिकाव्य की शृंगार-भावना की आलोचना करते हुए, उसे रुग्ण बताते-बताते अचानक इसकी सरसता को सराहने लगते हैं–"यह प्रेम शुरू से अन्त तक महत्त्वाकांक्षा से शून्य सामाजिक मंगल के मनोभाव से प्रायः अस्पृष्ट, पिंड-नारी के आकर्षण से हततेज और स्थूल प्रेम-व्यंजना से परिलक्षित है। फिर भी वह मोहन है, क्योंकि उसमें चित्त को विश्राम देने का महान गुण है। वस्तुतः यह मोहनता उसे पूर्ववर्ती शृंगारी कविताओं से भिन्न और विशिष्ट बना देती है।" (हिन्दी साहित्य : उद्भव और विकास, पृ. 176)

एक अन्य स्थान पर वे लिखते हैं–"रीति-कवियों ने नायिका के अंग की शोभा और कान्ति का बड़ा ही हृदयहारी और कभी-कभी फड़का देने वाला वर्णन किया है। पजनेस, ग्वाल, चन्द्रशेखर वाजपेयी जैसे कवियों ने 'प्यारी के मुख के तिल और मस्से' को भी वर्णन करने से नहीं छोड़ा है। और तो और चेचक के दाग का भी रस लेके वर्णन किया है।" (हिन्दी साहित्य : उद्भव और विकास, पृ. 180)

किसी भी युग का कला-सृजन अपने परिवेश और समाज के साथ घात-संघात अथवा सामंजस्य की प्रक्रिया में विकसित होता है। केवल सामंजस्य-स्थापन की प्रवृत्ति उसे निष्प्राण, गतानुगतिक और यथास्थितिवादी बना देती है। मौलिकता के अभाव और बासी विषयवस्तु उसे प्रदर्शनप्रियता और चमत्कारवृत्ति की ओर प्रवृत्त करती है। रीतिबद्ध कवियों की काव्य-कला के साथ भी कुछ ऐसा ही घटित हुआ। रीतिमुक्त कवियों का प्रेम-चित्रण वैयक्तिक प्रणयानुभूति

पर आधारित होने के कारण रीतिबद्ध कवियों से बहुत भिन्न है। उसमें जड़ शृंगारिकता के स्थान पर स्वच्छन्द प्रेमानुभूति का वेगयुक्त प्रवाह है। इन कवियों की प्रेमाभिव्यक्ति में आत्मपरकता, अनुभूति की प्रामाणिकता और ईमानदारी के साथ-साथ निश्छलता, तन्मयता और उदात्तता है, जो पाठक के हृदय को उद्वेलित व द्रवीभूत कर देती है। इन कवियों के लिए नारीदेह आकर्षक तो है, पर वह भोग की कोई वस्तु नहीं। इनके यहाँ शारीरिक प्रेम का निषेध नहीं किन्तु वह मनोविनोद की क्रीड़ा भी नहीं। उनके लिए प्रेम उपभोग नहीं वरन् आत्मसमर्पण है जो अपनी प्रगाढ़ता, तन्मयता और उदात्तता में आत्मपरिष्कार का वाहक बन जाता है। तभी तो घनानन्द कहते हैं–

अति सूधो सनेह को मारग है,
जहँ नैकु सयानप बाँक नहीं।
तहँ साँचे चलैं तजि आपुनपौ,
झिझकें कपटी जे निसाँक नहीं।
घनआनँद प्यारे सुजान सुनौ,
इत एक ते दूसरौ आँक नहीं।
तुम कौन धौं पाटी पढ़े हौ लला,
मन लेहु पै देहु छटाँक नहीं।

(रीतिकाव्य संग्रह, सं. जगदीश गुप्त, छन्द 23, पृ. 349)

और कवि ठाकुर को भी लिखना पड़ा–'प्रेम को पन्थ कराल महा, तलवार की धार पै धावनो है।'

यदि रीतिकाल की शृंगार-चेतना का समग्र आकलन किया जाये तो रीतिबद्ध काव्य अपनी समूची ऐश्वर्यमयी चमत्कारयुक्त काव्य-सम्पदा के बावजूद कलुषित सृजन-प्रेरणा और निकृष्ट उद्देश्य के कारण साहित्य इतिहास में उस सम्मान और गौरव का अधिकारी नहीं हो पाया, जो उसी युग में रीतिमुक्त काव्य को प्राप्त हुआ।

मध्यकाल की तुलना में आज के युग में कलाओं का क्षेत्र अधिक विस्तृत हुआ है तथा अभिव्यक्ति के माध्यमों में भी विविधता आयी है। पूँजी के बढ़ते वर्चस्व से जहाँ एक ओर व्यावसायिकता का दबाव आक्रान्त करने की हद तक बढ़ गया है, वहीं दूसरी ओर जनतान्त्रिक शक्तियों के हस्तक्षेप से प्रतिरोध के स्वरों में भी मुखरता और प्रखरता आयी है। व्यावसायिकता ने स्त्री को मनोविनोद और उपभोग की सामग्री में रूपान्तरित कर उसकी छवि को दूषित और मलिन किया है। जहाँ रीतिकाल में नारी के उद्‌दाम वासनायुक्त उत्तेजक चित्र, विलासी

सामन्तवर्ग का मन बहलाव करते थे, वहीं आज के समय में सौन्दर्य-प्रतियोगिताओं, विज्ञापनों और सिनेमा में प्रदर्शित आइटम सांग्स नारीदेह को खुलेआम सार्वजनिक मनोविनोद के लिए परोस रहे हैं।

यह बात अवश्य आश्वस्त करने वाली है कि आज के ही समय में स्त्री के यथार्थ मानवीय रूप को प्रतिष्ठित करने वाला उसमें निहित ऊर्जा, प्रतिभा और क्षमता को लक्षित और उद्‌घाटित करने वाला संवेदनात्मक और विचारोत्तेजक साहित्य भी रचा जा रहा है। केवल साहित्य ही नहीं अन्य कलाओं, जैसे–नृत्य, संगीत, चित्रकला, मूर्तिकला, फ़ोटोग्राफी, चलचित्र और सोप-ओपेरा इत्यादि में भी आधुनिक स्त्री के यथार्थ जीवन, उसमें व्याप्त समस्याओं, विडम्बनाओं, शोषण व त्रासदी के साथ-ही-साथ उसकी जिजीविषा, संघर्ष-चेतना, दृढ़ता और संकल्प-शक्ति से युक्त स्वावलम्बी व प्रगतिशील सशक्त छवि को दर्शाने के प्रयास भी किये जा रहे हैं। नारी-पुरुष सम्बन्धों में निहित मर्यादा को दकियानूसी कहकर ताक पर रखने वाले तथाकथित नारीवादी आन्दोलनों और संगठनों को इस पक्ष पर भी ध्यान देना चाहिए कि नैतिकता का अतिक्रमण करने वाला उच्छृंखल आचरण नारी और पुरुष दोनों के लिए समान रूप से वर्ज्य है, क्योंकि जो दृष्टि केवल पुरुष वर्चस्व अथवा केवल नारी-स्वातन्त्र्य के अतिवादी छोरों पर टिकी होगी, वह समाज को सन्तुलित विकास की नहीं अपितु अराजकता की ही राह पर ले जायेगी। ज़ाहिर है इससे समाज विशृंखलित होगा। आधुनिक स्त्री को यह तय करना होगा कि वह सामन्ती और पूँजीवादी मानसिकता से प्रेरित जड़ छवि अथवा जनतान्त्रिक विचारधारा और संवेदना से निर्मित और विकसित जीवन्त व स्पंदनशील रूप में से किसको चुनना चाहेगी।

जहाँ तक आधुनिक युग में विकसित नारीमुक्ति की अवधारणा के अन्तर्गत नारी देह-स्वातन्त्र्य का विमर्श है, नैतिकता के बदलते मानदण्ड और उससे उलझते सवाल और बहसें हैं। एक बात तो स्पष्ट है कि कामुकता परोसने वाला व व्यभिचार की ओर धकेलने वाला देह-स्वातन्त्र्य चाहे वह पुरुष का हो अथवा स्त्री का; देह उत्सव और स्वस्थ शृंगार-चेतना का पोषक नहीं कहा जा सकता। चाहे रीतिकालीन सामन्ती ढाँचा हो अथवा आधुनिक युग का पूँजीवादी तन्त्र, शोषण का औजार प्रत्यक्ष हो अथवा परोक्ष, वह नारीदेह को उपयोग और उपभोग की वस्तु में बदल ही देता है। रीतिकालीन नारी अपेक्षाकृत अबोध और विवश थी, जबकि आज की नारी जागरूक, सचेत, समर्थ और स्वावलम्बी है। वह अगर नैतिक मूल्यों को अनावश्यक बन्धन मानकर उन्हें तोड़ती हुई स्वेच्छा से देह-स्वातन्त्र्य के नाम पर स्वयं को उपभोग की वस्तु में परिणत होने देती है,

तो उसके दुष्परिणामों के लिए वह स्वयं उत्तरदायी होगी। यहाँ एक बात और ध्यान देने योग्य है कि जहाँ रीतिकाल में शोषक सामन्त तथा उनकी मनोवृत्तियों का पोषण करने वाले कवियों व कलाकारों के चेहरे उजागर थे, वहीं आज के युग में पूँजीवादी शोषकों के अनेक रूप और चेहरे हैं, जो ग्लैमर और चकाचौंध के कितने ही परदों के पीछे छिपकर अपना खेल खेलते हैं।

पूँजीवाद का जाल जितना महीन होता है, उसकी जकड़ उतनी ही मज़बूत और उसकी चकाचौंध उतनी ही लुभावनी होती है। उसमें फँसने वाला स्वयं को लुटते और बिकते हुए सम्मोहित भाव से देखता रहता है। सम्मोहन टूटने पर जब तक उसे होश आता है, तब तक वह उत्पाद बन चुका होता है, एक यान्त्रिक प्रक्रिया का हिस्सा बन चुका होता है। फिर तो उस समूचे दुष्चक्र से निकल पाना उसके लिए सम्भव ही नहीं होता। अगर किसी प्रकार वह सफल हो भी जाये तो छलावे का दंश और त्रासद अनुभव की तिक्तता उसके अस्तित्व और अस्मिता दोनों को अबूझ रिक्तता से भर देती है। भौतिकता की अन्धी दौड़ में लिप्त पुरुष और स्त्री दोनों को ही इससे सचेत रहना होगा। नारी तो भुक्तभोगी रही है। सामन्ती युग के दंश उसने बराबर झेले हैं। वह आज सक्षम व सशक्त होने की प्रक्रिया में कदम बढ़ा चुकी है। किन्तु राह बहुत लम्बी है और मंजिल दूर। अतः जागरूक, सचेत और साहसी रहते हुए उसे सुन्दर मुखौटे के भीतर परत-दर-परत छिपे पूँजीवाद के विकृत चेहरों को पहचानना होगा और उसकी शातिर चालों से बचते हुए अपनी अस्मिता को तेजस्वी और द्युतिमान बनाना होगा, जिसमें केवल दैहिक आकर्षण नहीं वरन् मन, बुद्धि और देह तीनों का सम्मिलित आलोक हो। जो समाज को नयी ऊर्जा और स्फूर्ति से गतिशील कर सके।

सन्दर्भ

1. रीतिकाव्य संग्रह, सम्पादक-जगदीश गुप्त, साहित्य भवन प्राइवेट लिमिटेड, इलाहाबाद, संस्करण-1961
2. लल्लनराय, घनानन्द, साहित्य अकादेमी, नयी दिल्ली, संस्करण-1919
3. आचार्य हजारी प्रसाद द्विवेदी, हिन्दी साहित्य : उद्भव और विकास, राजकमल प्रकाशन, दिल्ली, संस्करण-1982

श्रृंगारी कविता का एम.एम.एस. और स्त्री आस्वाद्यता का प्रश्न

सुजाता तेवतिया

रीतिकाल पर बात करना हिन्दी साहित्य के इतिहासकार के लिए आसान विषय कभी नहीं रहा। या तो वह रीतिकाल की लानत-मलामत में व्यस्त हुआ या उसके प्रति एक रक्षात्मक रवैया अपनाता हुआ दिखा। जिस नायिका-भेद, श्रृंगार, रूपकथन, नख-शिख वर्णन के कारण रीतिकाल आमजन से कटा हुआ प्रतीत होता है, उसका एक बना-बनाया खाँचा रीतिकाल को परम्परा से ही प्राप्त हुआ था। अत: रीतिकाल को गरियाना भी उतना सरल नहीं था। ब्रजभाषा अपनी पराकाष्ठा पर थी। कविता का ऐसा मनोहर रूप इससे पहले और बाद में दिखाई नहीं देता। आख़िर रीतिकाल को साहित्य के इतिहास से गायब नहीं किया जा सकता। केवल उसके पाठ के तरीकों को बदला जा सकता है। किसी एक पाठ में रीतिकाल को बद्ध कर देना ही उस कविता के साथ सबसे बड़ा अन्याय है। अत: यदि रीतिकाव्य को पूर्व काव्य-परम्परा से विचलन भी मान लें तो भी वह अवश्य ही आन्दोलनकारी था, जिसका पाठ आज भी हिन्दी के आलोचक, साहित्यकार, इतिहासकार और पाठक के समक्ष चुनौती बनकर खड़ा है।

स्त्री-आस्वाद्यता और रीतिकाल

कोई भी पाठ हो, वह स्वयमेव अर्थ का उत्पादन नहीं करता, बल्कि उसे अर्थ का जामा पाठक पहनाता है। जिस दृष्टि, अभिरुचि या कोण से यह सम्भव होता है वही 'आस्वाद' है। अत: काव्यास्वाद को तय करने का काम कवि का नहीं है। भिखारीदास भी जब कहते हैं–

> आगैं के सुकवि रीझिहैं तौ कबिताई
> न तु राधिका कन्हाई सुमिरन को बहानौ है।

तो वे दरअसल पाठक को उसके यादृच्छिक 'आस्वाद' की सहूलियत ही दे रहे हैं।[1]

किसी पाठ के बहुआयामी स्तरों को उजागर करने के लिए यह आवश्यक है कि साहित्यिक पाठ के साथ साहित्येतर पाठ को भी प्रस्तुत किया जाये। यह साहित्यिक पाठ को एकांगी, सीमित या प्रभाववादी होने से बचाता है। यह अन्तरपठनीयता साहित्य के 'पाठ' की संरचना में निहित प्रत्यक्ष-परोक्ष संकेतों को पकड़ने में सहायक होती है।[2] अत: रीतिकाल का पाठ वैसा नहीं रह जाता जैसा कि अब तक होता आया है। स्त्री दृष्टि से रीतिकाल को पढ़ना नयी अर्थच्छवियों को उद्घाटित करने जैसा है। जिस रीतिकाल ने स्त्री को केवल कामिनी रूप में देखा, सामाजिक जीवन से निकालकर उसे 'अभिसारिका' बना दिया उससे आज के स्त्री-विमर्श को आपत्ति हो यह स्वाभाविक है। स्त्री-विमर्श पितृसत्तात्मक समाज में स्त्री अस्मिता के हाशियाकरण की प्रक्रिया को समझने का दृढ़ आधार प्रदान करता है। सामन्ती समाज मनुष्य की श्रेणी से पददलित करके स्त्री को 'वस्तु' में परिवर्तित कर देता है, जो पुरुष के आनन्द का कारण बने। एक दीर्घ व सूक्ष्म सामाजिक अनुकूलन की प्रक्रिया द्वारा स्त्री में से ओज और स्वतन्त्रता के गुणों का सफाया करके उन अभिलक्षणों को प्रशंसित और पुरस्कृत किया जाता है, जो एक बधिया के होते हैं—डरपोकपना, गोलमटोलपन, नज़ाकत, क्लान्ति और सुकुमारता।[3] रीतिकाल का नायिका-भेद और नख-शिख वर्णन इसी प्रकार के अभिलक्षणों की प्रशंसा का गान है। किन्तु यहाँ उद्देश्य महज़ आपत्ति दर्ज करना नहीं है, वरन् यह परखना है कि जो लिख दिया गया है, वह किसके आस्वाद का विषय है और स्त्री का उस आस्वाद में क्या हिस्सा है।

आस्वादन और आस्वाद्यता

किसी रचना का रचनाकाल कुछ भी हो उसका पाठ अपने समय के दबावों के तहत ही किया जा सकता है/जाना चाहिए। पाठक कालिक दृष्टि से साहित्यकार के समय में नहीं बैठा होता। श्रृंगारी कविता का पाठ व लेखन इन दोनों प्रक्रियाओं के बीच एक अवश्यंभावी अन्तराल है। यह अन्तराल सर्वप्रथम तो कालिक है, द्वितीय यह अन्तराल सामाजिक तथा ऐतिहासिक दृष्टि का भी है। यह भी महत्त्वपूर्ण है कि चूँकि साहित्य का पाठक स्पेस की दृष्टि से लेखक से भिन्न स्पेस में अवस्थित होता है अत: वह अनिवार्यत: उन बलाघातों तथा तथ्यों से सहमत नहीं होता जिन्हें साहित्यकार ने अपनी रचना के लिए चयनित किया था। काल और स्पेस का यह अन्तराल रीतिकालीन कविता के आस्वाद के स्वरूप को अनिवार्यत: प्रभावित करता है।

दरअसल, काव्यास्वाद केवल अनुभूति का विषय नहीं है, अनुभूति के अतिरिक्त भी उसमें बहुत कुछ शामिल होता है।[4] स्वाभाविक है कि आस्वाद को प्रभावित करने वाला एक महत्त्वपूर्ण आयाम लैंगिक भी है। इस दृष्टि से रीतिकालीन कविता की आस्वाद्यता या पठनीयता का स्त्री-कोण बदल जाता है। 21वीं सदी में 'श्रृंगारकाल' एक 'सॉफ्ट पोर्न' की तरह सामने उपस्थित है। भले ही पुरुष के लिए उसकी आस्वाद्यता में कुछ विशेष अन्तर न आया हो, लेकिन जो 'स्त्री' रीतिकाल का 'विषय' बना दी गयी थी, वह अपने होश-हवास में आज उसके समक्ष खड़ी है।

आस्वाद्यता की लैंगिक निर्मिति

काव्यशास्त्रीय परम्परा में देखें तो साहित्यास्वाद के लिए साधारणीकरण का होना आवश्यक है। साधारणीकरण क्या है? रामचन्द्र शुक्ल अपने निबन्ध 'साधारणीकरण और व्यक्ति-वैचित्र्यवाद' में लिखते हैं-"साधारणीकरण का अभिप्राय यह है कि पाठक या श्रोता के मन में जो व्यक्ति-विशेष या वस्तु-विशेष आती है, वह जैसे काव्य में वर्णित 'आश्रय' के भाव का अवलम्बन होती है, वैसे ही सब सहृदय पाठकों या श्रोताओं के भाव का आलम्बन हो जाती है। ...जैसे, यदि किसी पाठक या श्रोता का किसी सुन्दरी से प्रेम है तो श्रृंगार रस की फुटकल उक्तियाँ सुनने के समय रह-रहकर आलम्बन रूप में उसकी प्रेयसी की मूर्ति ही उसकी कल्पना में आयेगी।"[5] इससे सिद्ध हुआ कि साधारणीकरण आलम्बनत्व धर्म का होता है। रीतिकालीन कविता का आलम्बन स्त्री है, ऐसी नायिका, जिसकी कामोत्तेजक गतिविधियाँ और शारीरिक सौन्दर्य नायक को आनन्द प्रदान कर रही हैं, उसका चित्त हरण कर रही हैं।

कुच गिरि चढ़ि अति थकित ह्वै, चली डीठि मुँह-चाड़।
फिरि न टरी, परियै रही, गिरी चिबुक की गाड़।

आलम्बनत्व धर्म के साधारणीकरण से क्या यह रचना स्त्री के लिए उसी प्रकार आस्वाद्य है जैसा कि पुरुष के लिए? क्या वह आनन्द का कारण बनकर आनन्द प्राप्त कर रही है? समाज से कटी हुई दरबारी कविता में एक आम स्त्री कैसे आस्वाद ग्रहण कर सकती है जबकि स्वयं दरबार का चरित्र पौरुषमय है, सामन्ती है।[6] दरबारों में संगीत-नृत्य के अखाड़े लगा करते थे और कवि अपने आश्रयदाता की रुचि के अनुसार कविता लिखा करता था।[7] स्त्री यहाँ 'कर्ता' न होकर 'वस्तु' थी। जिसका वस्तुकरण हो गया हो उसकी कैसी अनुभूति! ये सभी काम-चेष्टाएँ स्त्री की उपभोग्यता में श्रीवृद्धि करने के लिए ही निर्मित प्रदर्शित

की गयी हैं। उसके व्यक्तित्व, प्रेम, विरह, हाव-भाव, लीला-विलास का एक ही उद्देश्य है, उसके आकर्षण को समृद्ध करके अधिक से अधिक उपभोग्य बना देना।[8] इस आलम्बन रूपी नायिका के अंगों का वर्णन एक स्वतन्त्र विषय हो गया और न जाने कितने ग्रन्थ केवल नख-शिख वर्णन के लिए लिखे गये।[9]

डॉ. नगेन्द्र कहते हैं कि "साधारणीकरण कवि की भावनाओं का होता है"।[10] लक्ष्मण-परशुराम संवाद में क्रोध और उपहास दोनों भावों का साधारणीकरण नहीं हो सकता। कवि की भावनाएँ लक्ष्मण के साथ हैं। अत: सहृदय उसी के साथ स्वयं को एकाकार कर पायेगा। नायिका-भेद, नख-शिख वर्णन, रूपकथन की कविता की रचना पुरुष ने पुरुष के आस्वादन के लिए ही की है। इसलिए 'आनन्द' में स्त्री का वह हिस्सा गायब है, जिसके साथ वह साधारणीकरण कर पाये। वह केवल यौन-वस्तु में बदल जाती है, जो दूसरे लैंगिक प्राणियों (पुरुषों) के इस्तेमाल और आस्वादन के लिए है। इस प्रकार निष्क्रियता के रूप में स्त्री की पहचान करके उसकी लैंगिकता को नकारा भी जाता है और उसका मिथ्या निरूपण भी होता है।[11] ऐसा करके एक अभीष्ट स्त्री रूढ़ छवि की प्राप्ति होती है, जिसका आकांक्षी पितृसत्तात्मक समाज रहता है। यही कारण है कि वात्सल्य के आस्वादन में स्त्री का जितना हिस्सा है, उसका शतांश भी शृंगार में नहीं है। जहाँ सम्भव हो सकता था, वहाँ उसे अलौकिक और अशरीरी बना दिया गया। आचार्य विश्वनाथप्रसाद मिश्र भारतीय आलोचना और साधारणीकरण पर चर्चा करते हुए कहते हैं–"जो यह समझते हैं कि रस केवल आनन्द को ध्यान में रखता है तो वे भ्रम में हैं। रस के आनन्द की भूमि लोकभूमि है।"[12] स्पष्ट है, साहित्य की पठनीयता में साहित्येतर विमर्शों की भी अपनी भूमिका होती है। लेकिन आगे वे समझाते हैं कि 'रस' अपने स्वरूप में ही सामाजिकता को ध्यान में रखता है। अत: रीतिकालीन काव्य भी समाज-विरोधी नहीं माना जाना चाहिए। जो समाज-विरोधी है वह स्वयमेव 'रसाभास' की कोटि में चला जाता है। वस्तुत: आधी आबादी के प्रति उपभोग दृष्टि यदि समाज-विरोधी नहीं है तो इसका सीधा अर्थ यही है कि 'रस' और साधारणीकरण की दृष्टि से इस समस्त विवेचन के केन्द्र में स्त्री है ही नहीं। यूँ भी लोकभूमि में स्त्री केवल पत्नी या प्रेमिका नहीं है और जीवन का आनन्द केवल रति-क्रीड़ाएँ नहीं हैं।

अस्तु, आस्वाद कोई लिंग-निरपेक्ष अवधारणा नहीं है। इसलिए एक स्त्री के लिए आस्वाद का स्वरूप निश्चित रूप से पुरुष से भिन्न होगा। कोई दो पाठक किसी पाठ से एक अर्थाभिप्राय नहीं लेते। पाठ में उपस्थित अवकाशों को हर पाठक अपने तौर पर भरता है।[13] यह प्रश्न भी ज़रूरी है कि साहित्य को रचते हुए

भी क्या यह जेंडरिंग की प्रक्रिया काम करती है, जो काव्यास्वाद के स्वरूप को प्रभावित करती हो? या क्या लेखक भी स्वयं यह तय करता है कि साहित्यास्वाद का क्या स्वरूप होगा? निश्चित रूप से रीतिकाल के आस्वाद के सम्बन्ध में यही होता है, क्योंकि रीतिकालीन कविता के काव्यास्वाद के स्वरूप को समझने के लिए जो भी पारम्परिक व्याख्याएँ की गयीं, उनका 'अभिप्रेत पाठक' पुरुष ही है। रस को अखण्ड और ब्रह्मानन्दस्वरूप मानने वाली पारम्परिक सरणियाँ, जिनका पितृसत्तात्मक समाज के प्रतिनिधियों ने सूत्रपात किया, उनमें 'सहृदय' और 'साधारणीकरण' की व्याख्या पुरुष की दृष्टि से की गयी और आलम्बन रूप में जो स्त्री उपस्थित है, वह आस्वादन की प्रक्रिया में अनुपस्थित है।

रीति साहित्य की स्त्री-आस्वाद्यता

इसमें आश्चर्य की बात नहीं कि रीतिकाल की स्त्री पूरी तरह से पुरुष की निर्मिति है। यौवन मद में मत्त नायिका की स्वच्छन्दता अपने आपमें पुरुष के लिए आनन्द का विषय है। इस स्वच्छन्दता की कल्पना का आनन्द स्त्री के लिए भ्रम है। दरअसल विषय बन जाने में ही एक भ्रम है। 'विषय' बनकर मनुष्य समझता है कि वही 'कर्ता' है। लेकिन होता सिर्फ़ इतना है कि वह किसी बड़े सिस्टम या किसी बड़े संस्थान का औजार-भर बनता है।[14] बिहारी की नायिका भी जब राह में नायक को छल से टकराकर उकसाना चाहती है तो वह दरअसल, 'कर्ता' नहीं है।[15] स्थितियों को नियन्त्रित वह नहीं करती है बल्कि कवि के हाथ में, उस बड़ी पितृसत्तात्मक सामाजिक संरचना का एक पुर्जा-भर है, जिसमें स्त्री की यौनिकता उसके अपने आनन्द का साधन नहीं वरन् पुरुष के मनोरंजन का विषय है। रीतिकालीन कविता के आस्वादन में स्त्री के लिए यह एक बड़ी बाधा है कि वह स्वयं को वहाँ जिस रूप में उपस्थित पाती है, उसके साथ तादात्म्य स्थापित करना कठिन है। रीतिकालीन कविता की आस्वाद्यता में कठिनाई ही यह है कि वह उस बड़े सिस्टम, जिसे हम समाज कहेंगे, का उत्पाद है, जिसकी संरचना में यह निहित था कि साहित्य का पाठक स्त्री नहीं है। पाठ और पठन की भी एक राजनीति होती है, जो अनिवार्यतः सत्ताशक्ति से सम्बद्ध होती है। पितृसत्तात्मक समाज में सत्ता जिसके पास है, साहित्य में आस्वादन के लिए वही अभिप्रेत पाठक है।

स्त्री की यौनिकता उस जेंडर स्टीरियोटाइप का शिकार रही है जिसके अनुसार स्त्री कामोत्तेजना का विषय तो है लेकिन स्वयं उसकी कामेच्छा स्वतन्त्र न होकर केवल पुरुष के लिए आलम्बन का काम करती है। शृंगार की कविता

केवल पुरुष के आस्वादन का विषय नहीं होनी चाहिए। वह समान रूप से स्त्री के आस्वाद का विषय भी है और यह कहने की आवश्यकता पड़ना अपने-आपमें कुछ संकेत करता है। समाज की ही तरह साहित्य और साहित्यास्वाद की संरचना लैंगिक भेदभाव से मुक्त नहीं है। सही कटावों और गोलाइयों में उलझा रीति साहित्य मानव स्त्री की ओर मुख़ातिब ही नहीं है। वहाँ वह स्त्री है, जो इस क़दर भरमायी हुई है कि अपनी यौनिकता से ही बेदखल है। कविता चाहे कामिनी की परछाईं-मात्र से अंधा होने को लेकर भयभीत हो या कामिनी की ही अलकों, चुम्बनों और वक्ष पर जीवन न्योछावर करके प्रगतिशील का तमगा पाना चाहती हो, उसे पढ़ते हुए ख़ुद को 'ठगा हुआ' महसूस होता है। साहित्य, साहित्येतिहास और साहित्यशास्त्र सभी में स्त्री का पक्ष नहीं दिखाई पड़ता। स्त्री की दृष्टि से रीतिकालीन श्रृंगारी कविता, नख-शिख और नायिका-भेद ऐसा प्रतीत होता है जैसे रात में रति-क्रीड़ारत स्त्री सुबह उठी तो यह देखकर अवाक् रह गयी कि उसका एम.एम.एस. बना लिया गया है, जो संचार के हर माध्यम पर प्रसारित होकर पुरुष के आनन्द का कारण हो गया है।

सन्दर्भ

1. डॉ. रामस्वरूप चतुर्वेदी, हिन्दी साहित्य और संवेदना का विकास, लोकभारती प्रकाशन, पृ. 58
2. डॉ. वीरेंद्र सिंह, आस्वादन के आयाम, बोधि प्रकाशन, जयपुर, पृ. 116
3. जर्मेन ग्रियर, विद्रोही स्त्री, राजकमल प्रकाशन, पृ. 16
4. गोपीचंद नारंग, संरचनावाद, उत्तर-संरचनावाद एवं प्राच्य काव्यशास्त्र, साहित्य अकादमी, पृ. 213
5. आचार्य रामचन्द्र शुक्ल, साधारणीकरण एवं व्यक्ति-वैचित्र्यवाद, चिंतामणि भाग-1, हिन्दी साहित्य सरोवर, आगरा, पृ. 157
6. डॉ. नगेन्द्र, रीतिकाव्य की भूमिका, नेशनल पब्लिशिंग हाउस, पृ. 171
7. आचार्य विश्वनाथप्रसाद मिश्र, हिन्दी साहित्य का अतीत-2, वाणी प्रकाशन, पृ. 54
8. डॉ. नगेन्द्र, रीतिकाव्य की भूमिका, नेशनल पब्लिशिंग हाउस, पृ. 171
9. आचार्य रामचन्द्र शुक्ल, हिन्दी साहित्य का इतिहास, नागरी प्रचारिणी सभा, काशी, पृ. 131
10. रीतिकाव्य की भूमिका, नेशनल पब्लिशिंग हाउस।
11. जर्मेन ग्रियर, विद्रोही स्त्री, राजकमल प्रकाशन, पृ. 16
12. आचार्य विश्वनाथप्रसाद मिश्र, हिन्दी साहित्य का अतीत-2, वाणी प्रकाशन, पृ. 7
13. गोपीचंद नारंग, संरचनावाद, उत्तर-संरचनावाद एवं प्राच्य काव्यशास्त्र, साहित्य अकादमी, पृ. 230
14. सुधीश पचौरी, फूको : ज्ञान और सत्ता का विमर्श, आलोचना से आगे, राधाकृष्ण प्रकाशन, पृ. 113

15. बिहारी शती, विद्यावाचस्पति पण्डित विष्णुकांत शुक्ल, निहाल पब्लिकेशंस, दिल्ली।

अन्य सन्दर्भ

16. डॉ. नगेन्द्र, रीति-शृंगार, साहित्य सदन, झाँसी।
17. मेरी वोल्स्टनक्राफ्ट, स्त्री अधिकारों का औचित्य साधन, राजकमल प्रकाशन।
18. सुमन राजे, इतिहास में स्त्री, भारतीय ज्ञानपीठ।
19. जॉन स्टुअर्ट मिल, स्त्री पराधीनता, राजकमल प्रकाशन।

रीतिकाल की शृंगारिकता और नारीविषयक दृष्टि

डॉ. रमा

रीतिकाल की समूची काव्य-राशि में शृंगार की कविता का प्राधान्य एक सर्वस्वीकृत सत्य है। इस युग के काव्य में जीवन के उपभोग की प्रवृत्ति प्रधान है, उसमें भौतिकता की ही प्रवृत्ति विशेष है, आध्यात्मिकता की कम। जो कुछ आध्यात्मिकता है भी वह स्व-अर्जित नहीं, संस्कारवश ही है। रीतिकवि जीवन और जगत् को माया और भ्रम मानकर उसके प्रति अवहेलना का भाव नहीं रखते थे। उसके लिए जीवन यथार्थ और भोग्य था, इसीलिए वे इसे प्रतीयमान समझ अपने को झुठलाने की कोशिश नहीं करते थे। वास्तविक और भौतिक आनन्दमय जीवन के प्रति उनकी गहरी अभिरुचि थी। उसके उपभोग में उनका पूर्ण विश्वास था। इसी कारण उनकी रचना में व्यक्त जीवन-यथार्थ सौन्दर्य से पूर्ण, आकर्षक और लुब्ध करने वाला था। यह बात अलग है कि वह यथार्थ सौन्दर्य एकांगी था। यौवन, विलास, संभोग, उन्माद आदि के जितने मोहक चित्र यहाँ मिलते हैं, अन्यत्र नहीं। विषय की संकीर्ण परिधि में भी रीतिकालीन कवियों ने बड़ी विशाल संसृति की सृष्टि की है, जो अपनी व्यामोहिनी शक्ति के कारण पाठक को मुग्ध किये बिना नहीं रहती। सौन्दर्य क्या है, उसमें आकर्षण की गुरुता कितनी होती है, पहले-पहल की रीझ किस प्रकार लिप्सा जाग्रत करती है और आँखें किस प्रकार जाकर रूप की राशि में मुँह के बल गिर पड़ती हैं और यह गिरना भी ऐसा होता है कि फिर उससे निकास सम्भव नहीं दिखता, इस सबका जीता-जागता चित्र यदि देखना हो तो रीतिकाव्य को देखना पड़ेगा। इस सबका मूल उत्स रीतिकवि की उस प्रवृत्ति में निहित है, जो जीवन को इंद्रियों का समारोह मानती आयी है। देव ने इसी जीवनाभिरुचि को कितनी विदग्धता से प्रस्तुत किया है–

धार में धाय धँसी निरधार ह्वै, जाय फँसी उकसी न उधेरी।

री! अँगराय गिरीं गहिरी, गहि फेरे फिरीं न, घिरीं नहिं घेरी।
देव कछू अपनो बस ना, रस लालच लाल चितै भईं चेरी।
बेगि ही बूड़ि गईं पँखियाँ, अँखियाँ मधु की मखियाँ भईं मेरी।

(देव)

इस युग में लिखित समस्त काव्य-राशि में शृंगारिक रचना ही सबसे अधिक मिलती है। रीतिकालीन काव्य में शृंगारिकता की प्रवृत्ति का नतीजा यह हुआ कि नारी-सौन्दर्य का खुला हुआ चित्रण किया गया। इतना खुला कि अनेक अश्लील प्रसंगों की योजना भी हुई और शृंगार के गम्भीर रूप के स्थान पर कामुकता की वृत्ति ने स्थान बना लिया। यह अश्लीलता समसामयिक अकर्मण्य राजाओं की भोग-विलासवृत्ति, संस्कृत के शृंगार काव्य, कामशास्त्रीय ग्रन्थों के प्रभावस्वरूप आयी, न कि जनता की अश्लील रुचि के कारण। रीतिकाल में नायिका-भेद सम्बन्धी ग्रन्थों का प्रणयन भी शृंगार की नग्नता और अतिशयता को बढ़ानेवाला ही सिद्ध हुआ। शृंगार की इस अतिशयता या अश्लीलता की पराकाष्ठा में स्त्री के लज्जास्पद अंगों का खुलकर वर्णन किया गया और विपरीत रति के अनेकानेक चित्र प्रस्तुत किये गये। हालाँकि इस सम्बन्ध में संस्कृत का शृंगार साहित्य कहीं से भी कम खुला हुआ या नग्न नहीं है, फिर भी रीतिकालीन कवियों की बदनामी ज़्यादा हुई। इसका कारण यही है कि रीतिकालीन रचनाओं में प्रेम की प्रगाढ़ता को दिखाने के लिए भी प्रायः आलिंगन-चुम्बन आदि सभी प्रकार के रतिकर्मों या शरीर-व्यापारों की आयोजना की गयी।

रीतिकालीन काव्य में वर्णित प्रेम व्यक्तिनिष्ठता के अभाव में आन्तरिक और गम्भीर नहीं है, वह ऊपरी या बाहरी मात्र है। वह इंद्रियार्थों की पूर्ति और वैषयिकता की तृप्ति का साधन है। उसमें विलासिता, कामुकता और नग्नता का साम्राज्य है। बहुनिष्ठ नायक और बहुनिष्ठ नायिकाएँ जहाँ-तहाँ देखने को मिलती हैं-

मूँदे तहाँ एक अलबेलो के अनोखे दृग
सु दृग मिंचावनै के ख्यालनि हितै हितै।
नैसुक नवाइ ग्रीवा धन्य धनि दूसरी कों
औचक अचूक मुख चूमत चितै चितै।

(पद्माकर)

इस काल में नारी मात्र भोग्या रूप में देखी जाती थी। उसका कोई अन्य रूप भी हो सकता है, इसके विषय में सोचने का इनके पास अवकाश न था। विलास के उपकरणों की खोज और उनका संग्रह तथा सुरा-सुन्दरी की आराधना

अभिजातवर्ग का शगल था। मध्य और निम्नवर्ग के लोगों में उसका बोलबाला उसके अनुकरण के कारण था। समाज में नारी की दशा शोचनीय थी। नारी को सम्पत्ति मानकर उसका भोग इनके जीवन का मूल मन्त्र हो गया था। रीतिकालीन दरबारी कवि नारी की अन्तश्चेतना का स्पर्श न कर पाये। वे उसके बाहरी सौन्दर्य में ही फँसे रहे। किसी भी समाज के अध्ययन में नारी की स्थिति का विश्लेषण उसे सम्पूर्णता प्रदान करता है। प्राचीनकाल से ही नारी का सम्मान भारतीय संस्कृति का अंग कहा जा सकता है। किन्तु उत्तर-मध्यकाल के पुरुष-प्रधान समाज में नारी की स्थिति विपरीत थी। उसकी स्थिति अत्यन्त दयनीय थी। विदेशी आक्रमणों ने रीतिकाल में नारी की स्थिति को बिगाड़ दिया। मुस्लिम शासकों की भोग-लिप्सा में नारी का सम्मान कहीं खो गया। मुस्लिम शासकों ने नारी को तन और मन से छिन्न-भिन्न कर दिया। सामान्यत: उस युग की नारी को सामाजिक महत्त्व प्राप्त न था और विशेषकर मुस्लिम समाज की नारी अपेक्षाकृत दीनतर अवस्था में थी। इस काल का पुरुषवर्ग केवल नवल-नागरी नारी की मधुरिम आभा के मोहजाल में डूबने का आदी था।

कविवर पद्माकरकृत 'जगद्विनोद' में भी नारी के दुर्लभ रूपों का चित्रण देखने को मिलता है। इस काल में कवियों की भी नारी के प्रति दृष्टि भोग्या के रूप में थी। कवि पद्माकर ने 'जगद्विनोद' में होली के अवसर पर रंगों से सराबोर और भीगी हुई नायिका का चित्रण किया है। वह किस प्रकार से अपने कपड़ों को सुखाने का प्रयास करती है, इसका चित्रण कवि ने उसके अंग-प्रत्यंग से किया है–

घाँघरे की घूमन सु ऊरून दुबीचौं पारि आँगीहू उतारि सुकुमारि मुख मोरै है।
दंतनि अधर दाबि दूनर भई सी चापि चौअर पचौअर के चूनर निचोरै है।

तत्कालीन समाज में गणिकाएँ भी विद्यमान थीं, जिसका उल्लेख कवि के काव्य में मिलता है। जो इस बात को स्पष्ट करता है कि नारी के भोग्या रूप के अतिरिक्त अन्य किसी रूप की ओर इस काल में पुरुष का ध्यान नहीं गया। वह मनोरंजन का एक साधन मात्र समझी जाती थीं। कवि ने गणिका नायिका के रूप-सौन्दर्य का अत्यन्त उत्तेजक चित्रण हमारे समक्ष प्रस्तुत किया है–

तन सुबरन सुबरन बसन, सुबरन उकति उछाह।
घनि सुबरनमय है रही, सुबरन ही की चाह।

श्रृंगार एवं भोग-विलास से पूर्ण रीतिकालीन वातावरण में स्त्रियाँ पूर्णत: स्वतन्त्र नहीं थीं। उन पर सामाजिक अंकुश थे। जिस रीतिकालीन समाज में नारी की छवि एक भोगपरक एवं मनोरंजन का साधन-मात्र थी, वहाँ पर स्त्रियों पर

सामाजिक प्रतिबंध भी थे। वे अपनी रुचि के अनुरूप निर्णय लेने के लिए पूर्णतः स्वतन्त्र नहीं थीं। तद्‌युगीन समाज में लड़कियों को माता-पिता को बिना बताये घर से बाहर जाने की अनुमति नहीं थी। यदि वह बिना बताये जाती थीं तो उनसे कई तरह के सवाल-जवाब किये जाते थे–

बोलति न काहे ए री पूछे बिन बोलौं कहा
पूछति हौं कहा भई स्वेद अधिकाई है।
कहै पद्माकर सु मारग के गये आये
साँची कछु मोसों आजु कहाँ गयी आयी है।

उपर्युक्त पंक्तियों में माँ द्वारा पुत्री के बिना बताये घर से बाहर जाने पर की जाने वाली पूछताछ का वर्णन है। वह उससे पूछती है कि वह कहाँ गयी थी और उसे इतना पसीना क्यों आ रहा है?

रीतिकालीन कवियों ने नायक-नायिका के ऊपरी सौन्दर्य को अधिक उकेरा है, आन्तरिक सौन्दर्य को कम। प्रेम की गहराई का दर्शन रीतिबद्ध श्रृंगारकाव्य में कम ही हुआ है, उसकी जड़ें दूर तक गयी नहीं मिलती हैं। रूपाकर्षण, प्रथम मिलन, संयोग आदि से संबंधित अनेक चित्र प्रस्तुत हुए हैं। नायक का प्रेम विशेषकर ऐंद्रिय है, इसीलिए वियोग में उसकी व्यथा का चित्रण अत्यन्त ही कम हुआ है, नायिका की पीड़ा का ही अधिक हुआ है। हालाँकि कवियों ने इसके लिए अक्सर हास्यास्पद ऊहाओं और अतिशयोक्तियों का सहारा लेकर वियोग-वेदना की गहराई में उतरने का ढोंग रचा है। यहाँ सच्ची भावुकता या प्रेम की अनुभूतिजन्य तीव्रता के दर्शन नहीं होते। ये कवि कभी श्रृंगार के फेर में रीति के आचार्य पद से गिर जाते हैं तो कभी रीति के फेर में श्रृंगार की भूमि से अधःपतित होते हैं। ये कवि यहाँ तक कि बिहारी, मतिराम, पद्माकर आदि भी प्रेमी कम, रसिक अधिक कहे गये। इसके चलते इनकी दृष्टि रमणीय नायिका के मनोगत सौन्दर्य पर कम जा सकी और गहरी आन्तरिकता के अभाव में इनके प्रेमवर्णन में अपेक्षित तीव्रता नहीं मिली। उसमें भावना का प्रवाह मंद रहा और स्थूलता, कामुकता या विलासिता, बहुमुखी अनुरक्ति, उपभोगवृत्ति, वासनाभिव्यक्ति का ही प्रयास अधिक मिलता है। रीतिकाल की यही विशेषता है कि उसमें उद्दाम श्रृंगार या भोगवृत्ति का अकुंठ भाव से चित्रण किया गया है।

रीतिकवि की दृष्टि में नारी उपभोग का एक उपकरण-मात्र थी। सामन्ती वातावरण में सर्वाधिक महत्त्वपूर्ण विलास-सामग्री के रूप में उसकी स्वीकृति हो चुकी थी। इस युग में भोग-वासना से भिन्न सन्दर्भों में नारी का चित्रण किया ही नहीं गया। नारी का कोई निजी चेतन व्यक्तित्व यहाँ दिखाई ही नहीं देता वरन् वह

स्वयमेव भोग-विलास की वासनाओं को तुष्ट करने के लिए सहर्ष तत्पर दिखाई देती है। उसके हाव-भाव, चेष्टाएँ, गतिविधियाँ इसी एक आशय को व्यक्त करने वाली हैं कि वह नर के सुख-संभोग की सजी-सजाई सामग्री है। उसका यह रूप रीतिकालीन कवियों के द्वारा ही गढ़ा गया। उसे कामकेलि का सरोवर समझकर ये रसिक कवि उसमें डूबते-उतराते रहे। देव की इस पंक्ति को देखा जा सकता है–

तातै कामिनि एक ही कहन सुनन को भेद।
राचै पागै प्रेमरस मेटै मन को खेद।
कौन गने पुर बन नगर कामिनि एकै रीति।
देखत हरै विवेक कों चित्त हरै करि प्रीति।

नारी के प्रति कोई सम्मान एवं गौरवपूर्ण भावना भी उनके मन में थी, ऐसा कहीं से भी दिखाई नहीं पड़ता है–देवी, माँ, सहचरी, प्राण आदि विविध रूपों में उसे देखने की कदाचित् अपेक्षा ही न थी। उसका महत्त्व गृहस्थी के बीच भी कुछ न था, वह गृहिणी, माँ, बहन, पुत्री, परामर्शदात्री आदि रूपों में भी नहीं देखी गयी। कामिनी का एक ही रूप–उपभोग सामग्री का–ही उनके मन के समूचे परदे पर छाया हुआ था। नायिका-भेद के ग्रन्थों में मानवती, खण्डिता, स्वकीया, परकीया, मुग्धा आदि जो शत-शत रूप दिखाए गये हैं, वह उसके इस एक ही रूप के अवांतर भेद हैं और कुछ नहीं।

रीतिकवियों ने नारी को अत्यन्त तुच्छ भाव के साथ प्रतिष्ठित किया है। यहाँ तक कि उसके सौन्दर्य और शोभा को उसकी व्यक्तित्व के लिए उससे भी बढ़कर माना है। इस हद तक कि समस्त गुणों से युक्त होने पर भी आभूषण के बिना उसकी शोभा हो ही नहीं सकती। ऐसा उनके भीषण सामन्ती सोच के कारण था, जिसका कोई अर्थ नहीं, हालाँकि यह उस युगधर्म के अनुरूप ही कही जाने वाली बात थी। यह प्रेमचंद के दौर की बात नहीं थी, जहाँ 'गबन' में आभूषण के प्रति अतिरिक्त आकर्षण को सर्वनाश का कारण माना गया। स्त्रियों के आभूषण से सम्बन्धों पर आधारित भूषण के विचारों को देखिए–

जदपि सुजाति सुलच्छनी सुबरन सुरस सुवृत्त।
भूषन बिनु न बिराजई कविता बनिता मित्त।

(भले ही कोई स्त्री सुन्दर, कुलीन और सुलक्षणा हो, परन्तु यदि वह आभूषण नहीं पहनती तो वह सुशोभित नहीं होती।)

इस दौर के कवि जिस तरह किसी सूक्ष्म एवं गम्भीर आध्यात्मिक आशयों को अपने काव्य में प्रतिफलित न कर सके, उसी प्रकार ये लोग भौतिक जीवन

के भी नाना पक्षों को न ला सके, भौतिक जगत् और जीवन की अनेकरूपता इनके काव्य में न आ सकी। भौतिक जीवन का स्वस्थ एवं सुन्दर चित्रण योग्य अनन्त विस्तार छोड़कर ये कवि नारी-देह की सुन्दरता के ही भ्रमर बने रहे। इससे आगे वे नहीं जा सके। कामवृत्ति की तृप्ति का यह आयोजन अपने-आपमें ही एक बड़ा लक्ष्य था, किसी महत्तर लक्ष्य की सिद्धि का साधन नहीं। भोग की चतुर्मुखी प्रभा ही ये कवि देखते रह गये। उसके आगे इन्हें अनन्त अन्धकार ही गोचर होता था। लोक के प्रति ऐसी अंधी-पथराई दृष्टि रखते हुए भी ये कवि अपनी अनन्त सीमाओं के बावजूद चित्तानुरंजक भावलोक प्रस्तुत कर गये, इस बात से इनकार नहीं किया जा सकता। अपनी इस अनुरंजनकारिणी उपलब्धि के कारण वे अविस्मरणीय भी हो गये हैं। जीवन-संघर्षों से टक्कर लेने की बात से दूर रहकर भी इन्होंने अपनी कविता की गागर में जीवनरस का जो सागर भरा है वह महत्त्वपूर्ण है।

रीतिकवियों ने अपनी अन्तरवृत्तियों और भावनाओं को पूरी निर्बंधता से वाणी दी है। उनकी श्रृंगारी भावनाएँ एवं काममूलक वृत्तियाँ अदम्य भाव से फूट पड़ी हैं और उन्होंने जो कुछ भी कहना चाहा है, अकुंठ चित्त और भाव से कहा है। अपनी चित्तवृत्तियों को दमित रखने की उन्हें आवश्यकता न थी, अंग-संसर्ग सुख आदि की बातें वे पूरे नवोन्मेष के साथ कह गये हैं, उसमें किसी प्रकार की कुण्ठा या मनोग्रंथि के दर्शन नहीं होते और न उन्होंने अपनी कथित बातों पर आवरण ही डालना चाहा है। कृष्ण-राधा के प्रेम का पल्ला पकड़ने तथा उनकी भक्ति की आड़ ले लेने से एक प्रकार की नैतिक अनुमति जो उन्हें समाज से मिल गयी थी, उसी के कारण श्रृंगारीकाव्य का ऐसा अकुंठ प्रवाह फूट सका। उन्होंने शुद्ध कायिक, लौकिक प्रेम की कविता को आवश्यक रूप से आध्यात्मिक रंग देने की चेष्टा नहीं की। ऊँची बातों के फेर में ये सूफियों की भाँति नहीं पड़े। इस प्रकार की कायिक अथवा संभोग-सुख की आकांक्षा से भरी अभिव्यक्तियों के कारण प्रेम के बहिर्स्वरूप का ही चित्रण अधिक किया।

रीतिकालीन कवियों की भक्ति उसकी श्रृंगारी वृत्ति से अलग न थी, वह उनकी मूलवृत्ति श्रृंगारिकता के ही अनुकूल थी। एक ओर भक्तिपरक रचनाओं द्वारा वे पूज्य एवं परम सम्माननीय भक्ति की परम्परा का वहन करते हुए लोक का आदर प्राप्त करते थे, दूसरी ओर उनका रुचि-परिवर्तन भी हो जाता था। भक्ति की मंदाकिनी में नहाकर ये अपनी वासनापरक भावों की पंकिलता इस प्रकार की उक्तियों द्वारा थोड़ा-बहुत धो डालते थे–

होत रहै मन यों मतिराम कहूँ बन जाय बड़ो तप कीजै।
ह्वै बनमाल गरैं रहियै अरु ह्वै मुरली अधरा रसु पीजै।

(मतिराम)

विलासिता में डूबा हुआ व्यक्तित्व लेकर युग में प्रचंड रूप से बहनेवाली भक्ति की हवाओं का निषेध ये न कर सकते थे। इसी रूप में भक्ति इनके काव्यों में अवतरित हुई है।

रीतिकालीन साहित्य को देखकर यह पता चलता है कि रीतिकवियों ने रसिक आश्रयदाताओं के मनोरंजन के लिए नारी-शरीर को वर्ण्य-विषय बनाया है और उन्हीं मनोभावों को काव्यशास्त्रीय ढाँचे में वर्णित किया है, जो रसिकों को सुख दे सके। दरअसल, रीतिकालीन काव्य की पृष्ठभूमि तैयार करने में कामशास्त्रीय ग्रन्थों का पूरा सहयोग रहा है। कामशास्त्रों ने केवल नागर जीवन को ही प्रभावित और सुखी नहीं किया, उन्होंने भारतीय काव्यशास्त्रियों और कवियों को भी अनेक काव्यविषय दिये। संस्कृत के प्रारम्भिक नाटककाल से लेकर हिन्दी के रीतिकाल तक निरन्तर कामशास्त्रीय ग्रन्थों का व्यापक प्रभाव रहा। रीतिकाल के प्राय: सभी कवियों ने पद्मिनी, चित्रिणी आदि नायिकाओं को अभिसार करते हुए दिखाया है। दरअसल, यह उस युग की ऐसी खासियत थी, जिससे बचकर कोई कवि काव्य-रचना कर ही नहीं सकता था। रीतिमुक्त कवियों घनानन्द, बोधा आदि पर भी कामशास्त्रीय प्रभाव को सहज ही देखा जा सकता है, यह बात अलग है कि उन पर यह प्रभाव कम है। वस्तुत: रीतिकाल में कामशास्त्रीय ग्रन्थों के अध्ययन की परम्परा रही और कवि तब तक पूर्णता प्राप्त नहीं माना जाता था, जब तक वह कामशास्त्रों का अध्ययन न कर ले। आलम ने इस बात पर दु:ख भी प्रकट किया है कि मैंने कोकशास्त्र का अध्ययन नहीं किया है, ऐसे में नायिका की चोटी के सौन्दर्य का वर्णन भला कैसे करूँ? आलम के इस कवित्त को देखिए–

लाँबी लहकारी बहुपेचन की भारी औ,
गरक सौधे सारी न्यारी अतिसय झोंक की।
बरनों कहाँ लौं वोप मदन की घोप की धौं
इंद्रकारी कोप तररानी एक ओक की।

नटुवा की साटि कैधों 'आलम' सधायबे को,
कहाँ लौं बखानौं हौं पढ्यौं न विधि कोक की।

नागिनी तिमिर छपाकर मैं यों छाय रही,
कटि पर बेनी की निसेनी सुरलोक की।

कुल मिलाकर रीतिकालीन कवियों की शृंगारिकता नारीदेह के इर्द-गिर्द ही घूमती हुई जान पड़ती है। इन कवियों ने नारी के कामवर्द्धक स्थलों तथा विपरीत रति का वर्णन रुचि लेकर किया है। केशव, बिहारी, पद्माकर, मतिराम, भिखारीदास सबने अपनी रुचि इस क्षेत्र में प्रदर्शित की है। इन कवियों ने जिस कामशास्त्रीय मार्ग को अपनाया, उसकी काव्य-परम्परा के प्रभाव का ही यह परिणाम था। संस्कृत, प्राकृत, अपभ्रंश से प्राप्त काव्य-परम्परा ने जो कि स्वयं कामशास्त्रीय ग्रन्थों से प्रभावित थी, रीतिकालीन कवियों को पकी-पकाई सामग्री उपलब्ध कराई, जिसे और अधिक सुस्वादु बनाने की भरपूर चेष्टा इन कवियों ने की। रति के विभिन्न रूप, अभिसार, संकेतस्थल आदि की सभी बातें भारतीय साहित्य में पहले से स्वीकृत हो चुकी थीं। रीतिकालीन कवियों ने उन सब बातों को अपनाकर कुछ नवीनता लाते हुए अपने रसिकों को मानसिक कामतृप्ति देने की कोशिश की। और इस सबके क्रम में रीतिकाल की शृंगारिकता के स्वरूप में नारीदेह का नग्न स्वरूप चित्रित होता गया और भारतीय नारी की ऐसी ऐतिहासिक छवि बनती गयी, जिसे आज भी लगातार ढोया जा रहा है और आगे भी ढोया जाता रहेगा।

रीतिकालीन स्त्री-दृष्टि और जोधराज कृत 'हम्मीररासो'

डॉ. शीतल

जैसा कि सभी जानते हैं हिन्दी साहित्य का उत्तर-मध्यकाल रीतिकाल के नाम से जाना जाता है, जिसे कुछ आलोचकों ने श्रृंगारकाल भी कहा है। यहाँ काल-विभाजन को दोहराना सीमा का अतिक्रमण या पुनरावृत्ति होगी। रीतिकाल से पहले का काल अर्थात् भक्तिकाल, जिसे विद्वानों ने स्वर्णयुग की संज्ञा दी, वह कहाँ से स्वर्णयुग ठहरता है? सिर्फ़ इसी कारण कि इस काल में बड़े-बड़े विद्वान् हुए, जिन्होंने अपनी लेखनी से साहित्य-जगत् को समृद्ध कर दिया। पुरुष और स्त्री, जिनसे मिलकर ही सृष्टि-रचना होती है, उस स्त्री को तो इन भक्तकवियों ने अपने काव्य में या कृतियों में नगण्य ही कर दिया। सृष्टि के आधे भाग के प्रति उपेक्षाभाव दिखाने पर भी भक्तिकाल को स्वर्णयुग की संज्ञा कैसे दी जा सकती है?

यह सत्य है कि कोई भी परिस्थिति अचानक जन्म नहीं लेती। जिस तरह पेड़ लगाने से पहले बीज बोया जाता है, उसी तरह परिस्थितियों के बीज भी पहले से ही अंकुरित होने लगते हैं, बाद में उसका विस्तृत रूप दिखाई देता है। रीतिकाल में श्रृंगार की प्रमुखता रही, किन्तु यह श्रृंगार अचानक से ही पल्लवित नहीं हुआ। भक्तिकाल के भीतर ही इसके बीज पड़ने लगे थे, जो भक्ति के आवरण से ढँके हुए थे। 'रीतिकवियों की रचनाओं में श्रृंगार-भावना का जो चरम उत्कर्ष मिलता है, वह अन्यत्र दुर्लभ है। किन्तु इसकी श्रृंगार-भावना केवल इनके मन की उपज नहीं है, वह भारतीय साहित्य में शताब्दियों से चली आ रही श्रृंगार-भावना का विकसित रूप है, जो युगीन वातावरण एवं परिस्थितियों के बीच पल्लवित एवं पुष्पित हुई।'[1]

जिस तरह भक्तिकाल में सन्त, सूफ़ी, राम व कृष्णभक्त कवि हुए उसी तरह की परम्परा रीतिकाल में भी चली। रीतिकाल का सन्तकाव्य काफ़ी हद

तक भक्तिकाल के सन्तकाव्य जैसा रहा, किन्तु सूफ़ीकाव्य पर रीतिकाल की शृंगारिकता की छाप दिखाई देती है। रीतिकाल के सूफ़ी कवियों ने प्रेम के विषय में जो दृष्टिकोण दिया है, उसे अध्यात्म की चादर नहीं उढ़ाई। रीतिकाल के राम-भक्तिकाव्य में नाममात्र की भक्ति का आवरण मिलता है। राम व सीता के आदर्श व मर्यादित प्रेम की जगह शृंगारिक लीलाओं का वर्णन करना ही कवि को अभीष्ट रहा। इनके समक्ष राम का लीला पुरुषोत्तम रूप है, मर्यादा पुरुषोत्तम नहीं। इसी तरह रीतिकाल में कृष्णकाव्य का विकास भी भिन्न रूप से हुआ। 'कृष्ण और राधा न केवल भक्ति के आलम्बन रहे, अपितु इस युग की प्रधान प्रकृति शृंगार के भी आलम्बन के रूप में प्रतिष्ठित हुए। अधिकतर रचनाएँ शृंगार की दृष्टि से राधा और कृष्ण को आलम्बन मानकर लिखी गयी हैं।'[2] नीतिपरक रचनाएँ यद्यपि भक्तिकाल में भी लिखी गईं, परन्तु रीतिकाल नीतिकाव्य की दृष्टि से अधिक महत्त्व रखता है। भक्तिकाल से भिन्न वीरकाव्यधारा का विकास रीतिकाल में हुआ। विलासिता के इस युग में आम बात पर युद्ध छिड़ जाना स्वाभाविक ही था, जिसके केन्द्र में नारी ही थी।

हिन्दी साहित्य के रीतिकाल में जितना अधिक स्त्री के लिए सोचा गया, उतना किसी अन्य काल में नहीं। इस काल में वह विलासिता की वस्तु बनकर ही सही, केन्द्र में तो आई। इससे पूर्व काल में तो उसे घर की चारदीवारी में ही रखना उचित समझा गया, किन्तु इस काल में कोई भी रचना बिना नारी के लिखी ही नहीं गयी। चाहे वह रीतिकाल का वीरकाव्य ही क्यों न हो? फिर भी न जाने क्यों इस काल की स्त्री को हीन दृष्टि से देखा गया। इस काल के कवि और पुरुष दोनों की दृष्टि में सिर्फ़ स्त्री ही थी। इन्हें इतना समय तो मिला कि ये सिर्फ़ स्त्री के बारे में ही सोचते थे, भले ही कारण दूसरे हों। भक्तिकाल में जहाँ स्त्री को दासी, चेरी, पैरों की जूती समझा जाता था, वहाँ रीतिकाल में उसके सौन्दर्य को आधार बनाकर ही सही, उसके मुख की तुलना चन्द्रमा और कमल से की गयी। इस काल में उसे देवी बनाकर पूजा नहीं गया या देवी की संज्ञा देकर जड़वत् नहीं समझा गया, बल्कि उसे जीवित समझा गया, जो अपने हाव-भाव से पुरुष को नियन्त्रण में रख सकती है। इस काल में स्त्री अपनी इच्छानुसार खान-पान तथा साज-सज्जा कर सकती थी और अपनीशृंगारिक चेष्टाओं से पुरुष को रिझा सकती थी, क्योंकि वह राजदरबारों में रहती थी, जहाँ उसे सभी सुख-सुविधाएँ उपलब्ध थीं, जबकि भक्तिकाल में वह पुरुष की इच्छानुसार ही सब कुछ करती थी। अपनी यौन-चेतना को प्रकट करने का भी उसे अधिकार नहीं था, जैसे 'रामचरितमानस' जैसे महाकाव्य में शूर्पनखा द्वारा राम और लक्ष्मण को अपनी

यौन-इच्छा प्रकट करने पर लक्ष्मण द्वारा उसके नाक-कान काट दिये जाते हैं, क्योंकि उस समय का पुरुषप्रधान समाज स्त्री द्वारा अपनी इच्छा ज़ाहिर करने को बर्दाश्त नहीं कर सकता था।

रीतिकाल में वियोग-वर्णन भी बहुत किया गया। इन विरह-वर्णनों में पुरुष की अपेक्षा स्त्री का ही चित्रण अधिक रहा। स्त्री के विरह को पुरुष से अधिक प्रमुखता दी गयी। "प्राय: कवियों ने नारी के ही वियोग का वर्णन किया है। पुरुषों के वियोग-वर्णन में उनकी वृत्ति नहीं रमी है। पुरुष को वियोग का दु:ख क्यों नहीं होता, इसका तो उत्तर भी बिहारी ने अपने नायक के मुख से दिला दिया है। नायक का कहना है कि नायिका की दीपशिखा-सी देह सर्वदा मेरी आँखों में रहती है, इसलिए मुझ पर विरह-तम का प्रभाव नहीं पड़ता।"[3]

भक्तिकाल के सूफ़ी और कृष्णकाव्यों में यद्यपि स्त्री-चित्रण हुआ है किन्तु प्रमुखता पुरुष की ही रही, जबकि रीतिकाल में पुरुष गौण व स्त्री ही प्रमुख हो गयी। इस काल में एक-एक राजा की कई-कई रानियाँ होती थीं, जिससे पता चलता है कि पुरुष-जीवन स्त्री के बिना चल ही नहीं सकता था। इस काल में पुरुष स्त्रीसेवा जैसे उसका श्रृंगार करना, उसे मनाना, उसे ख़ुश रखना आदि में रत रहता था, जो अन्य कालों में कम देखने को मिलता है। "प्रिय-दर्शनों की उत्कट अभिलाषा के वशीभूत प्रिय कभी मालिन का रूप धारण कर उसे हार गूँथकर देता है, कभी चुड़िहारिन बन चूड़ियाँ पहनाता है, कभी नाइन के वेश में उसके केश सँवारता है और जब कोई अन्य उपाय नहीं सूझता तो जोगिन बनकर प्रिया के गृह-द्वार के आसपास फेरी लगाता रहता है।"[4]

हमारा पितृसत्तात्मक समाज पुरुष को स्त्री की इस तरह सेवा करते देख नहीं सकता। हो सकता है, यही कारण हो कि रीतिकाल को हमारे विद्वानों ने श्रेष्ठ काल नहीं माना। इस काल में तो नारी-मन के अचेतन स्तरों को भी बड़ी सूक्ष्म मनोवैज्ञानिक दृष्टि से कवियों द्वारा वर्णित किया गया है-"नवोढ़ा पत्नी कुछ दिन को मायके आई है। पतिदेव लिवाने आते हैं तो उसकी मन:स्थिति बड़ी विचित्र हो जाती है। प्रिय को देखने की उत्कट लालसा को दबा नहीं सकती और मायके में प्रत्यक्षत: न तो मुँह उघाड़ सकती है और न ही घूँघट निकाल सकती है। तब माँ की पीठ पीछे खड़ी होकर ही अपनी नेत्र-पिपासा को शांत करती है और उधर उभरे उरोजों, लज्जावश झुकी दृष्टि और मंद मुस्कान द्वारा प्रिय को भी रिझाती है।"[5]

नारी-मन के सूक्ष्मातिसूक्ष्म मनोभावों को व्यक्त करने में रीतिकाल के कवि सफल हुए हैं। पति-पत्नी के सम्बन्धों, उनकी सकुचाहट, उनकी दर्शन-सामीप्य

लालसा का जैसा चित्रण इन कवियों ने किया, वैसा अन्यों ने नहीं। भक्तिकाल में तो पति को ईश्वर का दर्जा देकर स्त्री को उसके नियन्त्रण में ही रखने की बात की गयी। किसी भी कवि ने उसकी स्वच्छन्दता का वर्णन नहीं किया और न ही उसे पति की इच्छा के विरुद्ध जाते हुए दिखाया गया है। गाय की तरह स्त्री को सीधा व विनम्र समझा गया, जिसे पुरुष जहाँ चाहे ले जा सकता है और जैसा चाहे रख सकता है। स्त्री उसके हाथ की कठपुतली थी, जिसे स्वर्ग-नरक का भय दिखाकर वह काबू में रखता था। वैवाहिक जीवन में सिर्फ़ पति की ही प्रमुखता थी, जबकि रीतिकाल में "गार्हस्थ्य जीवन में दाम्पत्य प्रेम की लता किस उन्मुक्त भाव से लहलहाती है कि प्रिया को उसकी छाया पाकर धर्म-पुराण के स्थान भी नहीं सुहाते।" पति-पत्नी के सम्बन्ध विवशतावश न होकर प्रेमपूर्ण व माधुर्य से भरे थे।

जोधराज कृत हम्मीररासो में स्त्री-दृष्टि

जोधराज कृत 'हम्मीररासो' एक वीरकाव्य है और वीरकाव्य में अधिकांशतः वीर नायकों का ही चित्रण रहता है। अन्य वीरकाव्यों की तरह जोधराज ने भी अपने वीरकाव्य में स्त्री का कम ही वर्णन किया है। इसमें हम्मीर की वीरता का वर्णन है, इसलिए इसका नाम हम्मीररासो रखा गया है। हम्मीररासो के केन्द्र में तो नारी ही है। यदि इसमें स्त्री न होती तो हम्मीर की वीरता का महत्त्व भी स्थापित नहीं हो पाता और हम्मीररासो की रचना ही न होती।

जोधराज के मतानुसार हम्मीररासो का प्रतिनायक अलाउद्दीन अपनी सुन्दर पत्नी रूपविचित्रा के साथ शिकार के लिए जाता है। यहाँ सुन्दर शब्द का प्रयोग इसलिए किया है, क्योंकि अलाउद्दीन की सभी रानियों में रूपविचित्रा ही सबसे अधिक सुन्दर थी और प्रिय भी। वास्तव में स्त्री का सुन्दर होना ही पुरुष को अपने वश में करने का एक साधन था। वह भी तब तक जब तक उससे अधिक सुन्दर स्त्री नहीं मिल जाती। आखेट के समय रूपविचित्रा अलाउद्दीन से बिछुड़ जंगल में भटक जाती है और महिमाशाह से टकरा जाती है। महिमाशाह के वीरतापूर्ण क़िस्सों से वह पहले ही अवगत थी। अचानक उसे सामने देख वह प्रसन्न हो रतिदान की इच्छा व्यक्त करती है, जिसे महिमाशाह अस्वीकार कर देता है। किन्तु बार-बार याचना करने पर तथा सुपुरुषों के लक्षणों का वास्ता देकर वह उसे मना लेती है। बाद में रूपविचित्रा द्वारा ही अलाउद्दीन को यह बात पता लगती है, किन्तु वह रूपविचित्रा को कुछ न कहकर महिमाशाह को ही देशनिकाला दे देता है। साथ ही किसी भी राजा को उसे शरण न देने की चेतावनी भी देता है।

सभी राजा महिमाशाह को शरण देने से इनकार कर देते हैं। अन्त में हम्मीर उसे अपनी शरण में रखता है, जिसके परिणामस्वरूप हम्मीर व अलाउद्दीन का युद्ध होता है। इस सारे वृत्तान्त का केन्द्रबिन्दु नारी ही रही। इस वीरकाव्य की प्रमुख विशेषता यह है कि स्त्री के ही कारण युद्ध हुआ और स्त्री को कोई क्षति भी न पहुँची। अलाउद्दीन उससे यह तक नहीं पूछता कि तुमने ऐसा क्यों किया? और पुरुष को ही इस बात के लिए दोषी ठहराता है, जबकि आधुनिक युग में या भक्तिकाल में भी स्त्री का दोष न होते हुए भी उसे ही दोषी ठहराया जाता है। जैसे रामचरितमानस का सीता-परित्याग प्रसंग। "अलाउद्दीन की बेगम रूपविचित्रा के हृदय में मीर महिमा के प्रति पूर्वानुराग वर्तमान था। एकान्त में किसी अपरिचित व्यक्ति से इस प्रकार दुर्बलता का परिचय देना उसके चरित्र की नीचता की चरम सीमा है। पर उसमें वीरता की भावना भी प्रबल थी। जब उसने अलाउद्दीन को मीर महिमा को मारने के लिए प्रस्तुत देखा तो वह स्वयं अपना सिर कटवाने के लिए प्रस्तुत हो गयी थी।"[6]

कुछ विद्वान् रूपविचित्रा के इस कार्य को अनुचित ठहराते हैं और उसे कामुक स्त्री की संज्ञा देते हैं, जो पति के होते हुए भी अन्य पुरुष से सम्बन्ध रखती है। परन्तु ये विद्वान् पुरुष के ऐसे कार्यों का मूल्यांकन नहीं करते। उस समय का पुरुष भी तो अनेक स्त्रियों से सम्बन्ध रखता था। क्या वह कामुक नहीं था? रीतिकाल में स्त्री को इतनी स्वतन्त्रता तो मिली कि वह अपनी यौन-इच्छा ज़ाहिर कर सके, जबकि भक्तिकाल में तो शूर्पणखा को यौन-इच्छा ज़ाहिर करने की सज़ा अपने नाक-कान कटवाकर भुगतनी पड़ती है। स्त्री का अपने शरीर पर पूर्ण अधिकार है, वह जिसे चाहे उसे सौंपे, जैसा कि रूपविचित्रा ने किया। किन्तु हमारा पितृसत्तात्मक समाज स्त्री के इस कार्य को ग़लत ही ठहराता है। उसे लगता है स्त्री उसकी इच्छा के विरुद्ध इतना बड़ा कार्य कैसे कर सकती है। स्त्री के हर कार्य में उसकी सहमति अनिवार्य है।

रीतिकाल में एक बार जो स्त्री किसी राजा के पास आ गयी तो वह कभी वापस नहीं जा सकती थी, जब तक उसकी मृत्यु न हो। रूपविचित्रा अलाउद्दीन की प्रिय बेगम थी, इसलिए उसने उसे कुछ नहीं कहा या यह कहिए कि वह उसके रूप-सौन्दर्य के वश में था, इसलिए उसके दूर जाने के भय से कुछ न कह सका और रूपविचित्रा भी अपने इस कार्य को अनुचित नहीं मानती। तभी तो अलाउद्दीन के समक्ष सब कुछ सच बता देती है। रूपविचित्रा पर यदि ग़ौर से दृष्टि डालें तो दो बातें सामने आती हैं। एक, या तो वह कामुक स्त्री है, जो पति के होते हुए भी ज़बरदस्ती किसी अन्य पुरुष से सम्बन्ध बनाती है, जैसा कि

विद्वानों ने भी कहा है, या फिर वह पति के साथ अपने वैवाहिक सम्बन्धों से सन्तुष्ट नहीं है। कारण जो भी हो। इतना तो स्पष्ट है कि रीतिकाल की स्त्री अपनी यौनिक आकांक्षाओं को प्रकट करने में स्वतन्त्र थी। यही स्वतन्त्रता रीतिकाल के प्रति हमारी सोच को एक नया आयाम प्रदान करती है। आधुनिक युग में भी स्त्री यह कार्य बिना किसी लज्जा के कर रही है, किन्तु आज से कई सौ वर्ष पहले यह कार्य करना विचारणीय है। रीतिकाल से पूर्व भक्तिकाल में यह कार्य करना तो दूर, सोचना भी पाप समझा जाता था। वाल्मीकि रामायण में तो सीता रावण की लंका में रही, जहाँ रावण ने उसे छुआ तक नहीं, फिर भी राम द्वारा उसकी अग्निपरीक्षा के बाद भी उसे त्याग दिया गया।

हम्मीररासो में 'चन्द्रकला' नाम की नर्तकी के नृत्य का भी वर्णन है, जो अपने हाव-भावों से राजाओं को भी नचाती है। किन्तु यह वर्णन बहुत ही सूक्ष्म ढंग से किया गया है। यह राजाओं की कलाप्रियता और विलासी प्रवृत्ति का प्रतीक है। इसके अतिरिक्त इसमें स्त्री के क्षत्राणी रूप का वर्णन है, जो अपने आप में काफ़ी सराहनीय है, क्योंकि रीतिकाल को श्रृंगारकाल कहा जाता है, किन्तु इसमें नारी ने श्रृंगार के अतिरिक्त क्षत्राणी रूप भी धारण किया है।

आधुनिक युग में जहाँ हर विषय को बड़ी गहराई व नयी दृष्टि से परखने का प्रयास किया जाता है और स्त्रीवादी मुद्दों पर बहस चलती रहती है, वहाँ रीतिकाल को देखने की भी एक नयी दृष्टि होनी चाहिए। इस काल को अब तक सिर्फ़ श्रृंगारिक दृष्टि से ही देखा गया है। रीतिकाल के श्रृंगारिक पक्ष को यदि छोड़ दें तो हम देखते हैं, इस काल में स्त्री अधिक मुखर रूप में सामने आयी। अपनी ज़िन्दगी को उसने राजदरबारी आश्रय पाकर अपेक्षाकृत स्वच्छन्दता से जिया। स्त्री के बिना तो रीतिकाल अधूरा है। जैसा कि पहले कहा जा चुका है, कोई भी परिस्थिति अचानक जन्म नहीं लेती। उसके बीज पहले ही पड़ने लगते हैं जो परिस्थितियों के सहयोग से पल्लवित हो जाते हैं। इसी तरह रीतिकाल में स्त्री केन्द्र में आने लगी थी, जो आधुनिक युग में आकर पूर्ण न सही, अधिकाधिक रूप में स्वतन्त्र होती चली गयी।

सन्दर्भ

1. डॉ. राजकिशोर पाण्डेय, हिन्दी साहित्य का रीतिकाल : भावात्मक परिचय, हिन्दी साहित्य भण्डार, लखनऊ, संस्करण 1971, पृ. 86
2. रीति-इतर काव्य : सम्पादक पूरनचंद टंडन, स्वराज प्रकाशन दिल्ली, संस्करण-2005, पृ. 17

3. डॉ. सरला चौधरी, रीतिकाव्य में स्वच्छन्दतावादी तत्त्व, नचिकेता प्रकाशन, दिल्ली, संस्करण-1986, पृ. 113
4. उद्धृत, टीकमसिंह तोमर : हिन्दी वीरकाव्य (1600-1800), हिंदुस्तानी एकेडमी, इलाहाबाद, संस्करण-1954, पृ. 75
5. डॉ. राजकिशोर पाण्डेय, हिन्दी साहित्य का रीतिकाल : भावात्मक परिचय, हिन्दी साहित्य भण्डार, लखनऊ, संस्करण 1971, पृ. 28
6. डॉ. सरला चौधरी, रीतिकाव्य में स्वच्छन्दतावादी तत्त्व, नचिकेता प्रकाशन, दिल्ली, संस्करण-1986, पृ. 123

स्त्री के नजरिये से रीतिकाल : घनानन्द के विशेष सन्दर्भ में

पूनम यादव

समकालीन समय में जैसे-जैसे हमारी लोकतान्त्रिक चेतना का विकास हुआ है, हम अपने मानवीय अधिकारों के प्रति लगातार जागरूक हो रहे हैं। वर्तमान समय में अगर हम रीतिकाल पर ध्यान दें तो पायेंगे कि हिन्दी साहित्य के इतिहास में जिस 'रीतिकाल' को हमेशा अनदेखा करते हुए, उसके महत्त्व को नकारते हुए आगे बढ़ते रहे हैं, उस रीतिकाल के बारे में एक बार फिर से सोचा, समझा और जाना जाये। अधिसंख्य लोग पूर्वाग्रह से ग्रस्त हैं कि रीतिकाल तो केवल श्रृंगारिक काल रहा है और 'रीतिकाल' स्त्री को हमेशा कठघरे में ही खड़ा करता आया है। लगभग एकमत से यह स्वीकार कर लिया गया है कि रीतिकाल में स्त्री केवल और केवल भोग्या थी। स्वयं स्त्री भी अपने-आपको केवल श्रृंगार के, भोग्या के रूप में प्रस्तुत करने में तत्पर दिखी। हिन्दी साहित्य में रीतिकाल को ख़ासतौर पर 'रीतिकालीन स्त्री' को सामाजिक, सांस्कृतिक सन्दर्भों में जानने का प्रयास नहीं किया गया। ऐसी आवश्यकता महसूस होती है कि रीतिकालीन स्त्री को, विशेष तौर पर रीतिमुक्त काव्यधारा से जुड़े रचनाकारों के सन्दर्भ में आने वाली स्त्रियों को नये सिरे से जानने-समझने का प्रयास किया जाये।

रीतिकाल में घनानन्द, आलम, बोधा और ठाकुर जैसे रचनाकार भी हुए, जिन्हें विषय और प्रस्तुतीकरण की नवीनता के कारण स्वच्छन्द या रीतिमुक्त कहा गया। स्वच्छन्द धारा या मुक्त रीति धारा के इन कवियों का मुख्य विषय 'प्रेम' है। इस पर विश्वनाथ त्रिपाठी कहते हैं-"इस काल में रीति से हटकर स्वच्छन्द प्रेम- काव्य रचा गया, जिसमें काव्य-कौशल होते हुए भी प्रेम विशेषतः विरह की तीव्र व्यंजना है।"[1] घनानन्द इसी श्रेणी के कवि हैं। घनानन्द दिल्ली के मुग़ल बादशाह मुहम्मद शाह रंगीला के मीरमुंशी थे। अपने श्रृंगार रस पूर्ण

कवित्त-सवैयों से वह दरबारियों का मनोरंजन किया करते थे। दरबार की एक अपूर्व सुन्दरी नर्तकी सुजान से उन्हें प्रेम हो गया था। सुजान के अप्रतिम सौन्दर्य और प्रेमालाप ने घनानन्द को काव्य-सर्जन की पर्याप्त प्रेरणा दी थी। घनानन्द की सौन्दर्य, प्रेम, संयोग-वियोग से सराबोर रचनाओं की प्रेरणा सुजान ही थी। दरबारियों ने सुजान और घनानन्द के प्रणय-प्रसंग की चर्चा मुहम्मद शाह के कानों में डाली, तो बादशाह ने इसकी परीक्षा के लिए घनानन्द से कोई कविता सुनाने को कहा। घनानन्द ने टालमटोल की, लेकिन सुजान के आग्रह पर उन्होंने उत्साह के साथ सुजान की ओर ताकते हुए ध्रुपद सुनाया। बादशाह की ओर से घनानन्द को दरबार से निकल जाने की आज्ञा दी गयी। घनानन्द ने दरबार से जाते हुए सुजान को साथ चलने को कहा, तो सुजान ने न जाने किन कारणों से उनका साथ नहीं दिया। प्रेमपात्रा की उपेक्षा ने उनके मानस को वेदना से भर दिया, इसका वर्णन शब्दों से परे है, उनकी व्यथा की कथा अनिर्वचनीय है। मीन और पतंग के रूढ़ उपमान भी उनकी वेदना को समझाने में असमर्थ जान पड़ते हैं। 'घनानन्द ग्रन्थावली' में ऐसे ढेरों उदाहरण हैं–

घनआनँद कौन अनोखी दसा मति आवरी बावरी ह्वै तरसै।
बिछुरैं मिलैं मीन पतंग-दसा कहा मो जिय की गति कों परसै।[2]

"घनानन्द का श्रेष्ठ काव्य भी विरह से संबंधित है। घनानन्द की विशेषता यह है कि वे वियोग में जीते रहते हैं और उनका प्रेम ईश्वरीय प्रेम में परिणत हो जाता है।"[3] घनानन्द की बेजोड़ रचनाएँ इसी विरहकाल की देन हैं। लेकिन जिस घनानन्द की रचनाएँ हिन्दी साहित्य में अतुलनीय हैं, जिनमें प्रेम की सर्वाधिक पीड़ा दिखाई देती है, जिनके बारे में 'हिन्दी साहित्य के इतिहास' में आचार्य रामचन्द्र शुक्ल लिखते हैं कि "प्रेममार्ग का एक ऐसा प्रवीण और धीर पथिक तथा ज़बाँदानी का ऐसा दावा रखनेवाला ब्रजभाषा का दूसरा कवि नहीं हुआ है।"[4] परन्तु क्या कभी यह जानने का प्रयास किया गया कि जिस सुजान से प्रेरित होकर घनानन्द वास्तव में 'घनानन्द' कहलाए, उस सुजान–स्त्री ने अपने प्रेमी के साथ जाने से क्यों मना कर दिया। मना करने के बाद उस नारीहृदय का दर्द और उसकी वेदना को समझने का प्रयास क्या कभी किया गया? उन कारणों की जाँच-पड़ताल की गयी, जिनके कारण एक स्त्री ने अपने से प्रेम करने वाले के साथ जीवन-भर रहने का प्रस्ताव ठुकरा दिया। सदियों के सामन्ती परिवेश और सामन्ती मानसिकता के अनुसार सुजान को ऐसा निर्णय लेने पर बाध्य होना पड़ा होगा। उस सामन्ती समाज में कोई भी स्त्री स्वयं के लिए कोई निर्णय लेने के लिए स्वतन्त्र नहीं थी, क्योंकि उसका निर्णय तथाकथित 'सभ्य समाज' में विद्रोह

माना जाता। कृष्णचन्द्र वर्मा घनानन्द की इस मनोदशा पर उनके ही शब्दों को रेखांकित करते हैं–"प्रिय से यह भी पूछा गया और बड़ी आत्मीयता के साथ पूछा गया कि वह अपने प्रेमी को क्यों प्यासा ही मारे डाल रही है, क्यों अनीति कर रही है, सुनती क्यों नहीं? उसे ऐसा करने से क्या मिलता है? थोड़ा-सा मिलकर बहुत-सा दु:ख देती है? बेसम्हाल को सम्हालती क्यों नहीं, वह आख़िर उसी का तो है? इतनी पीड़ा क्यों पहुँचाती है, हाथ पकड़कर क्यों हट जाती है।"[5]

इसका कारण सम्भवत: यह भी रहा हो कि सुजान कलाकार वर्ग के अन्तर्गत आती थी। कलाकार वर्ग के लोग सदैव भोक्तावर्ग पर निर्भर करते हैं। आचार्य हजारी प्रसाद द्विवेदी ने लिखा है कि "इस समय आर्थिक दृष्टि से समाज में स्पष्ट रूप से दो श्रेणियाँ हो गईं–एक तो उत्पादक वर्ग, जिसमें प्रधान रूप से किसान और किसानी से सम्बन्ध रखने वाली जातियाँ बढ़ई, लोहार, कहार, जुलाहा इत्यादि थीं, और दूसरा दल भोक्ता–राजा, रईस, नवाब आदि या भोक्तृत्व का मददगार था। मुग़ल शासन के अन्तिम दिनों में भारतीय समाज के ये ही दो आर्थिक वर्ग थे–राजा, सामन्त, मनसबदार आदि भोक्तावर्ग और कृषकों और श्रमिकों का उत्पादक वर्ग। दोनों का परस्पर सम्बन्ध क्रमश: क्षीण होता गया और मुग़लकाल के अन्तिम दिनों में इन दोनों की दुनिया लगभग अलग हो गयी। इन दो वर्गों के मध्य में कवियों, चित्रकारों, संगीतज्ञों आदि कलावंतों का वर्ग था, जो प्राय: उत्पादकवर्ग से उत्पन्न होता था, किन्तु भोक्तावर्ग की स्तुति और मनोरंजन करके जीविका निर्वाह करता था। जिस वर्ग को प्रसन्न करना होता था, उसके जीवन और रुचियों का पता होना चाहिए।"[6] स्पष्ट है कि सुजान कलावंतों की श्रेणी में आती थी, साथ ही उत्पादक वर्ग से जुड़ी थी और जिस सामन्ती समाज में वह रही थी, उस पितृसत्तात्मक समाज में स्त्री आज की अपेक्षा कहीं अधिक परतन्त्र थी।

वर्तमान समय की तुलना में कहीं अधिक रूढ़ियों से बँधा समाज था वह, जहाँ स्त्री को अपने लिए कोई भी निर्णय लेने का अधिकार प्राप्त करने के लिए कठिन संघर्ष की राह से गुज़रना पड़ता था और आत्मनिर्णय लेने की यह राह तो आज भी आसान नहीं है, उसकी कल्पना हम सरलता से कर सकते हैं। डॉ. नगेन्द्र उस काल की दयनीय दशा पर लिखते हैं–"वह युग अतिशय वैभव का युग था। बहुधा राजमहलों में भी भिन्न-भिन्न वर्णों और जातियों की 2000 स्त्रियाँ रहती थीं, जिनके कर्तव्य-कर्म भिन्न होते थे। इनमें अनेक बादशाह की सेवा और बहुत सी शहज़ादियों के मनोरंजन और शिक्षा आदि के लिए नियुक्त थीं।"[7] कुल मिलाकर देखें तो स्त्रियों की दशा बेहद खराब थी। स्त्रियों की जिस

समाज में ऐसी दशा हो कि उसे मनोरंजन का सबसे उपयुक्त साधन माना जाता हो, वहाँ यह भरोसा कि वह अपने से प्रेम करने वाले का साथ देने के लिए सब कुछ अनदेखा करके साथ चल पड़ेगी, किया नहीं जा सकता। क्योंकि स्त्रियों के लिए हमेशा से समाज उलझन-भरा ही बना रहा है। उसके लिए चक्रव्यूह से बाहर निकलने के रास्तों की कमी नहीं है, पर निकले कैसे बाहर? कहते हैं कि वही चीज़ उड़ जाती है, जो बेहद हल्की हो। लेकिन हमारा समाज तो स्त्री को हमेशा भारी- भरकम भावनात्मक, सामाजिक, आध्यात्मिक, सांस्कृतिक हवाओं से भरे रखना चाहता है ताकि वह कभी भी अपने को हल्का महसूस न कर पाये, क्योंकि यदि वह हल्का महसूस करेगी तो अपनी इच्छानुसार उड़ना भी चाहेगी, जिसकी इजाज़त हमारा समाज न तब देता है और न इक्कीसवीं सदी में दे पाता है।

इसलिए आज भी हम देखते हैं कि जब भी लड़की पर चर्चा होती है, तब यही बात दोहराई जाती है कि 'यत्र नार्यस्तु पूज्यन्ते रमन्ते तत्र देवता:'। यह उद्घोष क्यों बार-बार सुनाई देता है? इसका अर्थ है कि समाज को हमेशा अपना सारा ध्यान स्त्री पर ही केन्द्रित रखना है, क्योंकि स्त्री के बिना समाज नहीं बन सकता, न राष्ट्र बन सकता है, न धर्म रह सकता है, न नैतिकता रह सकती है, इत्यादि-इत्यादि।

बेफ़िक्री से अपना रास्ता स्वयं चुनने के लिए न तो मध्यकालीन सुजान मुक्त थी और न ही वर्तमान समय में जी रही सुजान; स्त्री। स्त्री की ऐसी विडम्बना पर विकास नारायण राय कहते हैं–

जैसे ही लड़की
कुछ नया करना चाहती है
अकेली पड़ जाती है।
वर्ना
लोग साथ देते ही हैं
देवी का
सती का।

घनानन्द के अनमोल प्रेम को जान गयी थी सुजान, लेकिन उस प्रेम को निबाह न पायी। सुजान से अलग हो जाने पर भी घनानन्द उनके प्रेम में तड़प उठते हैं और कहते हैं–

सुनि निरमोही एक तोही सों लगाव मोही
सोही कहि कैसे ऐसी निठुराई अति रे।

जाहि जो भजै सो ताहि तजै घनआनँद क्यों
हति कै हितूनि कहौ काहू पाई पति रे।

बार-बार अपनी रचना में घनानन्द सुजान को निष्ठुर करार देते हैं। वह सोचते हैं कि जिससे मुझे नेह है, उसे तो शायद निठुराई से ही नेह है। उससे हृदय की पीड़ा कहने से कोई फायदा नहीं, क्योंकि वह केवल पीड़ा देना जानता है, पीड़ा दूर करना नहीं। विडम्बना यह है कि कहीं उस पीड़ा की चर्चा की ही नहीं जाती, जिसमें सुजान घुल रही थी। पुरुष-वर्चस्व वाले समाज में प्रेम करके भी पुरुष का साथ न दे पाना, सुजान की उदासीनता नहीं थी। बल्कि उसके पीछे उसकी नैतिकता के दबाव रहे होंगे। पुरुष का धैर्य टूटता है प्रेम में, ऐसे तमाम उदाहरण हमारे सामने आते हैं, लेकिन स्त्री का धीरज इतनी आसानी से टूटने का इतिहास नहीं। नैतिकता, लाज-शर्म के अनुशासन में स्त्री का बचपन से ही पालन-पोषण होने लगता है। उसकी आत्माभिव्यक्ति, जिज्ञासाएँ शर्मनाक मानी जाती हैं। घनानन्द अपनी रचनाओं में बार-बार जिस सुजान को धोखा देने वाली, निष्ठुर, कठोर करार देते हैं, वह वास्तव में ऐसी ही स्त्री है, जिसका मानसिक अनुकूलन इसी प्रकार से किया गया है कि वह नैतिकता के आवरण में सदा रहे। आज भी समाज में यह स्थिति ज्यों की त्यों बरकरार है। इसलिए हमें वर्तमान समय के तमाम विकास के पैमानों के बीच की स्त्री को देखना चाहिए। जब बन्द रास्तों को खोलने की तमाम विधियों के बावजूद समकालीन स्त्री उन तक नहीं पहुँच पा रही है, तब ऐसे में मध्यकालीन स्त्रियाँ कैसे बेबाक होकर अपने प्रेमी का हाथ पकड़कर आगे बढ़ सकती थीं। वह राह उस समय कठिन तो क्या असम्भव-सी प्रतीत होती थी। क्योंकि चौतरफ़ा विकास के बाद वह राह असम्भव तो नहीं, लेकिन कठिन आज भी है। स्त्री मध्यकाल से समकालीन समय तक अपने आपको बहुत आगे लेकर आयी भी है, लेकिन दबाव उस पर आज भी बेशुमार हैं। तो भी सब कुछ दरकिनार करते हुए सुजान अपनी विकसित चेतना के साथ लगातार आगे बढ़ रही है, वह प्रेम भी कर रही है और स्वीकार भी। साथ ही वह साथ चलने का साहस भी निःसन्देह जुटा पा रही है।

सन्दर्भ

1. विश्वनाथ त्रिपाठी, हिन्दी साहित्य का संक्षिप्त इतिहास, राष्ट्रीय शैक्षिक अनुसंधान और प्रशिक्षण परिषद्-1986, पृ. 59
2. विश्वनाथ प्रसाद मिश्र, घनानन्द ग्रन्थावली, सुजानहित छन्द-57, 72
3. इमरै बंघा, सनेह को मारग, आनन्दघन का जीवनवृत्त, वाणी प्रकाशन, प्रथम संस्करण-1999, पृ. 14

4. डॉ. कृष्णचन्द्र वर्मा, घनानन्द, रवींद्र प्रकाशन, ग्वालियर, पृ. 200
5. आचार्य हजारी प्रसाद द्विवेदी, हिन्दी साहित्य : उद्‌भव और विकास, राजकमल प्रकाशन, नयी दिल्ली, छठा संस्करण-1990, पृ. 161
6. डॉ. नगेन्द्र, रीतिकाव्य की भूमिका, गौतम बुक डिपो, नयी दिल्ली, द्वितीय संस्करण-1953, पृ. 27
7. बाबा चरणसिंह, लड़कियों का इन्कलाब ज़िन्दाबाद, दूसरा संस्करण, अक्टूबर-2006, करनाल, पृ. 27

रीतिकाल में नारी-दृष्टि

डॉ. अलका शर्मा

सत्रहवीं शताब्दी के मध्य से उन्नीसवीं शताब्दी के मध्य तक के काल को हिन्दी साहित्य का रीतिकाल माना जाता है। ऐतिहासिक दृष्टि से यह युग शाहजहाँ के शासनकाल के अन्तिम दौर से प्रारम्भ होकर बहादुरशाह ज़फ़र के अन्तिम दौर तक फैला हुआ था। इसका अन्त आते-आते अंग्रेज़ों का शासन प्रारम्भ हो जाता है। मुग़ल बादशाहों के शासनकाल में कला और साहित्य के प्रति प्रेम के कारण दरबारों में कवियों और कलाकारों को विशेष सम्मान प्राप्त हुआ।

रीतिकाल के अधिकांश कवि दरबारी और राजाश्रित थे। इसलिए उनकी कविता अधिकांशतः दरबार तक ही सीमित रही। रीतिकाल में सामन्तों व राजाओं का जीवन विलासिता से परिपूर्ण था। राजाओं ने अपने दरबारों में ऐसे कवियों को स्थान दे रखा था, जो उनके यशोगान के साथ-साथ उनका मनोरंजन भी किया करते थे। आश्चर्यजनक रूप से इस युग के कवियों ने जहाँ अपने आश्रयदाताओं की प्रशंसा में काव्यग्रन्थों का निर्माण किया, वहीं उन काव्यग्रन्थों के माध्यम से उन्होंने शास्त्रीय कविता की पहचान भी स्थापित की।

कहा जाता है कि प्रत्येक युग को उसकी तत्कालीन परिस्थितियों के सन्दर्भ में ही समझा जा सकता है। विशेषकर जब हम स्त्री की दृष्टि से रीतिकाल को लेकर बात करते हैं तो पाते हैं कि इन रीतिकालीन कवियों की दृष्टि नारी के भोग्या रूप पर ही पड़ी। जननी, गृहिणी, पत्नी, बहन, पुत्री, देवी आदि नारी के अनेक रूप हैं और अपने प्रत्येक रूप में वह महिमामण्डित है, परन्तु रीतिकालीन कवियों की दृष्टि नारी के इन विविध रूपों पर नहीं पड़ी। इन कवियों के लिए नारी का भोग्या रूप ही प्रधान रहा है। इस सम्बन्ध में आचार्य हजारी प्रसाद द्विवेदी का कथन है–"नारी की विशेषता इनकी दृष्टि में कुछ नहीं है, वह केवल पुरुष के आकर्षण का केन्द्र-भर है।" नारी के प्रति इन रीतिकालीन कवियों का

दृष्टिकोण एकांगी रहा है। इन कवियों का उद्देश्य श्रृंगारी कविता के द्वारा अपने आश्रयदाताओं की कामुक मनोवृत्तियों को उभारना था।

इन रीतिकालीन कवियों ने भक्तिकाल की राधा-कृष्ण विषयक श्रृंगारी कविता से प्रेरणा प्राप्त की, किन्तु इन्होंने राधा और कृष्ण के अलौकिक प्रेम को घोर श्रृंगार में परिणत कर दिया। राधा और कृष्ण दोनों अलौकिक रूप को त्यागकर साधारण नायिका व नायक की कोटि में आ गये।

रीतिकालीन कवि ये समझते थे कि राधा और कृष्ण के आधार पर की गयी श्रृंगारपरक रचनाओं को जनता निःसंकोच ग्रहण कर लेगी। राधा और कृष्ण का नाम उनके लिए सामाजिक कवच बना हुआ था। भिखारीदास की निम्न पंक्तियाँ इसी भावना को व्यक्त कर रही हैं–

आगैं के सुकवि रीझिहैं तो कबिताई,
न तु राधिका कन्हाई सुमिरन को बहानौ है।

नारी के प्रति रीतिबद्ध कवियों की दृष्टि सामन्तीय ही रही है। ये उसे पुरुष के समकक्ष समाज की चेतन इकाई अथवा पुरुष का अर्द्धांग न समझकर सम्पत्ति के समान उसे भोग का उपकरण-मात्र समझते हैं। उनके लिए नारी की समस्त चेष्टाएँ चेतन प्राणी की काम-भावना की अभिव्यक्ति न होकर पुरुष की उपभोग्य वस्तु की श्रीवृद्धि मात्र है। इतना ही नहीं, यह मानते हुए भी कि नारी में पुरुष की अपेक्षा काम की मात्रा अधिक होती है तथापि काम-अतृप्ति के कारण हुए उसके विरह तथा तज्जन्य व्याधियों के प्रति मानव-सुलभ सहानुभूति के स्थान पर उसके प्रति उपेक्षा अथवा कौतूहल का भाव ही अधिक रहा है। इसके अतिरिक्त विलासिता की प्रधानता और सामन्तीय प्रभाव के कारण ही इन लोगों की सौन्दर्यभावना विषयीगत न होकर विषयगत रही है। नारी के बाह्य रूप के परिचायक अंगों की बनावट में ही इन कवियों की दृष्टि उलझी रही है, उसके आन्तरिक गुणों तक नहीं पहुँच पायी।

रीतिकालीन कविता में श्रृंगारिक वर्णनों में कहीं-कहीं अश्लीलता अपनी चरम सीमा तक पहुँच गयी है। ऐसे प्रसंग और चित्रण वहाँ हैं, जहाँ कामशास्त्र के रूप में शास्त्रीय आधार पर या वासनात्मक रूप में शास्त्रीय आधार के बहाने रति, विपरीत रति आदि का नग्न व सीधा चित्रण हुआ है–

मैं मिसहा सोयौ समुझि मुँह चूम्यौ ढिग जाइ।
हँस्यौ, खिसानी, गल गह्यौ रही गरैं लपटाइ।
दीप-उजेरैं हूँ पतिहिं हरत वसनु रति काज।
रही लपटि छबि की छटनु नैंको छुटी न लाज।

–बिहारी सतसई

श्रृंगारिक वर्णनों में कहीं-कहीं अश्लीलता का समावेश हो जाने पर भी इन कवियों ने नायिकाओं के सौन्दर्य-वर्णन में विशेष तल्लीनता का भाव प्रकट किया है। नायिकाओं के प्रेममय या श्रृंगारिक हाव-भाव एवं विशिष्ट मुद्राओं का अंकन करते समय नख-शिख सौन्दर्यवर्णन का निर्वाह भी किया है। ऐसे वर्णनों में ये स्थूल अंगों के वर्णन से बचे हैं। सौन्दर्य का कोई भी भाव उनकी कुशल लेखनी की नोक से बच नहीं पाया है।

विलासितापूर्ण उन्मुक्त प्रेम की अभिव्यक्ति तथा नारी के प्रति सामन्तीय दृष्टि के होते हुए भी इनमें गार्हस्थिक प्रेम की व्यापक स्वीकृति दिखाई पड़ती है–'छोड़ि आपनो भौन तुम, भौन कौन के जात।' अथवा 'ते धनि जे ब्रजराज लखे गृहकाज करे अरु लाज भरे।'

मतिराम द्वारा स्वकीया प्रेम की जिस प्रकार स्थापना की गयी है तथा 'पर रस चाहै पर किया, तजै असुगुन गोत' के द्वारा परकीया प्रेम में मर्यादा-हानि तथा सामान्य प्रेम में अनौचित्य को जिस प्रकार व्यक्त किया गया है, वह इस बात की पुष्टि करता है कि इन कवियों ने जिस परकीया व सामान्य प्रेम का वर्णन अपने काव्य में किया है, वह उन्हें अपने नायिका-भेद विवेचन को पूर्ण बनाने के कारण ही करना पड़ा है।

रीतिकालीन कवियों के सम्बन्ध में डॉ. नगेन्द्र ने लिखा है–"इन कवियों से अधिक रूप पर रीझने की आदत और किसमें हो सकती थी। एक ओर बिहारी जैसे सूक्ष्मदर्शी कवि की निगाह सौन्दर्य के बारीक से बारीक संकेत को पकड़ सकती थी तो दूसरी ओर मतिराम, घनानन्द, पद्माकर जैसे रससिद्ध कवियों की तो सम्पूर्ण चेतना ही जैसे रूप के पर्व में ऐंद्रिय आनन्द का पान करके उत्सव मनाने लगती थी। नयनोत्सव का ऐसा रंग विद्यापति को छोड़कर अन्यत्र दुर्लभ है।" इस प्रकार इन कवियों की दृष्टि नारी के बाह्य रूप में ही उलझकर रह गयी। इनकी कविता नारी के आन्तरिक गुणों तक पहुँचने में असमर्थ रही तथा नारी केवल विलास-क्रीड़ा का आलम्बन मात्र बनकर रह गयी।

सन्दर्भ

1. डॉ. नगेन्द्र एवं डॉ. हरदयाल, हिन्दी साहित्य का इतिहास।
2. डॉ. उषा यादव, हिन्दी साहित्य की प्रवृत्तियाँ।
3. डॉ. इंदिरा अरोड़ा, रीतिबद्ध काव्यधारा।
4. साहित्यिक निबन्ध, सम्पादक डॉ. रामसजन पाण्डेय।
5. डॉ. भगीरथ मिश्र, हिन्दी रीति साहित्य, राजकमल प्रकाशन, 2011

स्त्री-विमर्श के सन्दर्भ में 'चरित्रोपाख्यान'

डॉ. शोभा कौर

स्त्रीवाद उतना ही पुराना है, जितनी पुरानी पितृसत्ता। पितृसत्ता यदि स्त्रियों को पुरुषों के अधीन रखने के लिए तमाम तरह के बन्धनों में जकड़ देने का नाम है तो स्त्रीवाद उन बन्धनों से मुक्त होने के लिए विद्रोह करने और स्त्री-पुरुष की समानता के लिए प्रयास करने का नाम है; और ऐसे विद्रोह, ऐसे प्रयास प्रत्येक समाज में होते रहते हैं।

स्त्रीवाद आज का या पश्चिम से आया हुआ वाद नहीं है। स्त्रियों का स्वयं को पहचानना या अपनी अस्मिता के लिए संघर्ष करना, इसके लिए सामाजिक या सांस्कृतिक स्तर पर पुरुषों के द्वारा उठाए जाने वाले स्त्री-विरोधी प्रश्नों को खारिज करने के लिए उन्हें उलट देना, उन प्रश्नों की जगह अपने प्रश्न खड़े कर देना दुनिया के समाजों में पुराने ज़माने से पितृसत्ता के उदय के समय से ही चला आ रहा है।

आदिम समाज में जब पितृसत्ता शुरू हुई, तब उसका रूप कुछ और था, सामन्तवादी व्यवस्था में कुछ और था, आज की पूँजीवादी व्यवस्था में कुछ और है। पितृसत्ता पहले की किसी अवस्था या व्यवस्था का 'अवशेष' नहीं है। दूसरी बात यह है कि पितृसत्ता केवल वैचारिक, मानसिक या सांस्कृतिक स्तर की अथवा 'सुपर स्ट्रक्चर' की चीज़ नहीं है, बल्कि जिसका उत्पादन के साधनों, उत्पाद के सम्बन्धों और उत्पादन के तरीकों से बड़ा भौतिक सम्बन्ध है।

गुरु गोबिन्दसिंह जिस समय साहित्य-रचना कर रहे थे, वह सामन्तवादी युग था। उनका समस्त साहित्य सामन्ती व्यवस्था से सीधे टक्कर लेता है; इसीलिए उनके साहित्य की प्रवृत्तियाँ अपने युग का अतिक्रमण करती हैं। वास्तव में गुरु गोबिन्दसिंह भारतीय संस्कृति में ऐसे युगपुरुष हैं, जिन्होंने सन्तुलित एवं स्वस्थ जीवनदृष्टि का जीवन्त उदाहरण प्रस्तुत किया है। ये बात अलग है कि इसके

लिए उन्हें बहुत बड़ी क़ीमत चुकानी पड़ी। बाल्यकाल से उनकी आन्तरिक और बाह्य परिस्थितियाँ इतनी विषम रहीं कि इस दौरान उन्होंने जो कर दिखाया, वह हमारी कल्पना से बाहर की बात है। उनके सम्पूर्ण व्यक्तित्व का मूल्यांकन अत्यन्त कठिन कार्य है, इसीलिए कोई-न-कोई पहलू उपेक्षित रह ही जाता है। जब उन्हें केवल धर्मगुरु मान लिया जाता है तो उनके द्वारा रचित लौकिक साहित्य 'चरित्रोपाख्यान' को पचाना असम्भव हो जाता है, जबकि उनकी एक-एक रचना उनके बहुआयामी व्यक्तित्व की परतों को उजागर करती है।

गुरु गोबिन्दसिंह जी ने तीन प्रकार के साहित्य की रचना की है–धार्मिक साहित्य, लौकिक साहित्य और अनुवाद रचनाएँ। यह सम्पूर्ण साहित्य 'श्रीदसम ग्रन्थ' के नाम से प्रचलित है। उनकी धार्मिक रचनाएँ सर्वस्वीकृत हैं, किन्तु उनके द्वारा रचित हिन्दू अवतारों की कथाओं के अनुवाद, चंडीचरित आदि पर आरोप लगाकर इन्हें गुरुरचित नहीं माना जाता एवं 'चरित्रोपाख्यान' को तो सिरे से ही यह कहकर नकारा जाता है कि इस तरह की अश्लील भाषा का प्रयोग गुरु साहब कैसे कर सकते हैं? इस रचना का पाठ स्त्री-समाज के सम्मुख असम्भव है, इसमें स्त्रियों के लिए अपमानजनक शब्दों का प्रयोग किया गया है, आदि-आदि।

गुरु गोबिन्दसिंह द्वारा रचित 'चरित्रोपाख्यान' में लगभग 405 विभिन्न प्रकार की स्त्रियों के चरित्र हैं। चरित्रों की संख्या और अन्तःसाक्ष्य के विवाद को एक तरफ़ रखकर यदि उनके द्वारा प्रतिपादित चरित्रों के प्रकार देखें तो यह विविधता हैरान कर देने वाली है।

डॉ. हरभजन सिंह ने इन सभी कथाओं को चार वर्णों में बाँटा है–

1. प्रेम कथाएँ,
2. शौर्यकथाएँ,
3. विनोद कथाएँ और
4. कामकथाएँ अथवा छलकथाएँ।

1. चरित्रोपाख्यान में निम्नलिखित 'प्रेम-कथाएँ' उपलब्ध हैं–

हीर-राँझा (चरित्र 98), सोहनी-महीवाल (चरित्र 101), सस्सी-पुन्नू (चरित्र 108), मिर्ज़ा-साहिबा (चरित्र 129), सम्मी-ढोला (चरित्र 161), माधवानल-कामकंदला (चरित्र 91), कृष्ण-राधिका (चरित्र 12), कृष्ण-रुकिमणी (चरित्र 320), भर्तृहरि-पिंगला (चरित्र 202), नल-दमयन्ती (चरित्र 157)।

2. शौर्यकथाओं के अन्तर्गत आने वाले चरित्र हैं–

राजा विजयसिंह की दुहिता का युद्ध (चरित्र 52), मित्रसिंह की पत्नी

की वीरता (चरित्र 65), बैरमखाँ की पत्नी गौहर बैरम की वीरता (चरित्र 96), कैकेयी द्वारा दशरथ के रथ का संचालन (चरित्र 102), अभयसिंह की दो पत्नियों का युद्धभूमि में वीरगति प्राप्त करना (चरित्र 122), मोहिनी द्वारा असुरों को छला जाना (चरित्र 123), इंद्रमती द्वारा निशाचर का छला जाना (चरित्र 125), पति के वीरगति प्राप्त होने पर पत्नी का सती होना (चरित्र 126), मानवती का अपने पति की रक्षा करना (चरित्र 128), द्रौपदी की वीरता (चरित्र 137), उषा-अनिरुद्ध की कथा (चरित्र 142), फतेह नामक बलोच की पत्नियों की वीरता (चरित्र 147), कुपितसिंह की पत्नी का युद्ध-संचालन (चरित्र 151), जंभासुर के मोहिनी द्वारा ठगे जाने की कथा (चरित्र 152), सुबीरमति का डाकुओं से युद्ध (चरित्र 176), मारवाड़पति जसवंतसिंह की पत्नियों का औरंगज़ेब से युद्ध (चरित्र 195), कैलाशमति का शाहजहाँ से युद्ध (चरित्र 207), सिकन्दर की विजय-यात्रा (चरित्र 217), सिद्धपाल का शमसुद्दीन से युद्ध (चरित्र 297), प्रीतिकला की चतुरता (चरित्र 333), कांधलदेवी का अलाउद्दीन की सेना से युद्ध (चरित्र 336), नरकासुर-कृष्णयुद्ध (चरित्र 202), महाकाल का तुर्कों से युद्ध (चरित्र 405)।

3. 'विनोद कथाओं' से संबंधित चरित्र इस प्रकार हैं–

गप्पी वणिक की पत्नी द्वारा पति को मिथ्या भाषण से रोका जाना (चरित्र 26), मूर्ख जुलाहा किस प्रकार निरपराध होने पर भी अपनी मूर्खता के कारण पीटा गया (चरित्र 63), चोर-सुनार को एक सावधान स्त्री ने किस प्रकार ठगा (चरित्र 70), कथा-रचयिता (गुरु गोबिन्दसिंह) ने किस प्रकार कपालमोचन नामक तीर्थ स्थान की पवित्रता को भंग करने वाले को दण्ड दिया और अपने अनुयायियों के लिए सिरोपाव का प्रबन्ध किया (चरित्र 71), पलवल नगर के बनियों का बैरमखाँ नामक चोर द्वारा ठगा जाना (चरित्र 74), गजनी निवासी मुग़ल का एक चोर द्वारा ठगा जाना (चरित्र 75), चार ठगों ने एक मूर्ख से बकरा किस प्रकार छीना (चरित्र 106)।

शेष सभी 'कामकथाएँ' या 'छलकथाएँ' हैं। इन कथाओं का घटनाक्रम या तो नितान्त काल्पनिक रहा होगा अथवा उनकी प्रसिद्धि सीमित क्षेत्रों और वर्गों तक ही होगी। परन्तु अन्य वर्गों की कथाओं (प्रेम, शौर्य, विनोद) के घटनाक्रम और पात्र अपेक्षाकृत बहुख्यात, ऐतिहासिक अथवा काव्य-स्वीकृत थे।[1]

वास्तव में गुरु गोबिन्दसिंह जी द्वारा वर्णित ये चरित्र बहुआयामी हैं, जिनमें उन्होंने स्त्री की सभी स्थितियों का मूल्यांकन किया है। पश्चिम में जो 'फेमिनिन मूवमेंट' पिछली सदी में सामने आया; गुरु गोबिन्दसिंह जी ने उसे तीन सदी पूर्व

ही विस्तार से समझा दिया है। यद्यपि वे सामन्ती युग में कविता रच रहे थे, परन्तु अपने युग की विशेषताओं का अतिक्रमण करके उन्होंने बहुत ही दूरदृष्टि का परिचय दिया है। गार्ड लर्नर जो बात 20वीं सदी में समझा रही हैं, वह बहुत पहले गुरु गोबिन्दसिंह स्थापित कर चुके हैं। रीतिकालीन समाज में स्त्री की निम्नलिखित स्थितियाँ हैं–

1. वह घर–परिवार में सन्तानोत्पत्ति कर उसे पालने–पोसने में खप जाये।

2. अपने प्रेम को पाने के लिए समाज और धर्म की रूढ़ मान्यताओं से टकराकर मृत्यु का वरण करे।

3. अपनी स्वतन्त्रता के लिए युद्धक्षेत्र में शत्रु से जूझते हुए प्राणांत कर दे या बहादुरी से सामना करके जीत हासिल कर ले।

4. अपनी काम–इच्छाओं की पूर्ति के लिए किसी भी हद तक गिर जाये। इसी विकृत कामतृप्ति के तहत अनेक पुरुषों से संभोग, माँ–बेटे, भाई–बहन, पिता–पुत्री अथवा ससुर–बहु के नाजायज सम्बन्धों की हकीकत को इन चरित्रों में उघाड़ा गया है। इन स्थितियों में काम एक पुरुषार्थ नहीं अपितु विकृत मन:स्थिति का परिणाम है।

पुरुष–सत्ता का प्रकोप और स्त्री की रोषमयी प्रतिक्रिया

सदियों से पुरुष की कामुक वृत्ति ने स्त्री को विभिन्न तरह से प्रताड़ित किया और एक वक्त के बाद स्त्री को भी लगा कि देह ही उसके पास एकमात्र ऐसा साधन है, जिसके द्वारा वह पुरुष को नियन्त्रित कर सकती है। भारतीय समाज सदियों से पितृसत्ता प्रधान रहा है, जिसके तहत यह विचारधारा प्रभावी रहती है कि पुरुष स्त्रियों से अधिक श्रेष्ठ हैं तथा महिलाओं पर पुरुषों का नियन्त्रण है और होना चाहिए और महिलाओं को पुरुषों की सम्पत्ति के रूप में देखा जाता रहा है। पुरुषों का समाज के सभी महत्त्वपूर्ण सत्ता–प्रतिष्ठानों पर नियन्त्रण रहता है और महिलाएँ ऐसी सत्ता तक पहुँचने में वंचित रहती हैं।

पूरे रीतिकाल में स्त्री ने अपनी देह को हथियार के रूप में इस्तेमाल किया। इस काल में वह अपने प्रेमभाव का नारीसुलभ संकेत देने अथवा याचना करने की स्थिति में नहीं थी, वरन् उसकी प्राप्ति के लिए छल–कपट का सहारा लेती थी। आवश्यकता पड़ने पर पुरुष पर 'बलात्कार' करने से भी नहीं चूकती थी। 'चरित्रोपाख्यान' में कुछ ऐसी कहानियाँ भी हैं, जिनमें कोई शक्ति–सम्पन्न स्त्री किसी पुरुष पर मोहित होकर उसे पकड़ मँगवाती है, उसके सम्मुख काम–प्रस्ताव रखती है, पुरुष द्वारा अस्वीकार किये जाने पर वह उसे जूतों से पिटवाती है

और उसे संभोग करने के लिए बाध्य कर देती है। छल-कपट, अपयश का भय दिखाना, नशीली चीज़ खिलाकर मदमस्त कर देना आदि हथकण्डों का प्रयोग तो नायिकाओं द्वारा इन कथाओं में अनेक स्थानों पर किया गया है।[2] उस समय की स्त्रियों के पास समाज में और कोई भी विकल्प मौजूद नहीं था। वर्तमान समय में स्त्री प्रत्येक क्षेत्र में पुरुष के साथ कदम-से-कदम मिलाकर चल रही है। आज वह डॉक्टर, वकील, इंजीनियर, प्राध्यापक, वैज्ञानिक, दार्शनिक एवं साहित्यकार के रूप में प्रतिष्ठित है, परन्तु रीतिकाल में स्त्री की सामाजिक, आर्थिक, राजनीतिक स्थिति बदतर थी। केवल देह ही उसके पास एकमात्र हथियार था, जिसका उसने खुलकर इस्तेमाल किया।

गुरु गोबिन्दसिंह जी कहीं भी ऐसे चरित्रों के अनुसरण की बात नहीं करते, वे सिर्फ़ ऐसे चरित्रों को सामने रख भर देते हैं कि सदियों से प्रताड़ित स्त्री की प्रतिक्रिया इस उच्छृंखलता के रूप में सामने आती है।

प्रजनन-क्षमता : पितृसत्ता का प्रमुख हथियार

स्त्री अपनी प्रजनन-क्षमता के कारण स्वयं एक सम्पत्ति है और उसे निजी सम्पत्ति बनाने के लिए पुरुष का उसे नियन्त्रित करके उस पर अधिकार जमाना ही पितृसत्ता है और इसी का सम्बन्ध राजसत्ता से है। अर्थात् पितृसत्ता में स्त्रियों के जीवन के जिन पहलुओं पर पुरुष का नियन्त्रण रहता है, उनमें सबसे महत्त्वपूर्ण पक्ष उसकी 'प्रजनन-क्षमता' होती है।

गार्ड लर्नर के अनुसार-"महिलाओं के अधीनीकरण की तह में यह सबसे प्रमुख कारण है। स्त्री की प्रजनन-क्षमता को शुरू-शुरू में उस कबीले का संसाधन माना जाता था, जिससे वह सम्बद्ध होती थी। बाद में जब अभिजात शासक वर्गों का उदय हुआ तो वह शासक समूह के वंश की सम्पत्ति बन गयी। सघन कृषि के विकास के साथ, मानवश्रम का शोषण और महिलाओं का यौन नियन्त्रण एक-दूसरे से नज़दीकी से जुड़ गये।"[3]

इन चरित्रों में से बहुत से ऐसे स्त्री-चरित्र हैं, जो स्वेच्छा से मातृत्व का निषेध करती हैं और काम को एक सहज वृत्ति के रूप में लेती हैं। वर्तमान समय में सामन्ती वृत्ति के पोषक पुरुष समाज को ऐसे चरित्र बिल्कुल भी नहीं पच सकते। वे तो इन चरित्रों का विरोध करेंगे ही करेंगे, जबकि गुरु गोबिन्दसिंह स्त्री की इस नाजुक मनोवृत्ति को गहराई से समझते और लोककथाओं के माध्यम से विश्लेषण करते हैं। दसम ग्रन्थ विरोधी पक्ष 'चरित्रोपाख्यान' पर अश्लीलता का

आरोप लगाता है, किन्तु 'श्री गुरुग्रन्थ साहिब' में सन्तानोत्पत्ति की स्वाभाविक प्रक्रिया को बहुत सहज ढंग से बताया गया है।

माँ के रक्त और पिता के वीर्यबिन्दु के मिलने से एक जीव शरीर धारण करता है। परन्तु स्त्री क्या सन्तानोत्पत्ति का यंत्र है? उसके मन के विद्रोह को यदि गुरु गोबिन्दसिंह जी ने दसम ग्रन्थ में शब्द दे दिये हैं तो इतना बवाल मचाने की क्या ज़रूरत है? पहले उनके दृष्टिकोण को तो समझने की चेष्टा की जानी चाहिए। विश्व के इतिहास में यह एक करिश्मा ही है कि किसी पुरुष ने स्त्री के मन को समझने का प्रयत्न किया है। उन्होंने प्रत्येक स्त्री-चरित्र के साथ न्याय किया है। पंजाबी की प्रसिद्ध लेखिका अमृता प्रीतम ने इस सन्दर्भ में कहा है कि केवल गुरु गोबिन्दसिंह ही ऐसे पुरुष हुए हैं, जो स्त्री के मन की गहराइयों को भली प्रकार समझ पाये हैं। सामन्तवादी धर्मभीरु वर्ग को यह सत्य हज़म नहीं हो सकता।

गुरु गोबिन्दसिंह रचित इन कथाओं में एक विशेष बात दिखाई देती है कि नारी कहीं भी अबला नहीं है। काम-कथाओं में तो वह पुरुष से प्रतिशोध लेती ज्ञात होती है। पुरुष की कामुकता ने ही नारी को युगों-युगों से पीड़ित किया था, इस दुर्बलता का पूरा लाभ उठाती है और कामांध पुरुष को अपने इशारों पर नचाती है। इस प्रकार इन कथाओं में आये पुरुष-पात्र जहाँ कामी और मूर्ख हैं, वहाँ स्त्री-पात्र बड़ी दृढ़निश्चयी, सतर्क और सन्तुलित हैं।[4]

स्त्री-मानसिकता का दुरुपयोग

स्त्री-मानसिकता का दुरुपयोग दो स्तरों पर किया जाता है। एक तो यह कि स्त्रियों का पितृसत्ता के प्रति विरोध एक हद के बाहर नहीं जा पाता, क्योंकि भावनाएँ आड़े आ जाती हैं कि पुरुष होने के नाते यह मेरा पिता है, यह मेरा भाई है, यह मेरा पति है, यह मेरा बेटा है। इस तरह वे पुरुषों द्वारा स्त्रियों पर किये जाने वाले अत्याचारों में भागी हो जाती हैं। गुरु गोबिन्दसिंह द्वारा वर्णित मिर्ज़ा साहिबा के चरित्र में यह द्वन्द्व देखने को मिलता है। जब वह एक तरफ़ अपने प्रेमी और दूसरी तरफ़ अपने भाइयों को युद्ध में आमने-सामने देखती है तो पति के शस्त्र छिपा देती है, जिससे उसके भाई उसके पति को मार डालते हैं और वह स्वयं आत्महत्या कर लेती है।[5]

दूसरे स्तर की ओर संकेत करती हुई गार्ड लर्नर लिखती हैं-"पितृसत्ता की व्यवस्था को सदियों तक अक्षुण्ण बनाये रखने में महिलाओं का सहयोग मिलता रहा है। महिलाएँ पितृसत्ता को बने रहने में सहायता देती हैं, क्योंकि यह

पुरुष-वर्चस्व की विचारधाराओं को आत्मसात् करने के माध्यम से उनके प्रति अपनी सहमति प्रदान करती है। इस सहयोग या मिलीभगत को कई तरीक़े से प्राप्त किया जाता रहा है—उत्पादन संसाधनों तक पहुँच का न होना और परिवार की पुरुष मुखिया पर आर्थिक निर्भरता, उच्च वर्गों की अनुकरणशील और निर्भर सम्मान, पुरुष श्रेष्ठता और पितृसत्ताओं की विचारधाराओं और रीति-रिवाजों के विरोध की स्थिति में बलप्रयोग या बलप्रयोग का भय, वग़ैरह।

इस प्रकार सहयोग या सहमति एक तरह से उगलवा ली जाती थी, न कि स्वेच्छा से दी जाती थी, क्योंकि भौतिक संरचनाओं में महिलाओं को पराश्रित पात्र के रूप में बाहर निकाल दिया जाता था। इस प्रकार एक बार महिलाओं को वंचित कर देने से उनका सहयोग प्राप्त करना आसान हो जाता है, क्योंकि जो व्यवस्था का अनुसरण करने लगती है उन्हें न केवल वर्गीय सुविधाएँ मिलने लगती हैं बल्कि मान-सम्मान के तमगों से भी नवाजा जाता है।"[6]

इस प्रकार जो स्त्रियाँ पितृसत्ता के कायदे-क़ानूनों और तौर-तरीकों को अपना सहयोग या सहमति नहीं देतीं उन्हें पथभ्रष्ट करार दे दिया जाता है और उन्हें उनके पुरुषों के भौतिक संसाधनों के उपभोग से बेदख़ल किया जा सकता है। इस प्रकार सम्मानित और पथभ्रष्ट के बीच विभाजन महिलाओं को एक-दूसरे से काट देता है।

अतिवादी रवैया

दुर्भाग्य से गुरु गोबिन्दसिंह कृत 'चरित्रोपाख्यान' को समझने-समझाने का नज़रिया पुरुषवादी अपेक्षाकृत अधिक रहा है चाहे वह पक्ष में हो अथवा विपक्ष में। भारत में स्त्री के प्रति दो अतिवादी रवैये अपनाये जाते रहे हैं। उसे एक ओर देवी मानने वाली मनोवृत्ति रही है—'यत्र नार्यस्तु पूज्यन्ते रमन्ते तत्र देवताः'। दूसरी ओर उसके शरीर का जुगुप्सापूर्ण वर्णन हमें भर्तृहरि के 'वैराग्यशतक' में इस प्रकार मिलता है—

जिसको तू सोने के घड़े या श्रीफल समझता है वे औरत के स्तन सिर्फ़ दो मांस की ग्रन्थियाँ हैं और जो तुझे होठों का अमृत प्रतिभासित हो रहा है वह गन्दा थूक है। अनार के दाने और कलियों के फूल समझे जाने वाले दाँत सिर्फ़ छोटी हड्डियाँ हैं। केले के थंब जैसे कूल्हे और हाथी की सूँड जैसे रेशमी पट तुझे मोहित कर रहे हैं, वे पेशाब से भीगी टाँगें हैं और कुछ नहीं। हैरानी की बात है मूर्ख मन, जिस निंदा योग्य चीज़ को देखकर तुझे माथे पर हाथ मारकर पछताना चाहिए था, तू उसके मिथ्या रूप-जाल में फँस रहा है।

समझ नहीं आता, भर्तृहरि को स्त्री का शरीर ही इतना वीभत्स क्यों लगा,

पुरुष का क्यों नहीं? प्रत्येक जीव का शरीर इन्हीं अवयवों से निर्मित है। इस अतिवादी रवैये ने स्त्री को कभी एक सामान्य इन्सान के रूप में नहीं रहने दिया। इन्सान में अच्छाई और बुराई दोनों होती हैं, चाहे वह स्त्री हो या पुरुष, अगर वह इन्सान है तो। इस प्रवृत्ति ने मध्यकाल में स्त्री को या तो उपभोग की वस्तु बना दिया अथवा वह पुरुष की साधना में सबसे बड़ी बाधक। इसी अतिवादी रवैये ने स्त्री से भक्ति का अधिकार छीन लिया तथा उसे पुरुष के पैर की जूती बनाकर रख दिया। स्त्री या तो 'देवी' थी या 'डायन' पर वह इन्सान हर्गिज़ नहीं थी। नैतिकता के दोहरे मानदण्ड पितृसत्ता की मुख्य पहचान हैं। ये कैसा न्याय है कि जो प्रवृत्ति पुरुषपक्ष में स्वीकार्य है, वह स्त्रीपक्ष में व्यभिचार कहलाती है?

अब देखना होगा कि गुरु गोबिन्दसिंह ने 'चंडीचरित्र' और 'चरित्रोपाख्यान' लिखकर कैसे इन अतिवादी मानसिकताओं का खण्डन किया है। गुरु गोबिन्दसिंह की चंडी हिन्दूमत की देवी नहीं हैं, जो अलौकिक चमत्कारों से परिपूर्ण हों, अपितु अपने पुरुषार्थ पर भरोसा रखकर देवताओं (श्रेष्ठ मनुष्यों) तक का नेतृत्व करने वाली हैं। दूसरी तरफ़ चरित्रोपाख्यानों में स्त्री के छल-कपट द्वारा कामपूर्ति की भी उन्होंने निंदा की है और सिर्फ़ पुरुषों को ही सचेत नहीं किया, अपितु स्त्री के लिए भी यह सन्देश है कि यदि वह अपनी आज़ादी का ऐसा कुंठाजनक प्रयोग करती है तो उसका क्या हश्र हो सकता है। उन्होंने स्त्री के प्रत्येक पक्ष को खोलकर सामने रख दिया है। यदि 'चयन की स्वतन्त्रता' गुरु साहिब ने दी है तो निर्णय का हक इन धर्म के झूठे झण्डाबरदारों को कहाँ से मिल गया? ये निर्णय स्त्री-जगत् पर छोड़ देना चाहिए कि उसे किस चरित्र का अनुसरण करके कहाँ पहुँचना है। वास्तव में यहाँ गुरु-साहिब का पुरुषपक्ष के मुँह पर इतना करारा तमाचा है कि ऐसी प्रवृत्ति के लोग बुरी तरह तिलमिला गये हैं। इनकी प्रवृत्तियों के बेनक़ाब होने से इन्होंने आईने को तोड़ने की कसम उठा ली है।

अतिवाद का खण्डन

गुरु साहिब द्वारा चित्रित एक स्त्रीवर्ग स्वतन्त्र कामवृत्ति का पोषक है। आज जिस वृत्ति का अंजाम हम 'एड्स' जैसी महामारी के रूप में देख रहे हैं, गुरु साहिब ने उसे बहुत पहले अपनी दूरदर्शिता से देखकर उसका पूर्ण रूप से खण्डन कर दिया। इसीलिए उन्होंने हर स्थान पर एकनिष्ठता पर बल दिया है। 'एक नारी जाति' को स्थापित कर उन्होंने इस अतिवाद का पूर्ण खण्डन कर दिया है और स्वस्थ सम्बन्धों की हिमायत की है। चरित्रोपाख्यान में संगृहीत 21वें चरित्र में परनारी-गमन की जितनी स्पष्ट शब्दों में निंदा की गयी है, वही इस रचना का केन्द्रीय उद्देश्य बिन्दु ज्ञात होता है–

परनारी के भजे सहस बासव भग पाये।
परनारी के भजे चन्द्र कालंक लगाये।
परनारी के हेत दहसीस सीस गवायो।
हो परनारी के हेत कटक कबरन कौ धायो।
परनारी को नेहु छुरी पैनी करि जानहु।
परनारी के भजे काल व्याप्यो तन मानहु।
अधिक हरीफी जाति भोग पर त्रिय जो करहीं।
अन्त स्वान की मृत्तु हाथ लैंडी के परहीं।
सुधि जब तैं हम धरी वचन गुर दए हमारे।
पून इहै प्रन तोहि प्रान जब लग घट थारे।
निज नारी के साथ नेह तुम नित्त बढ़ैयहु।
पर नारी की सेज भूल सुपनेहुँ न जैयहु।

(दसम ग्रन्थ)

समझ में नहीं आता उपर्युक्त पंक्तियों की ओर दसम ग्रन्थ विरोधी पक्ष का ध्यान क्यों नहीं गया?

यहाँ मैं इस बात की ओर संकेत करना चाहूँगी कि पश्चिम का नारीवादी आन्दोलन भी एकांगी है, क्योंकि जैसे सदियों तक पुरुषों ने स्त्री का शोषण कर उसकी इंसानियत को कुचल डाला यदि इसी तर्ज पर प्रतिक्रियास्वरूप पुरुष को भी नकार दिया जायेगा तो निःसन्देह समाज में असन्तुलन पैदा होगा। यह स्त्रियोचित वात्सल्यमयी दावा नहीं है कि बेचारे पुरुष को माफ़ कर दिया जाये। अपितु यह उस विकृत कामवृत्ति को रोकने की ओर संकेत है, जिसके तहत स्त्री स्त्री के साथ और पुरुष पुरुष के साथ शारीरिक सम्बन्ध बनाकर अपने आपको गौरवान्वित महसूस कर रहा है और ऐसे रिश्तों को वैधानिक सिद्ध करने पर तुला है। ये नितान्त अप्राकृतिक वृत्तियाँ उपर्युक्त अतिवादों की प्रतिक्रिया का परिणाम हैं, जिनका ज़िक्र पीछे किया जा चुका है, जबकि भारतीय संस्कृति में 'अर्द्धनारीश्वर' के मिथक में वह सन्तुलन मिलता है, जिसमें स्त्री-पुरुष बराबर महत्त्वपूर्ण है। एक के बिना दूसरा अधूरा है और अविकसित है। गुरुबाणी में भी इस बात का मनोवैज्ञानिक ज़िक्र मिलता है-'पुरुष में नार, नार में पुरखा।'

स्त्री की वीरता की प्रशंसा

गुरु गोबिन्दसिंह ऐसे नारी-पात्रों की प्रशंसा करते हैं, जो बहादुरी से रणभूमि में जूझकर मर गईं, पर अपने सतीत्व पर आँच नहीं आने दी। समस्त शौर्य-कथाओं

में उन्होंने ऐसी स्त्रियों के युद्धकौशल की भरपूर प्रशंसा की है। युद्ध तो वैसे भी गुरु गोबिन्दसिंह जी का प्रिय विषय रहा है और उन्होंने इस सन्दर्भ में स्त्रीवर्ग के साथ भेदभाव नहीं किया। जब स्त्रियों ने युद्ध में शूरवीरता का परिचय दिया है तो उन्होंने निष्पक्ष ढंग से ऐसी स्त्रियों की प्रशंसा की है। संसार के इतिहास में स्त्रियों के युद्धकौशल की ऐसी दूसरी मिसाल नहीं है। क्या रीतिकाल में किसी अन्य रचनाकार ने स्त्री के युद्ध की कल्पना भी की है?

चरित्र 151 में वे राजा कुपितसिंह की स्त्री गुमानमती की तारीफ़ करते हैं, क्योंकि वह युद्ध में अपने पति की रक्षा करते हुए शत्रुओं से जूझ पड़ती है–

तब रानी निज करन बैरियहि मारिके।
निज सुत दीनो राज सु धरी बिचारिके।...
शत्र नाथ हनि जुद्ध करि लीनो पतिहि जियाइ।
बहुरि राज अपनो कर्यो नाथ सहित सुख पाइ।

(द.ग्र., 1036)

इसी तरह से चरित्र 128 में मारवाड़ देश के राजा उग्रदत्त की रानी युद्ध में जो जौहर दिखाती है, गुरु गोबिन्दसिंह उसकी खुले दिल से प्रशंसा करते हैं–

धन रानी तै मारि अरि मारि शत्रपति लीन।
रन ते लयो उचाइ मुहि नयो जनम जनु दीन।
सुनु रानी तै मोहि जियारो।
अब येरो मैं भयो तिहारो।
अब यौं बसी मोर मन माहीं।
तो सम और त्रिया कहुँ नाहीं।

एक अन्य चरित्र 122 में कहलूर देश के राजा की रानियाँ कुमकुम देवी और घनसारदेवी जब युद्ध में अपने पति पर संकट की बात सुनती हैं तो युद्ध में जूझ मरने की कसम खाकर शत्रु के साथ पुरुषवेष में भिड़ जाती हैं–

कुकुमदे घनसारदे दोऊ अनी बनाइ।
दुहूँ ओर ठाढ़ी भई जुद्ध करन के भाइ।
दुहू ओर ते शस्त्र चलाए, दुहूँ ओर बादित्र बजाए।
ऐसी मारि क्रिपानन डारी। एक न उबरी जीवन नारी।

दसम ग्रन्थ विरोधी पक्ष गुरु साहिब के नारी-विरोधी होने का इतना प्रचार कर रहा है। क्या उन्होंने निम्नलिखित पंक्तियों का अध्ययन नहीं किया, जिसमें वे कहते हैं–"वे नारियाँ धन्य हैं, जो प्रियतम के प्यार के लिए लड़ीं। उनका यश जगत् में फैल गया और वे नारियाँ धन्य हैं, जो प्रियतम की पीड़ा को सह न सकीं और जूझ गईं और उन्होंने तनिक भी पीठ नहीं दिखाई–

शत्रन सौ बाला लरी प्रीति प्रिया की मान।
निज पति को पावत भई सुरपुर कियो पयान।
प्रीति पिया की जे लरी धंनि धंनि ते नारि।
पूरि रह्यो जस जगत मैं सुर पुर बसी सुधारि।
जूझि मरी पिय पीर त्रिय तनिक न मोर्‍यो अंग।
सुकबि स्याम पूरन भयो तब ही कथा प्रसंग।"

ये श्यामकवि कोई और नहीं गुरु गोबिन्दसिंह जी हैं, जिन्हें बहुत लाड़-प्यार से माता गुजरी जी लाल जी, राम और श्याम जैसे नामों से पुकारा करती थीं।

नल-दमयन्ती की प्रेमकथा का वर्णन करते-करते अन्त में गुरु साहिब लिखते हैं–

दमयन्ती इह चरित सो पुनि पति बर्‍यो बनाइ।
सभ ते जग जूआ बुरो कोऊ न खेलहु राइ।

'चरित्रोपाख्यान' लिखते समय कहीं भी गुरु गोबिन्दसिंह अपने लक्ष्य से चूकते नहीं। यहाँ सच्चे प्रेम की तारीफ़ करते-करते लगे हाथ जुए जैसी कुरीति पर भी वार कर देते हैं।

353वें चरित्र में रणझूमक देवी, जो कि एक साधारण स्त्री है और अपने पति सुंभकरण के साथ सुख का जीवन व्यतीत कर रही है, उस पर वहाँ के राजा की कुदृष्टि पड़ती है और बहुत प्रयत्न के बाद भी जब वह अपने पति को छोड़कर उसके पास नहीं जाती तो राजा उसके पति को मरवा देता है। ऐसे में स्त्री छल करके राजा को मार डालती है और पति का बदला लेती है। गुरु गोबिन्दसिंह उसके चरित्र को बुरा नहीं कह रहे, अपितु उसके चतुराई की प्रशंसा कर रहे हैं–

नृप कह मारि वैसे ही डारी।
ता पर त्यों ही वस्त्र सवारी।
आपु जाय निजु पति तन जली।
निरखहु चतुरि नारि की भली।
बैर लिया निजु नाहि को नृप कह दिया संधारि।
बहुरि जरी निज नाथ सौं लोगन चरित दिखारि।

ज़रूरत है इन चरित्रों का गम्भीरतापूर्वक अध्ययन करने की, तभी गुरु गोबिन्दसिंह के धीर-गम्भीर मंतव्य को सामने लाया जा सकता है, नहीं तो ज्ञानी भागसिंह, काला अफ़गाना, इन्द्रसिंह घघा, महेन्द्रसिंह जोश जैसे लोग उनके विषय

में ऊल-जलूल विचारों का प्रचार करते रहेंगे। "इस रचना के अध्ययन से इतना तो स्पष्ट है कि यह अपने ढंग की अद्वितीय रचना है।" पंजाबी के सुप्रसिद्ध आलोचक डॉ. मोहनसिंह का यह कथन उचित ही है कि यह रचना मध्यकालीन भारत में जानी जाने वाली सभी पंजाबी और ग़ैर-पंजाबी, भारतीय और ग़ैर-भारतीय कथाओं का विश्वकोष (Encyclopedia) है।

वास्तव में किसी भी रचनाकार को उसके युग से काटकर उसके साहित्य का मूल्यांकन नहीं किया जा सकता। गुरु गोबिन्दसिंह का युग रीतिकालीन युग है, जिसमें रीतिशास्त्रों का अनुकरण नायिका-भेद, रस, छन्द, अलंकार का अतिशयोक्तिपूर्ण वर्णन मिलता है। सुरा और सुन्दरी में लीन इस युग में उच्च नैतिक मानदण्डों की उम्मीद नहीं की जा सकती थी। 'यथा राजा तथा प्रजा' के अनुरूप आम जनता भी विलासपूर्ण जीवन व्यतीत कर रही थी। ऐसे में गुरु गोबिन्दसिंह अपने दरबार में कवियों को प्रश्रय देते हैं और भारतीय संस्कृति की गौरवगाथाओं का लोकभाषा में अनुवाद करते और करवाते हैं, क्या ये मामूली बात है? क्या इसे इतने चलताऊ ढंग से नज़रअन्दाज़ किया जा सकता है जैसा कि दसम ग्रन्थ विरोधी कर रहे हैं? गुरु गोबिन्दसिंह अपने समाज की सच्चाई को उघाड़कर सामने रखते हैं और जो चरित्र वे अनुकरण के लिए विकल्प के रूप में प्रस्तुत करते हैं, वह है 'चण्डीचरित्र'। अर्थात् वे स्त्री को पुरुष से भी बढ़कर शौर्य और वीर रस से सम्मानित करते हैं, जो युद्ध में पीठ दिखाने वाले देवताओं तक को भी उनकी औक़ात दिखा देती है। उनके द्वारा रचित 'चण्डीचरित्र' और 'चरित्रोपाख्यान' को 'कंट्रास्ट और कम्पेरिजन' के सन्दर्भ में ज़्यादा बेहतर ढंग से समझा जा सकता है। उन्होंने कहीं भी ऐसे किसी चरित्र का अनुसरण करने के लिए नहीं कहा, अपितु अपने सैनिकों को ऐसे छल-कपट से सावधान होने की कठोरतापूर्ण शब्दों में हिदायत दी है। क्या वर्तमान समय में भी इसी तरह से स्त्री को युद्ध में इस्तेमाल नहीं किया जाता? शत्रुपक्ष का भेद लेने के लिए स्त्री का इस्तेमाल करने क। ज़िक्र विश्व के क्रान्तिकारी इतिहासों में आग गिलता है। ऐसे चरित्रों से सतर्कता अति अनिवार्य है।

इन चरित्रों से उन्होंने अपने सिक्खों को शिक्षा देते हुए ऐसी कौम बनायी, जिसके पास दुश्मन की स्त्री की इज़्ज़त भी सुरक्षित रहती थी। यही कारण है कि सिक्ख इतिहास में ऐसा उदाहरण मिलता है जब एक मुस्लिम स्त्री की जान बचाने पर वह हरिसिंह नलुआ पर ही मोहित हो गयी और उनसे उनके जैसे पुत्र की कामना करने लगी। वास्तव में वह हरिसिंह नलुआ पर शारीरिक दृष्टि से मोहित

नहीं हुई थी अपितु वह 'चरित्र की उच्चता' थी कि जिसने उससे ऐसी कामना करवायी और हरिसिंह नलुआ ने भी इसका अन्तिम समाधान बहुत ख़ूबसूरती से निकाला कि उस स्त्री को ही 'माँ' की उपाधि देते हुए कहा कि आपको मुझसे मेरे जैसा पुत्र चाहिए तो मुझे ही पुत्र रूप में स्वीकार कर लीजिए। निःसन्देह, सिक्ख कौम में चरित्र की यह ऊँचाई ही गुरु गोबिन्दसिंह जी की भारतीय संस्कृति को महान् देन है, जो अति दुर्लभ है।

दसम ग्रन्थ विरोधी वर्ग यह आरोप लगाता है कि इन चरित्रों का पठन-पाठन घर की बहू-बेटियों के सामने नहीं किया जा सकता, तो प्रश्न उठता है कि कितने लोग अपने घरों में 'दसम ग्रन्थ' का पाठ करते हैं? दूसरे यह कि इसका पाठ करने का कोई उल्लेख कहीं नहीं मिलता। ये तो नीतिकथाएँ हैं, जो कि रेफरेंस की तरह किसी बात को समझाने के लिए प्रयोग की जाती हैं। मुख्य उद्देश्य इनसे शिक्षा लेना होता है न कि तोतारटंत पाठ करना, बिना अर्थ की तहों तक पहुँचे। और जब पंजाबी टी.वी. चैनलों पर जो सौन्दर्य प्रतियोगिताएँ होती हैं और उनमें बड़े-बड़े गुरमुख परिवारों की बेटियाँ आपत्तिजनक कपड़ों में 'कैट वॉक' करती हैं; उस समय दसम ग्रन्थ विरोधी पक्ष आपत्ति क्यों नहीं करता?

इन सौन्दर्य-प्रतियोगिताओं के पीछे पितृसत्ता की कुटिल साजिश यह है कि मध्यकाल में जो रंगरलियाँ लुक-छिपकर राजदरबारों या सामन्तों-रईसों के हरमखानों में होती थीं, आज वह मीडिया की बदौलत अन्तर्राष्ट्रीय स्तर पर सरेआम हो रही हैं। स्त्रीवर्ग फूला नहीं समा रहा, मीडिया के माध्यम से 'प्रोडक्ट' बनने में। जबकि सच्चाई तो यह है कि पुरुषवर्ग तो चाहता ही यही है कि स्त्री सहर्ष, निर्विकल्प निर्वस्त्र हो!! रीतिकाल में भी राधा-कृष्ण सुमिरन का बहाना था और स्त्री उपभोग की वस्तु बनने को मजबूर थी, आज वह मजबूरी सहर्ष स्वीकार और स्वाभिमान का प्रतीक बन गयी है।

दुर्भाग्य से दसम ग्रन्थ के विरोधियों के पास सकारात्मक विकल्प मौजूद नहीं है। टी.वी. चैनलों पर दिन के 24 घंटे में से सिर्फ़ 6 घंटे गुरबाणी प्रसारित होती है, जबकि 18 घंटे नग्न-अश्लील वीडियो एलबम दिखाए जाते हैं, जिनमें पोर्नोग्राफी की हद तक नग्नता मौजूद है; उसे ये धर्म के झण्डाबरदार क्यों नहीं रोक सके?

महिलाओं के अधीनीकरण, घर और घर के बाहर उनके शोषण और 'परिवार के भीतर' वह किस प्रकार के उत्पीड़नों का शिकार होती है, इन मुद्दों को चरित्रोपाख्यान में भली-भाँति समझा जा सकता है। इसलिए पुरुषों का एक

वर्ग इस चित्रण से तिलमिलाया हुआ है। ये ब्योरे आज से लगभग 320 वर्ष पूर्व गुरु गोबिन्दसिंह जी जैसे धर्मगुरु दे रहे हैं; ये सच इनसे पच नहीं रहा, जबकि गुरु गोबिन्दसिंह जी नारी-स्वतन्त्रता के ज़बरदस्त समर्थक थे। भारतीय समाज का आधा हिस्सा जो पुरुष के पैर की जूती के नीचे था, उसे पहले गुरुनानक ने यह कहकर सम्मानित किया कि–'सो क्यों मन्दा आखिए जित जम्मे राजान।'

तो दूसरे गुरु की पत्नी माता ने लंगर की बागडोर सँभालकर स्त्री-स्वतन्त्रता का बिगुल बजा दिया। तीसरे गुरुजी ने पर्दा-प्रथा और सती-प्रथा का डटकर विरोध किया और विधवा-विवाह का हक दिलवाया। उनकी सिक्ख संगत में स्त्री परदे से मुँह ढककर नहीं आ सकती थी। जो विद्वान् आलोचक स्त्री-स्वतन्त्रता का सारा श्रेय 19वीं शती के राजा राममोहन राय, ईश्वरचन्द विद्यासागर और अंग्रेज़ी राज को देते नहीं अघाते, उन्हें इतिहास का पुनर्मूल्यांकन कर लेना चाहिए, क्योंकि स्त्री-स्वतन्त्रता का संघर्ष गुरुनानक जी से शुरू हो चुका था, जिसे परवान चढ़ाया गुरु गोबिन्दसिंह जी ने, जिन्होंने उसे सशस्त्र क्रान्ति में बराबर की भागीदार बनाया। गुरु गोबिन्दसिंह जी ने अपने खालसा समाज में स्त्री को दो मौलिक अधिकार दिलाए–स्वतन्त्रता और हथियार रखने का हक़। विश्व की क्रान्तियों में यह दुर्लभ तथ्य है। समाज अब तक दिलेर वीरांगना झाँसी की रानी लक्ष्मीबाई को एक उदाहरण के रूप में याद करता है, किन्तु उनसे बहुत पहले 16वीं शताब्दी में भाई भागो ने मुग़ल फौज से टकराते हुए अद्‌भुत वीरता का प्रदर्शन किया। भाई भागो ऐसी सिक्ख-नारी हुई है, जिन्होंने उन पुरुषों को ललकारा, जो कठिन समय में गुरु गोबिन्दसिंह को पीठ दिखाकर भाग आये थे। भाई भागो की फौज में अधिकांश स्त्रियाँ ही थीं। पंजाब की महारानी जिंद कौर का नाम भी एक इतिहास बनता है। महाराजा रणजीतसिंह की मृत्यु के बाद उन्होंने जिस सूझ-बूझ और शूरवीरता से पंजाब शासन सँभाला, वह स्त्री-समाज के लिए बेमिसाल उदाहरण है। सिक्ख समाज अपनी प्रतिदिन की अरदास में उन बहादुर दिलेर स्त्रियों को हमेशा नमन करता है, जो आज़ादी की लड़ाई में हँसते-हँसते कुर्बान हो गईं। गुरु गोबिन्दसिंह ने जब खालसा पन्थ बनाया, उसमें कन्या हत्या को एक वज्र कुरहत घोषित कर दिया और हत्या करने वालों के साथ सारे सम्बन्ध-निषेध की आज्ञा दी। स्त्री-अधिकार का यह मूल्य आज भी एक चुनौती है।

वास्तव में माता साहिब कौर ने अमृत के बाटे में जो बतासे डाले थे मानो वह इस बात का प्रतीक है कि राजनीतिक, सामाजिक, आर्थिक, सांस्कृतिक प्रत्येक क्षेत्र में सत्ता की उच्छृंखलता मातृशक्ति की मिठास द्वारा नियन्त्रित रह

सकती है। गुरु गोबिन्दसिंह जी ने स्त्री-पुरुष समानता का व्यावहारिक पक्ष प्रस्तुत किया, इसके लिए स्त्री-समाज आने वाले प्रत्येक युग में उनका ऋणी रहेगा।

सन्दर्भ

1. गुरमुखी लिपि में हिन्दीकाव्य, पृ. 416
2. गुरु गोबिन्दसिंह और उनकी हिन्दी कविता, पृ. 214
3. नारीवादी राजनीति : संघर्ष और मुद्दे, पृ. 3
4. गुरु गोबिन्दसिंह और उनकी हिन्दी कविता, पृ. 214
5. दसम ग्रन्थ, चरित्र (129)
6. नारीवादी राजनीति : संघर्ष और मुद्दे, पृ. 5

रीतिकाल में नारी-विमर्श

मीना गार्गी

सत्रहवीं शती के मध्य से उन्नीसवीं शती के मध्य का काल रीतिकाल माना जाता है, जिसे उत्तर-मध्यकाल भी कहते हैं। ऐतिहासिक दृष्टि से यह युग शाहजहाँ के शासन के अन्तिम दौर से प्रारम्भ होकर बहादुरशाह ज़फ़र के अन्तिम दौर तक फैला हुआ था। इसका अन्त आते-आते अंग्रेज़ों का शासन प्रारम्भ हो जाता है। इस बीच मुग़ल बादशाहों के कला और साहित्य-प्रेम के कारण दरबारों में कवियों और कलाकारों का विशेष सम्मान बढ़ा।[1]

रीतिकाल के अधिकांश कवि दरबारी थे और राजाश्रित भी। इसलिए इस युग की कविता अधिकतर दरबारी रही। रीतिकाल समृद्धि और विलासिता का काल है। रीतिकाल में सामन्तों व राजाओं का जीवन विलासिता से परिपूर्ण था। राजाओं ने अपने दरबारों में ऐसे कवियों को स्थान दे रखा था, जो उनके यशोगान के साथ-साथ उनका मनोरंजन भी किया करते थे, लेकिन आश्चर्यजनक रूप से इस युग के कवियों ने जहाँ अपने आश्रयदाताओं की प्रशंसा में काव्यग्रन्थों का निर्माण किया, वहीं उन काव्य-ग्रन्थों के माध्यम से उन्होंने शास्त्रीय कविता की पहचान भी स्थापित की।

विशेषकर जब हम स्त्री की दृष्टि से रीतिकाल को लेकर बात करते हैं तो निम्न प्रश्नों से हमें गुज़रना पड़ता है, जैसे—उस समय का समाज कैसा था, कितने वर्गों में विभाजित था, स्त्रियों की क्या स्थिति थी, उनकी क्या-क्या समस्याएँ थीं, दरबारी कवि अपने राजाओं को किस प्रकार प्रसन्न करने का प्रयास कर रहे थे, आदि-आदि।

रीतिकालीन समाज मुख्य रूप से दो वर्गों में विभाजित था—शासक और शासित। आगे इनके भी दो-दो वर्ग थे। शासक वर्ग में पहला वर्ग बादशाह, दूसरा बादशाह पर आश्रित राजा, अमीर, मनसबदार आदि। यह एक विशेष

अधिकार प्राप्त वर्ग था। इसके पास सुख-सुविधा का प्रत्येक सामान मौजूद था। कविगण इन्हीं की कृपा पर जीवित थे। शासित वर्ग में पहला मध्यवर्ग जिसके अन्तर्गत कर्मचारी, कवि, शिल्पी, वादक, नर्तक आदि आते हैं। राजकृपा की अधिकाधिक प्राप्ति के लिए वे सब निरन्तर प्रयत्नशील रहते थे। दूसरे वर्ग के अन्तर्गत श्रमजीवी, किसान तथा अन्य छोटे-छोटे काम करने वाले आते हैं, जो पूर्णत: शोषित हैं। इनकी आर्थिक दशा बहुत ही बुरी थी। महिलाओं का तो चौतरफ़ा शोषण हो रहा था। चाहे वह दरबार के अन्दर की स्त्री थी या बाहर की।

दरबार के अन्दर रहने वाली स्त्रियों का शोषण अलग तरह से किया गया। उन्हें वासना में ही डुबोकर रखा गया। उनके मन-मस्तिष्क में यह बात भली-भाँति बैठा दी गयी कि सारा समाज उनके रूप और विलास का उपासक है। उनका जन्म वासना की पूर्ति के लिए ही हुआ है। वासना से इतर वे कुछ भी न सोचें। अगर सोचें तो अपने को अलंकृत करने का, पति को रिझाने का, प्रेमी को प्रसन्न करने का और विलास-सामग्री में वृद्धि करने का। "अपने हाव-भाव, कटाक्ष, अलंकरण और सज-धज से नायक को तथा अपने सहज रूप, गुण, शील, प्रेम से अपने पति को रिझाना यही उसके जीवन का चरम लक्ष्य था।"[2]

वासना ही इस युग की नारी का खाना-पीना, ओढ़ना-बिछौना था। यही कारण है कि वह अपने बच्चों को न प्यार दे सकी, न अच्छे संस्कार और बहुपत्नी रिवाज के चलते अपने पति के प्यार से भी वंचित रही। "विलासिनी माताओं की देख-रेख के अभाव में राजकुमारियाँ और शहजादियाँ अपने महलों और हरमों में कार्य करने वाले सामान्य कर्मचारियों अथवा भृत्यों के साथ प्रेम-व्यवहार करने लग जाती थीं। अनेक सपत्नियों के कारण पति से पूर्ण प्रेम प्राप्त न कर सकने के कारण विवाहिताओं में भी अनेक ऐसी थीं, जो ऐसा ही करती थीं।"[3]

अबुल फ़ज़ल ने इस तथाकथित मुग़ल शासन पर विस्तार से लिखा है, जिसका संक्षिप्त उल्लेख इस प्रकार है-"मुग़ल बादशाह तथा दरबार की स्त्रियाँ भाँति-भाँति के बहुमूल्य वस्त्रों और जगमगाते आभूषणों से सुसज्जित रहती थीं। सम्पूर्ण वातावरण इत्र की मादक सुगन्ध से परिपूर्ण रहता था।"[4]

राजा और उनके उत्तराधिकारी सभी विलासिता में मग्न कई-कई रानियों के साथ रहते। उधर बेगमों तथा रक्षिताओं की अगणित संख्या के होते हुए भी ये लोग वेश्याओं के यहाँ पड़े रहते। इसका प्रभाव सामन्तवर्ग पर भी पड़ा और साधारण जनता भी इनका अनुसरण करने लगी। "विलास के उपकरणों की खोज और उनका संग्रह तथा सुरा-सुन्दरी की आराधना अभिजातवर्ग का शगल था और मध्यम तथा निम्नवर्ग के लोगों में उसका बोलबाला उसके अनुसरण के कारण था।"[5]

दरबार से बाहर की स्त्रियों के लिए पर्दा-प्रथा, बाल-विवाह, सती-प्रथा, वेश्यावृत्ति इत्यादि हथकण्डों को अपनाकर उनका शोषण किया जाता। इन स्त्रियों की दशा ऐसी थी कि न तन पर वस्त्र थे, न खाने को अन्न। ऊपर से अभिजात वर्ग के लोग किसी भी कन्या का अपहरण कर लेते थे। इसी कारण समाज में पर्दा-प्रथा का प्रचलन था। किसी की कन्या का अपहरण अभिजातवर्ग के लोगों के लिए साधारण बात थी। कदाचित् इसीलिए अल्पायु में लड़कियों का विवाह अधिक प्रचलित हो गया था।[6]

उस समय सती-प्रथा पूरे ज़ोरों पर थी। अंग्रेज़ों के आने के बाद समाज-सुधारकों द्वारा आन्दोलन किये जाने पर ब्रिटिश शासकों ने सती-प्रथा पर रोक तो लगा दी थी। शायद ही कोई गाँव ऐसा रहा हो, जहाँ 'सती-चौरा' न रहा हो। हमारे इन कवियों में से किसी ने इधर ध्यान नहीं दिया, अनुकूल या प्रतिकूल लिखने की बात ही अलग है। इस बात से भी प्रतीत होता है कि हमारे ये कवि समाज और सामान्य जीवन के चित्रण की अपेक्षा उच्च और अभिजात लोगों के मनोविनोद का ही अधिक ध्यान रखते थे। जैसी रचनाओं से आश्रयदाता और उसकी सभा के जन मुदित होते थे, वैसी ही रचनाएँ प्रस्तुत करना इनका कार्य था।[7]

रीतिकाल विलासप्रधान काल है, जिसमें धन, वैभव और ऐश्वर्य का ही बोलबाला था। नारी केवल भोग्य पदार्थ थी—गृहिणी, माता, बहन आदि का कोई रूप उसका नहीं था। दरबारी कवि नारी के अश्लील, विलासात्मक भड़कीले चित्र बनाने में मग्न थे। नारी के विभिन्न अंगों, प्रत्यंगों पर लिखते समय इन्होंने किसी प्रकार का संकोच नहीं किया। वास्तव में नारी के प्रति इन कवियों की दृष्टि सामन्तीय ही रही है। ये उसे पुरुष के समकक्ष समाज की चेतन इकाई अथवा पुरुष का अर्द्धांग न समझकर भोग्य सम्पत्ति के समान उसे भोग का मात्र उपकरण समझते हैं। इनके लिए उसकी समस्त चेष्टाएँ चेतन प्राणी की काम-वासना की अभिव्यक्ति न होकर पुरुष की उपभोग्य वस्तु की श्रीवृद्धि मात्र हैं।[8]

सामाजिक दृष्टि से यह काल घोर अध:पतन का काल रहा, जो सामन्तवादी पद्धति पर आधारित था, जिसमें नारी केवल भोग्या बनकर रह गयी। नारी को अपनी सम्पत्ति मानकर उसका भोग करना अभिजातवर्ग के जीवन का मूल मन्त्र हो गया। सुरा और सुन्दरी राजा के उपास्य विषय हो गये थे। "रीतियुग में नारी जैसे मिलन या विरह के लिए ही समर्पित थी। बहुत कम कविताएँ ऐसी हैं, जिनमें नारी का सामाजिक दायित्व भी दिखाई देता है। हर नायिका किसी-न-किसी नायक की ओर ही उन्मुख मिलती है।"[9]

मध्यकाल के अमीर और सामन्त अत्यन्त विलासपूर्ण जीवन व्यतीत करते थे। जुआ, शराब, वेश्यावृत्ति जीवन के आवश्यक अंग बन गये थे। बहु-विवाह, बाल-विवाह का रिवाज बढ़ता चला गया। यौन-सम्बन्धों पर भी किसी प्रकार का नियन्त्रण नहीं था। छोटे-छोटे सामन्तों के साथ रखैलों की भीड़ रहती थी, राजाओं का तो कहना ही क्या? इनके यहाँ तो अनेक रानियाँ रहती थीं। सामन्तीवर्ग पर भी इसका असर पड़ा। "इस उच्च सामन्तीवर्ग में मदिरा का प्रयोग भी प्रचलित था। वे भी बहुत-सी स्त्रियों और नर्तकियों को अपने रनिवास में रखते थे और इनके रहने के लिए ख़ूब सजे हुए विशाल महल थे।"[10]

आचार्य रामचन्द्र शुक्ल ने 'हिन्दी साहित्य का इतिहास' में रीतिकाव्य का विरोध किया था और लिखा था-"प्रकृति की अनेकरूपता, जीवन की भिन्न-भिन्न चिंत्य बातों तथा जगत् के नाना रहस्यों की ओर कवियों की दृष्टि नहीं जाने पायी। वह एक प्रकार से बद्ध और परिमित-सी हो गयी। उसका क्षेत्र संकुचित हो गया।"[11]

आचार्य हजारी प्रसाद द्विवेदी ने रीतिकालीन नारी-भावना के सम्बन्ध में अपने विचार व्यक्त करते हुए कहा था कि यहाँ नारी कोई व्यक्ति या समाज के संघटन की इकाई नहीं है, बल्कि सब प्रकार की विशेषताओं के बन्धन से यथासम्भव मुक्त विलास का एक उपकरण मात्र है। इससे इतना स्पष्ट है कि नारी केवल पुरुष के आकर्षण का एक केन्द्र-भर है। उसका सामाजिक अस्तित्व मानो कुछ है ही नहीं। इतना होते हुए भी रीतिकाल के कवि ऐकांतिक शृंगारी नहीं हैं। उनकी रचना में गृहस्थी का भरपूर रस है। परन्तु गृहस्थी में भी नारी केवल एक टाइप है, व्यक्ति नहीं। भारतीय साहित्य में टाइप की प्रधानता शुरू से ही रही है, पर रीतिकाल में वह चरमसीमा पर पहुँच गयी है।[12]

रीतिकालीन राजा का दायरा अपने दरबार तक ही सीमित था। राजा और दरबारी कवि भूल गये थे कि दरबार के इतर भी एक दुनिया है, नारी भी उसका एक हिस्सा है। कितने आश्चर्य की बात है कि एक तरफ़ तो स्त्री के शोषण की भरपूर कहानी है तो दूसरी तरफ़ दरबारी कवि उसी स्त्री के सौन्दर्य को अपनी लेखनी का माध्यम बनाकर राजाओं का मनोरंजन भी करते रहे, धन और सम्मान भी लेते रहे। स्पष्ट है, दोनों समाज की वास्तविक स्थिति से अनजान बने रहे। कहने की ज़रूरत नहीं इनकी दृष्टि नारी के बाह्य रूप में ही उलझकर रह गयी। इनकी कविता नारी के आन्तरिक गुणों तक पहुँचने में असमर्थ रही। इस युग के काव्य में नारी केवल विलास-क्रीड़ा का आलम्बन-मात्र बनकर रह गयी।

सन्दर्भ

1. डॉ. भगीरथ मिश्र, हिन्दी साहित्य का परिचयात्मक इतिहास, डॉ. सत्यदेव मिश्र (संपा.), राधाकृष्ण प्रकाशन, पहला संस्करण-2010, पृ. 72
2. डॉ. भगीरथ मिश्र, हिन्दी रीति साहित्य, राजकमल प्रकाशन-2011, पृ. 16
3. डॉ. नगेन्द्र, डॉ. सुरेशचन्द्र गुप्त (सहसम्पादक), हिन्दी साहित्य का इतिहास, मयूर पेपर बैक्स-1993, पृ. 283
4. डॉ. पूरनचंद टंडन, डॉ. विनीता कुमारी, हिन्दी साहित्य का इतिहास, जगतराम एंड संस, प्रथम संस्करण-2002, पृ. 206
5. डॉ. नगेन्द्र, डॉ. सुरेशचन्द्र गुप्त (सहसम्पादक), हिन्दी साहित्य का इतिहास, मयूर पेपर बैक्स 1993, पृ. 283
6. वही।
7. त्रिलोचन शास्त्री, रीतिकाल : एक क्षयी युग, पृ. 133
8. डॉ. नगेन्द्र, डॉ. सुरेशचन्द्र गुप्त (सहसम्पादक), हिन्दी साहित्य का इतिहास, मयूर पेपर बैक्स-1993, पृ. 306
9. त्रिलोचन शास्त्री, रीतिकाल : एक क्षयी युग, पृ. 133
10. डॉ. भगीरथ मिश्र, हिन्दी रीति साहित्य, राजकमल प्रकाशन-2011, पृ. 16
11. जवरीमल्ल पारख, आधुनिक हिन्दी साहित्य : मूल्यांकन और पुनर्मूल्यांकन, अनामिका पब्लिशर्स एंड डिस्ट्रीब्यूटर्स (प्रा.) लिमिटेड, प्रथम संस्करण-2007, पृ. 104
12. हजारी प्रसाद द्विवेदी, हिन्दी साहित्य : उद्‌भव और विकास, राजकमल प्रकाशन, नयी दिल्ली 2013, पृ. 163

रीतिकाल : ब्रजभाषा की उपजाऊ भूमि

डॉ. संगीता वर्मा

रीतिकाल अपनी विशिष्ट शालीनता, भव्यता और भौतिक लोक-लालसा के लिए सुविख्यात है। भाषा की दृष्टि से रीतिकाल न केवल समृद्ध रहा वरन् अभिव्यंजनात्मक दृष्टिकोण से इसी काल में कई नये आयाम भी स्थापित हुए। ब्रजभाषा अपने पूर्ण अस्तित्व में इसी युग में आयी। 'बोली' से 'भाषा' बनने का प्रयास 'ब्रज' ने किया, वह सराहनीय है। 'ब्रज' क्षेत्र से 'भाषा' बनना कोई आसान कार्य नहीं, किन्तु व्यापक फलक पर छा जाने का जो कार्य ब्रजभाषा ने किया, वह आज के मीडिया-युग में अकल्पनीय है। कारण जो भी हो, किन्तु जनमानस से लेकर राजा-मन्त्री सभी की पसन्दीदा भाषाओं में 'ब्रज' ने जो लोकप्रियता हासिल की, वह अद्‌भुत है। यह तथ्य भी विचारणीय है कि ब्रजभाषा की सीमा और विस्तार न केवल ब्रजक्षेत्र तक फैला था, अपितु ब्रजेतर प्रदेशों में भी छाया हुआ था। सूर, तुलसी, मीरा जैसी आत्मा की पुकार और सामाजिक चेतना का भारी-भरकम उत्तरदायित्व भले ही ब्रजभाषा रीतिकाल में न सँभाल पायी हो, किन्तु कला-प्रसाधनों के सम्यक् परिष्कार द्वारा रीतिकवियों ने हिन्दीकाव्य की समृद्धि में अभूतपूर्व योग दिया है।

रीतिकवियों ने काव्य-रचना से पूर्व ब्रजभाषा के एक-एक शब्द को मानो तुला पर तौलते हुए, ख़ूब जाँच-परखकर प्रयोग किया है। पन्त ने इनकी इसी विशेषता को हृदयंगम करके यह लिखने का प्रयास किया कि "जिस प्रकार बड़ी चुवाने से पहले उड़द की पीठी को मथकर हलका तथा कोमल कर लेना पड़ता है, उसी प्रकार कविता के स्वरूप में, भावों के ढाँचे में ढालने से पूर्व भाषा को भी हृदय के ताप में गलाकर कोमल, करुण, सरस, प्रांजल कर लेना पड़ता है।" (पल्लव की भूमिका) रीतिकवियों ने टकसाली ब्रजभाषा को अपनाते हुए काव्य-रचना की, जिसमें जनभाषा का माधुर्य और नवीनता है। लक्षणा और

व्यंजना से चमत्कृत आलंकारिक उद्भावनाएँ इनकी निजी सम्पत्ति हैं। वक्रता का ऐसा विशाल वैभव अन्यत्र दुर्लभ ही है। कारण साफ़ है, मुक्तक-परम्परा का निर्वाह करते हुए आश्रयदाताओं की गोद में पल रहे कविगणों को चमत्कारपूर्ण भाषा का प्रयोग करना ही उचित जान पड़ा।

फारसी रीतिकाल में राजकीय भाषा थी। फारसी भाषा के अलंकारप्रधान होने के कारण इसका प्रभाव प्रत्येक भाषा पर पड़ना अवश्यंभावी था। ब्रज भी इसके प्रभाव से न बच पायी। महत्त्वपूर्ण तथ्य यह भी है कि ब्रज फारसी से प्रभावित हुई ही, साथ में संस्कृत रसधारा से भी अपना रस-सिंचन करती रही। सम्भवत: यह सब इसलिए सम्भव हुआ, क्योंकि संस्कृत काव्यशास्त्र में बताये गये सौन्दर्य के उपकरण इस काल के कवियों द्वारा अपनाई जा रही भाव और कला-पद्धति के अधिक अनुकूल जान पड़ते थे। आश्रयदाताओं को प्रसन्न रखने की इच्छा रखने वाले कवियों के लिए यह मार्ग आसान भी था। इसके विपरीत कुछ कवि ऐसे भी थे, जो स्वतन्त्र रूप से अपनी काव्य-रचनाएँ लिख रहे थे। इसलिए उनकी रचनाएँ काव्यशास्त्रीय उपकरणों से दूर रहीं।

यों तो साहित्यिक उत्कर्ष की दृष्टि से भक्ति साहित्य में ब्रजभाषा के बीज पनपने लगे थे, किन्तु खाद, हवा, पानी की सर्वोत्तम खुराक रीतियुग में ही मिली अर्थात् साहित्यिक प्रौढ़ता इसी काल में ब्रजभाषा ने प्राप्त की। शब्दभण्डार की दृष्टि से रीति साहित्य पर्याप्त समृद्ध एवं सुसम्पन्न है। ब्रजभाषा को मज़बूती प्रदान करने में अरबी-फारसी, प्रादेशिक, संस्कृत, प्राकृत, अपभ्रंश के शब्दों का अत्यधिक योगदान रहा है। रीतिकाव्य में प्रयुक्त शब्दावली इसका प्रमाण है। भूषण, पद्माकर, देव, बिहारी, घनानन्द ने अपनी विदग्धतापूर्ण रीति से ब्रजभाषा का संवर्धन करते हुए सहज और मार्दवपूर्ण कलेवर को बनाने का साहसिक प्रयास किया।

रीतिमुक्त कवियों की भाषा में लाक्षणिक सौन्दर्य देखते ही बनता है। लक्षणा और व्यंजना का सहारा लेते हुए घनानन्द जैसे कवि ने काव्यभाषा की शक्ति का परिचय दिया है। आचार्य शुक्ल ने घनानन्द की प्रशंसा करते हुए लिखा है-"घनानन्द जी उन बिरले कवियों में हैं, जो भाषा की व्यंजकता को बढ़ाते हैं। अपनी भावनाओं को अनूठे रूप-रंग की व्यंजना के लिए भाषा का ऐसा बेधड़क प्रयोग करने वाला हिन्दी के पुराने कवियों में दूसरा नहीं हुआ। भाषा की लक्षक और व्यंजक बल की सीमा कहाँ तक है, इसकी पूरी परख इन्हीं को थी।" घनानन्द सरस ब्रजभाषा का प्रयोग करते दिखाई पड़ते हैं। औटपाय (उपद्रव), सल (पता), पैंछर (पैर की आवाज़), बधूरा (बवंडर), तेह (क्रोध) आदि शब्द ब्रजभाषा की

समृद्धि ही करते हैं। घनानन्द ब्रजभाषा के मर्मज्ञ हैं। ब्रजभाषा पर उनका असाधारण अधिकार था। उनकी भाषा में भाव-निरूपण की अद्‌भुत क्षमता थी।

रीतिकाल में बोलचाल की ब्रज और साहित्यिक ब्रज में पर्याप्त अन्तर रहा है। बोलचाल की ब्रजभाषा, ब्रज के अतिरिक्त अन्य किसी क्षेत्र में उपयोग में नहीं लाई जाती। 13वीं शताब्दी से लेकर 20वीं शताब्दी तक भारत में साहित्यिक भाषा रहने के कारण ब्रज की इस जनपदीय बोली ने अपने विकास के साथ भाषा नाम प्राप्त किया। साहित्यिक ब्रजभाषा का प्रयोग ब्रजक्षेत्र से बाहर के कवियों ने भी किया है। यथासम्भव रीतिकाल में ब्रजभाषा की लोकप्रियता में ही ऐसा दम था कि अन्य क्षेत्रों के कवि भी ब्रज में काव्य-रचना कर रहे थे। इसलिए कतिपय उन क्षेत्रों की बोलियों के रंग भी ब्रज के साथ जुड़े। साहित्यिक ब्रजभाषा में क्षेत्रीय रंगतों को अपनाने और उन्हें अपने रंग में रंग डालने की क्षमता है। बुन्देलखण्ड के कवियों में पद्माकर, ठाकुर, बोधा तथा ग्वाल कवि, गुरु गोबिन्दसिंह जैसे कवियों में पंजाबी क्षेत्र का प्रभाव, दादू, सुन्दरदास, रज्जब जैसे सन्तकवियों में राजस्थान और रंगपाल, छुटकन जैसे कवियों के द्वारा रचे गये फागों को भोजपुरी छटा से सराबोर ब्रज में देखा जा सकता है।

रीतिकाल की भाषा-समृद्धि को व्यक्तिगत तौर पर नहीं देखा जाना चाहिए। ब्रजभाषा रीतिकाल की सामूहिक प्रतिक्रिया का परिणाम है। भक्तिकाल के सूर, तुलसी, कबीर की तरह ही रहीम, रसखान, पद्माकर, ठाकुर, देव, बिहारीलाल आदि की लोकप्रियता का कारण उनकी भाषा की सहृदयता और लोकप्रियता ही थी। इन कवियों से ब्रजभाषा समृद्ध हुई है। इस युग के कवियों ने भले ही आश्रयदाताओं की प्रशंसा में कसीदे गढ़े या बधाई कवित्त लिखे, किन्तु वे प्रकृति को स्वच्छन्द हृदय से चाहने वाले कवि भी थे। सेनापति जैसे कवि के काव्य में प्रकृति ब्रज की छटा में घुली-मिली दिखाई पड़ती है–

दूरि जदुराई, सेनापति सुखदाई देखौ,
आयी रितु पाउस, न पाइ प्रेम पतियाँ।

रीतिकाल में ब्रजभाषा अतिशयता प्रवृत्ति से प्रभावित है। व्यक्तित्व की प्रधानता, भाषा में आकर चमत्कृत रूप धारण करती है। सतसईकारों के रूप में भी इस युग में एक नयी परम्परा का जन्म हुआ। ब्रज सतसई-परम्परा की वाहक बनी। रीतिकालीन शृंगारिक सतसइयाँ ब्रजभाषा की अनुपम कृतियाँ हैं। सतसईकारों ने अपने मुक्तकों के लिए जिस लघु कलेवर छन्द को अपनाया, उसमें भाषा की मज़बूती सबसे अधिक अपेक्षित है। इन्हीं गुणों के कारण बिहारी मुक्तक रचना में बेजोड़ समझे जाते हैं। सतसइयों को देखने से यह ज्ञात होता है कि ये

सतसईकार संस्कृत, प्राकृत, अपभ्रंश के भी अच्छे जानकार थे। राम सतसई, मतिराम सतसई, विक्रम सतसई, बिहारी सतसई, रसनिधि सतसई आदि ने ब्रजभाषा को फलने-फूलने का ख़ूब अवसर दिया। सतसई के भाषासौन्दर्य में अपूर्व सुन्दरता मानो ब्रजभाषा से आ पायी है, यह कहना अतिशयोक्ति नहीं होगी। कम शब्दों में अधिक भाव व्यक्त करने के लिए भाषा की समास शक्ति का प्रयोग बिहारी ने किया है। बड़े-बड़े प्रसंगों को भी दोहे की दो पंक्तियों में समाविष्ट करने में उन्हें सफलता मिली है। निम्नांकित दोहे में कनक शब्द का दो बार प्रयोग अलग-अलग अर्थों में करते हुए यमक का विधान किया गया है-

कनक-कनक तै सौगुनी मादकता अधिकाय।
उहिं खाएँ बौराय, इहिं पायें ही बौराय।

सूरदास ब्रजभाषा के पहले कवि हैं, जिन्होंने इसकी सर्जनात्मक सम्भावनाओं की सबसे पहले सार्थक खोज की और इसकी यान्त्रिकता को तोड़ने का प्रयास किया। रीतिकाल में ब्रजभाषा के परिष्कार या काटने, छाँटने, निखारने का जो प्रयास हुआ, वह तो प्रशंसनीय है ही, किन्तु सूर की ब्रजभाषा में जो प्राणवत्ता, प्रेम का वत्सल रूप मिलता है, वह अन्यत्र नहीं मिलता। सूर के लिए भाषा साधन थी, साध्य नहीं और इसी कारण ब्रज भी इतनी रसग्राह्य बन गयी कि गेय रूप आने के साथ-साथ महान चरित्र भी कल्पनालोक से उतरकर मानो यथार्थ के धरातल पर आ गये।

अपभ्रंश से जन्मी इस भाषा को भाषा, अन्तर्वेदी, ग्वालेरी तथा पिंगल नाम से भी जाना जाता रहा था। रीतिकालीन काव्य में आम जनजीवन के शाश्वत और चिरंतन मूल्यों की अभिव्यक्ति क्षणिक तौर पर ही देखी जाती है, किन्तु भौतिक जीवन की हृदयग्रहिणी अनुभूतियों का जैसा चरम रूप इसमें देखा जाता है, वह निश्चित ही मौलिक देन है। भाषा के क्षेत्र में रीतिपूर्ण भक्ति वाङ्मय में ब्रजभाषा के विकास और संवर्धन का प्रयास अवश्य लक्षित होता है, पर साहित्यिक गरिमा और प्रौढ़ता रीतिकाल में ही देखी जाती है। ब्रज के माध्यम से एक समान भावभूमि वाली जनभाषा हिन्दी साहित्य को मिली, जिसमें सभी को एकता के सूत्र में बाँधने की क्षमता थी। ब्रज की काव्ययात्रा रीतियुग में नये उत्कर्ष को छू रही थी और भाषा में निरन्तर परिष्कार भी हो रहा था। सूरदास ने ब्रजभाषा को नवीन साहित्यिक रूप देने का जो साहस किया वह तो दुर्लभ है ही, किन्तु भाषा के ओजमयी, शृंगारिक और अन्य रसों से सराबोर भाषा का ऐसा रूप अन्यत्र नहीं मिलता-

हरि अपने आँगन कछु गावत,
तनक तनक चरननि सौं नाचत, मनहीं मनहिं रिझावत,

बाँह उठाई कजरी धौरी गैयनि टेरि बुलावत,
कबहुँक बाबा नंद पुकारत, कबहुँक घर में आवत,
माखन तनक आपनै कर लै, तनक बदन मैं नावत।

श्रीकृष्ण की बाललीला को सूर ने अपने काव्य में पिरोकर नवीन आयाम दिये। इसी प्रकार विष्णुदास की महाभारत कथा, रुक्मिणी मंगल, स्वर्गारोहण, मानिक की बैताल पच्चीसी, छिताई वार्ता, मेघनाद की गीता भाषा में ब्रज का आदिकालीन रूप मिलता है।

निस्सन्देह, रीतिकाल ब्रजभाषा की उपजाऊ भूमि ही है। ब्रज में भाषा बनने के सारे गुण मौजूद थे। ब्रजक्षेत्र के अतिरिक्त ब्रजेतर क्षेत्र के कवियों ने सर्वाधिक योग दिया है। जानकी रसिक शरण अयोध्या के वासी थे, फिर भी राम के जीवन से सम्बद्ध 'अवध सागर' नामक ग्रन्थ में ब्रजभाषा का सुन्दर और सहज रूप प्रस्तुत किया है। इसी प्रकार नृप शंभु की तीन कृतियाँ प्राप्त होती हैं– नायिका–भेद, नख–शिख और सात शतक। इनके छन्दों को देखकर आश्चर्य होता है कि एक मराठी व्यक्ति किस प्रकार ऐसी सुन्दर ब्रजभाषा में रचना कर सका है। चिन्तामणि पूर्वी क्षेत्र के रहने वाले थे, किन्तु इन्होंने रसविलास, छन्दविचार, कविकल्पतरु, कृष्णचरित्, काव्यविवेक और काव्यप्रकाश आदि में ब्रजभाषा का परिष्कृत प्रयोग किया है। कुलपति मिश्र भी आगरा निवासी थे। ये आचार्य पहले हैं, कवि बाद में। इन्होंने लक्षणों और उदाहरणों को स्पष्ट करने के लिए ब्रजभाषा गद्य का भी सहारा लिया है। इन कवियों ने टकसाली ब्रजभाषा को अपनाते हुए काव्य–रचना की, जिसमें जनभाषा का माधुर्य और नवीनता है। लक्षणा और व्यंजना से चमत्कृत आलंकारिक उद्‌भावनाएँ इनकी निजी सम्पत्ति हैं और वक्रता का ऐसा विशाल वैभव दूसरी जगह मिलना असम्भव है।

रीतिकालीन ब्रज में एक ओर नादसौन्दर्य और माधुर्य की सुन्दरता चार चाँद लगाती है, वहीं दूसरी ओर आनुप्रासिकता और लाक्षणिकता होने से उसका सौन्दर्य दोगुना हो गया है। भूषण, मतिराम, बिहारी, देव, घनानन्द, दास, पद्माकर, ग्वाल आदि की शब्द–साधना सराहनीय है। इनके शब्दों की आभा और चमत्कार देखते ही बनता है। कुछ शब्दों का सौन्दर्य तो ऐसा है कि सारा काव्य अपूर्व छटा से दीप्त हो उठा है–

अंग–अंग नग जगमगति दीप सिखा सी देह।
दिया बढ़ाये हू रहे बड़ो उजेरो गेह।

(बिहारी)

साँवरे लाल को साँवरो रूप मैं नैननि को कजरा करि राख्यो।

(देव)

इस काव्य के कवि-कलाकारों की शब्द-साधना से निखरे शब्द आज भी जीवित हैं और हमें सहज में मुग्ध कर लेते हैं। इसी प्रकार ग्वाल की रचना में कल्पना की सहज अभिव्यक्ति हुई है। इनकी भाषा अधिक प्रांजल न होकर बाज़ारूपन लिए हुए है, फिर भी वर्णन में सुन्दरता समाई हुई है। भाषा-चमत्कार का एक उदाहरण निम्नांकित है–

ग्वाल कवि चित्त में चकोरन के चैन भये।
पंथिन की दूरि भई दूषन दरद की
जल पर थल पर महल अचल पर
चाँदी-सी चमकि रही चाँदनी सरद की।

ऐसा कोई अन्य काल नहीं होगा, जहाँ भाषासमृद्धि के ऐसे दुर्लभ प्रमाण मिलते हों कि मात्र अलंकार को लेकर ही पूरे-पूरे ग्रन्थों की रचना कर दी जाये। अलंकार गंगा (श्रीपति), कंठाभूषण (भूपति), अलंकार रत्नाकर (वंशीधर), अलंकार दीपक (शम्भूनाथ), अलंकार दर्पण (गुमान मिश्र), अलंकार मीणमंजरी (ऋषिनाथ), काव्याभरण (चंदन), अलंकार चिन्तामणि (प्रतापसिंह), अलंकार आभा (चतुर्भुज), अलंकार प्रकाश (जगदीश) इत्यादि मात्र अलंकारों को ब्रजभाषा में प्रस्तुत करने का स्तुत्य प्रयास है। इन कवियों ने सवैये, कवित्त, दोहे अधिक लिखे हैं, जो इनके वर्ण्यविषय के लिए पूरी तरह उपयुक्त छन्द थे। इन्होंने एक ओर लक्षण ग्रन्थ लिखकर हिन्दीकाव्य-रसिकों को काव्यशास्त्र से परिचित कराया तो दूसरी ओर श्रृंगारपरक रचनाएँ लिखकर काव्य में माधुर्य का संचार किया।

रीतिकाल में ब्रजभाषा गद्य भी ख़ूब विकसित है। ललित, धार्मिक, उपयोगी गद्य के साथ-साथ ब्रजभाषा में कई टीकाएँ भी लिखी गयी हैं। काव्यग्रन्थों में टीका-टिप्पणी लेखन ब्रजभाषा में ही अधिक है। कथा, जीवनी, आत्मचरित्, संवाद, वर्णन, पत्र के अतिरिक्त ज्योतिष, इतिहास, गणित, भूगोल, चिकित्सा, धर्म, दर्शन, काव्यशास्त्र भी ब्रजभाषा गद्य में लिखा गया। चौरासी वैष्णवन की वार्ता, नीति-विनोद, भूगोल पुराण, ईश्वर-पार्वती-संवाद, वेदान्त-निर्णय, सात स्वरूपन की भावना, वैष्णोपदेश आदि ब्रजभाषा गद्य में लिखे गये। टीकाकारों में प्रेमदास, प्रतापसिंह, हरिचरणदास, सुरति मिश्र आदि की टीकाएँ महत्त्वपूर्ण हैं। बिहारी सतसई पर सर्वाधिक टीकाएँ लिखी गईं।

रीतिकालीन ब्रजभाषा अपने शब्द-सौष्ठव, आनुप्रासिकता, मधुरता एवं पदलालित्य के कारण काव्यभाषा के लिए उपयुक्त बन चुकी थी, किन्तु उसमें कवियों ने तोड़-मरोड़ भी की। आचार्य शुक्ल ने रीतिकालीन ब्रजभाषा के इस दोष की ओर संकेत करते हुए हिन्दी साहित्य के इतिहास में लिखा–"रीतिकाल

में एक बड़े अभाव की पूर्ति हो जानी चाहिए थी, पर वह नहीं हुई। भाषा जिस समय सैकड़ों कवियों द्वारा परिमार्जित होकर प्रौढ़ता को पहुँची, उसी समय व्याकरण द्वारा उसकी व्यवस्था होनी चाहिए थी...यदि शब्दों के रूप स्थिर हो जाते और शुद्ध रूपों के प्रयोग पर बल दिया जाता तो फिर शब्दों को तोड़-मरोड़कर विकृत करने का साहस कवियों को न होता, पर इस प्रकार की कोई व्यवस्था नहीं हुई, जिससे भाषा में बहुत गड़बड़ी बनी रही।" इस मत से सहमत अवश्य हुआ जा सकता है, किन्तु रीतिकाल की देन को किसी भी प्रकार से ब्रजभाषा से अलग करके नहीं देखा जा सकता। इस भाषा ने पूर्ण मनोयोग से लगभग 200 वर्षों के इतिहास को अपने में समेटा है। अलंकार, रस, चमत्कारपूर्ण शब्द-योजना, लाक्षणिकता, वाग्विदग्धता, व्यंजनात्मकता आदि सभी कुछ इसी काल की अप्रतिम देन है। 'साहित्य समाज का दर्पण है' वाली उक्ति को इस काल के साहित्य ने अपने दम पर व्यक्त किया है अन्यथा अन्य क्षेत्रों के कवियों को अपनी ओर लुभाने वाली यह भाषा यूँ ही जन से साहित्य की भाषा न बनती। हिन्दी क्षेत्र की 'बोली' से उठकर 'भाषा' का पद प्राप्त करना कोई छोटी उपलब्धि नहीं है। रीतिकाल के राज्याश्रयों की छत्रछाया में ब्रज को पूर्ण रूप से पनपने का अवसर मिला। ब्रज शायद अपने इस रूप में दिखाई ही न देती, यदि इसे उपयुक्त परिवेश न मिला होता। यह अपने युगीन समय, समाज, परिवेश को पूरी तरह से व्यक्त करती है। रीतिकाल में ब्रजभाषा अपने चरम यौवन पर थी। भले ही आधुनिक साहित्य से इसके सौन्दर्य की सीमाएँ घट गईं, क्योंकि परिवेश रीतिकालीन ब्रजभाषा के अनुकूल भी नहीं था, किन्तु भारतेन्दु, द्विवेदी और छायावादी युग पर इसकी छटा बनी रही है और भाषा का सौन्दर्य नये युग के आगमन के बाद भी यत्र-तत्र छटा बिखराता दिखाई देता है। ब्रजभाषा के लिए कहा जा सकता है कि रीतिकाल पूरी तरह से उसके लिए एक उपजाऊ भूमि की तरह था। पूर्ण रूप से इसी भाषा के लिए तैयार परिवेश ने इसके चहुँमुखी विकास के द्वार खोल दिये। हिन्दी साहित्य के इतिहास में ब्रजभाषा की अपने क्षेत्र में अनुपम और अद्वितीय देन रही है।

रीति-प्रासादों में बन्द कविता-कामिनी

डॉ. सीता शर्मा 'शीताभ'

रीतिकालीन कविता रीति के प्रासादों में बन्द एक ऐसी राजसी स्त्री है, जो विभिन्न छन्द, अलंकार रूपी हीरे-जवाहरात जड़े आभूषणों से सजी-सँवरी-सी दिखती, किन्तु अनचाहे भार से लदी महल के झरोखे से झाँकती, अपने अन्तर्मन की भावनाओं को समझने और अनुभूत कर सकने वाले पुरुष की सदियों तक प्रतीक्षा करती-सी प्रतीत होती है। यह कविता-कामिनी आमजन की दृष्टि में सौभाग्यशाली राजसी सुख भोगकारिणी है, किन्तु उसकी आन्तरिक पीड़ा, टूटन और त्रास को सिर्फ़ वही समझ सकता है, जिसने स्वयं को सामन्ती चरित्र और दृष्टि से मुक्त कर लिया है।

सामन्तवाद मतलब एक ऐसी ख़तरनाक सोच, जिसने मन की खेती को समूल नष्ट करने का हरसम्भव अनैतिक एवं अवांछित प्रयास पूरे दमन के साथ किया; जिसने युग-युगों तक अपने विषाक्त दंश से दलितों और सर्वाधिक आधी आबादी को तिल-तिल जलने-घुटने पर विवश किया और कर रहा है। गीतकार कर्पूरचन्द्र 'कुलिश' ने रंच-रंच मरने के लिए कहा है-

छोटे से जीवन में लम्बा साथ निभाना बहुत कठिन है।
जल जाना आसान मगर नित जलते जाना बहुत कठिन है।

यह सामन्तवाद कब राजनीति से समाज और परिवार में प्रवेश कर हमारे लहू तक में घुल गया, पता ही नहीं चला। राजनीति व प्रशासन में प्रत्येक उच्च पदस्थ व्यक्ति अधीनस्थ के लिए सामन्त है; शिक्षण-संस्थाओं में प्रत्येक शिक्षक सामन्त है तो परिवार में एक मुखिया है तथा अन्य सभी सदस्य उसके अनुरूप जीवन जीने के आदी हैं। हर घर में प्रत्येक बड़ा अपने छोटों के लिए सामन्त बना खड़ा है, किन्तु स्त्री कहीं भी हो, पूरी दुनिया में प्रत्येक छोटे से बड़ा पुरुष उसके लिए एक सामन्त है और सदियों से वह संत्रास के दुष्चक्र में फँसी स्वयं की मुक्ति का द्वार खोज रही है, जो उसे आधुनिक काल में आकर दिखाई दिया।

रीतिकाल की कविता सामन्ती मानसिकता के सन्तुष्टीकरण के लिए एक सामन्ती मानसिकता की ही उपज है। यहाँ यथा राजा तथा कविता की स्थिति में रीतिकालीन कवियों ने ऐसे चमत्कारी करिश्मे दिखाए कि साहित्य का मर्म ही छूट गया। कविता-कामिनी अपनी कोमल भावाभिव्यक्ति के लिए तरसती रही और दरबारी संस्कृति लुत्फ उठाती रही। नारी हो या कविता, जितनी तड़पी क्रूर सामन्ती मानसिकता उतनी ही आह्लादित हुई।

रीतिकाल का कवि महलों तक सीमित है। वह प्रकृति व लोक से कोसों दूर जैसे किसी और ही ग्रह पर करतब प्रदर्शन में मशगूल रहा और कविता हाशिए पर जाती रही।

रीतिकाल में इन कवियों द्वारा जो महत्त्वपूर्ण कार्य हुआ, वह यह था कि संस्कृत काव्यशास्त्र का ब्रजभाषा में अनुवाद किया गया। लक्षणग्रन्थों की रचना से, जहाँ हिन्दी साहित्य को काव्यशास्त्र का सरलीकरण मिला, वहीं लक्ष्यग्रन्थों की रचना द्वारा साहित्य में काव्यशास्त्र के प्रयोगों की सिद्धहस्तता ने नये कीर्तिमान बनाये, किन्तु किसी मौलिक उद्भावना का अभाव ही रहा।

शिल्प के विलक्षण प्रयोगों के चमत्कार की चकाचौंध में कवि इतना खोया कि लोक उससे और वह लोक से न सिर्फ़ छूटा, अपितु टूट गया। न भक्तिकाल से कुछ ले सका, न आने वाले युग को कुछ दे सका। जब जर्जर होती भारतीय संस्कृति के पुनःसृजन हेतु एक कवि संस्कृत का प्रकांड ज्ञाता होने पर भी 'रामचरितमानस' जैसे गम्भीर और मार्गदर्शक ग्रन्थ की रचना, अवधी भाषा में करता है, वह रचना आज भी भारतीय लोक ने लाल कपड़े में लपेटे अपने हृदय से लगा रखी है, उसकी पंक्तियाँ अशिक्षित जनों के मुख से मधुर वाणी में आज भी निःसृत होती हैं और दूसरी रीतिकालीन आचार्य कवि केशवदास की 'रामचन्द्रिका' को लोक तो दूर की बात है, हिन्दी साहित्य के अध्येताओं के अतिरिक्त कोई नहीं जानता। 'रामचन्द्रिका' लोकहृदयग्राही नहीं हो सकी, क्योंकि उसमें भावपक्ष पूर्णतः उपेक्षित हो गया और शिल्प में इतनी शक्ति कहाँ कि लोकहृदय में अपनी पैठ बना सके? रीतिकाल का कवि लोक व प्रकृति से कितना अनभिज्ञ व विमुख रहा, इसका प्रमाण 'रामचन्द्रिका' में देखा जा सकता है। रावण द्वारा हरणोपरान्त सीता अशोकवाटिका में अशोकवट के नीचे रहीं; यह सन्दर्भ भारत का आम जनमानस बखूबी जानता है; उसी सीता को रामचन्द्रिका में महामहिम आचार्य केशवदास ने शीशम के वृक्ष तले बिठा दिया है। मिथिलेश्वर के उद्यान अर्थात् जनक वाटिका में आक-धतूरे के पौधे लगे बताये हैं तो परशुराम वाटिका में एला, लवंग व पुंगीफल रोपित कर दिये हैं। यह विसंगति एक

पण्डित कवि की अनभिज्ञता और लोकविमुखता की हद है और एक आलोचक की नीर-क्षीर दृष्टि की हद यह है कि आचार्य केशव को हिन्दी साहित्याकाश का नक्षत्र घोषित कर देते हैं–

सूर सूर तुलसी ससी, उडुगन केसवदास।
अबके कवि खद्योत सम, जहँ-तहँ करहिं प्रकास।।

रीति में सिद्धहस्त कवि बिहारी की चुनौती यह है कि वह अपनी बड़ी-से-बड़ी बात भी महज़ अड़तालीस मात्रा के छन्द में ही कहेंगे। उनकी भाषा की सामासिकता और कल्पना की समाहार शक्ति का अद्‌भुत प्रयोग आज भी पाठकों को चमत्कृत कर देता है। एकमात्र ग्रन्थ के रचनाकार बिहारी ने रीतिसिद्ध धारा में विशिष्ट ख्याति अर्जित की है। मेरी दृष्टि में सात सौ तेरह दोहों की 'बिहारी सतसई' में भक्ति, नीति और श्रृंगार की त्रिवेणी जिन आलोचकों को दिखती है, उसमें सर्वाधिक छह सौ दोहे सिर्फ़ श्रृंगार के हैं; शेष सौ में से पचास भक्ति पर और शेष में नीति की समझायस है; तो मैं यहाँ डॉ. राघव प्रकाश से सहमत हूँ कि बिहारी सतसई में उद्‌देश्य सिर्फ़ श्रृंगार को पुष्ट करना रहा है, शेष भक्ति, नीति तो उपउत्पाद हैं। कुछ आलोचक बिहारी की गणित, तिथि, ग्रह, नक्षत्र, रंग, ज्योतिष की अतिसामान्य जानकारियों को बहुज्ञता के खिताब से कैसे नवाज सकते हैं। हाँ, बिहारी के काव्य में नीति के दोहे कुछ राहत अवश्य देते हैं। सतसई का प्रसिद्ध भक्ति दोहा द्रष्टव्य है–

मेरी भव बाधा हरौ, राधा नागरि सोइ।
जा तन की झाँई परैं, स्यामु हरित-दुति होइ।

उक्त दोहे में कवि की चाह, राधा के माध्यम से कृष्ण की कृपा प्राप्त करने की रही है और इसमें जो बात ध्यान देने योग्य है, वह यह कि श्रीकृष्ण की प्रसन्नता का कारण राधा के तन की एक झलक मात्र है, न कि राधा का मन और भाव। तन की झाँई पड़े, मन की नहीं। यह ग़लती कवि बिहारी की नहीं है, यह तो रीतिकालीन कविता का मूल चरित्र है, जो सामन्ती वासना से प्रेरित और निर्मित है। यहाँ कवियों की दृष्टि नायिका के तन पर ही अटककर रह जाती है और कविता के भी तन पर। कविता के मन की टोह इन कवियों की पहुँच से दूर है। इसीलिए रीतिकालीन कविता पाठक की बुद्धि पर ही प्रहार करके रह जाती है, हृदय तक उसकी पहुँच नहीं है। रीतिबद्ध कवियों का काव्य भक्ति की बात करे या श्रृंगार की, इसमें स्नायविक झनझनाहट है, यहाँ प्रेम के मधुर रोमांचकारी अनुभव नहीं हैं, न ही भक्ति का श्रद्धा और प्रेम-पगा विगलित भक्त हृदय है। यहाँ कृष्ण और राधा सिर्फ़ स्थूल-मांसल श्रृंगार-चित्रण के निमित्त मात्र हैं तथा

कविता मानो कुंठित विकृत मानसिकता की सन्तुष्टि का माध्यम है, न कि सूक्ष्म भावाभिव्यक्ति का और न ही ईश्वर-प्राप्ति का।

तुलनात्मक दृष्टि से देखें तो भक्तिकाल में पद्मावत की विरहिणी नायिका नागमती का रुदन है तो एक तरफ़ रीतिकालीन बिहारी नायिका के विरह की ऊहात्मकता। एक राजसी महारानी, आम स्त्री की भाँति प्रिय-विरह में बिलखती हुई कहती है–'विरह तड़ागन सूखत माँसू। गिर-गिर परत रकत के आँसू।'

और आगे अपनी पीड़ा की तीव्रता व्यक्त करती हुई नागमती कहती है–

हाड़ भए सब किंगरी, नसैं भईं सब ताँति।
रोम-रोम ते धुनि उठै, कहूँ बिथा केहि भाँति।।

इधर बिहारी की नायिका की दुःख व्यक्त करने की शैली देखिए–

इत आवति चलि जात उत, चली छसातक हाथ।
चढ़ी हिंडोरैं सैं रहैं, लगी उसासनु साथ।

मानो नायिका इतनी निर्बला हो गयी है; इतनी निर्बला कि साँस ग्रहण और त्याग में ही झूले पर बैठी-सी इत से उत झूल रही है। दूसरी एक नायिका तो इतनी कमज़ोर हो गयी है कि विज्ञान के सब तर्क बेमानी सिद्ध हो जाते हैं। हुआ यूँ कि नायिका विरह के चलते इतनी दुबली हुई कि अँगुली की अँगूठी अब कलाई में कंगन की भाँति आ जाती है। ये कैसी मखौलबाज़ी की है बिहारी ने, विरह में व्यथित मनों के साथ और पाठकों के साथ भी। नागमती का विरह भी अतिशयोक्तिपूर्ण है, किन्तु वहाँ सहृदय सामाजिक साधारणीकृत होता है और यहाँ मेधा सोने का नाम नहीं लेती। यों तो 'बिहारी सतसई' का एक-एक दोहा अनेकार्थ लिए है। एक दोहे के अर्थ पर साहित्य-ज्ञाताओं ने छप्पय और कवित्त लिखे, तब कहीं जाकर उसका अर्थ पूर्णता पा सका है। एक दोहे पर एक लघु नाटक तक लिखा जा सकता है। फिर भी विषयवस्तु पाठक-मन तक मार नहीं कर सकी, क्योंकि दरबारी संस्कृति में रचा-बसा कवि भला भावनाओं से निर्मित संसार को क्या जाने? यह सुधारस रहस्य तो विरले ही समझ सके हैं। कवि बच्चन तो स्पष्ट कहते हैं–"जड़ जगत् में वास कर भी जड़ नहीं व्यवहार कवि का/भावनाओं से विनिर्मित और ही संसार कवि का।"

रीतिकालीन साहित्य लोकमानस के लिए ग्राह्य नहीं हो सका, क्योंकि यहाँ कविता के पूर्व निर्मित साँचे के अनुसार भावों को तोड़-मरोड़कर, काट-छाँटकर, ठूँसम-ठाँस करके उसे फिट बिठाने की पुरज़ोर कोशिश में कवि ने अद्भुत सफलता पायी है। भावों का प्रबल आवेग किस प्रकार शिल्प को गढ़ता है, यह भक्तिकाल में देखा जा सकता है। रीतिकाल में जूते के हिसाब से पाँव का आकार तय करने की कहावत चरितार्थ होती है।

कवि भूषण ने अपने आश्रयदाता के अनुसार कविता रची है। कवि स्वयं कितना देशप्रेमी रहा होगा, अनुमान लगा पाना सहज है। कवि भूषण की रीतिबद्धता भी बेजोड़ है। यमक अलंकार का ऐसा श्रेष्ठ उदाहरण अन्यत्र कहाँ देखा जा सकता है?

ऊँचे घोर मन्दर के अन्दर रहनवारी,
ऊँचे घोर मन्दर के अन्दर रहाती हैं।
कंद-मूल भोग करैं, कंद-मूल भोग करैं,
तीन बेर खातीं, ते वै तीन बेर खाती हैं।
भूषन भनत सिवराज बीर तेरे त्रास,
नगन जड़ातीं, ते वै नगन जड़ाती हैं।
भूषन सिथिल अंग भूषन सिथिल अंग
बिजन डुलातीं ते वै बिजन डुलाती हैं।

जितनी शिद्दत से भूषण ने एक राष्ट्रवादी सूरमा शिवाजी की वीरता का यशगान किया है, उससे भी अधिक विलक्षणता के साथ कविता का शिल्प गढ़ा है। यदि शिवाजी शूरवीर नहीं होते तो निश्चित रूप से इस कविता में सिर्फ़ शिल्प-सौन्दर्य का आकर्षण ही शेष रह जाता; इसकी विषयवस्तु की उत्साह-तीव्रता शून्य हो जाती। फिर से कहूँ तो 'यथा राजा तथा कविता'। तो जब भूषण कहते हैं कि–

तेज जिमि अंस पर, कान्ह जिमि कंस पर,
त्यों म्लेच्छ बंस पर, सेर सिवराज है।

तो आज भी हमारा हृदय हुँकार भरने लगता है, क्योंकि यह कवि के आश्रयदाता का राष्ट्रप्रेम का उछाह और शूरवीरता का प्रभाव है, नहीं तो भूषण ने श्रृंगार रस का चित्रण वीर रस से कहीं अधिक और चमत्कारपूर्ण ढंग से किया है।

चिन्तामणि, सेनापति, मतिराम या पद्माकर सभी ने कविता से ख़ूब श्रृंगारमयी, शिल्पजड़ित ठिठोली की है, किन्तु सेनापति की कविता में प्रकृति व ऋतु वर्णन विशिष्ट बन पड़ा है तो कवि देव का बसन्त-वर्णन भी ग्राह्य रहा है–

डार द्रुम पलना बिछौना नव पल्लव के
सुमन झंगूला सोहैं, तन छवि भारी दे!

कवि पद्माकर का फाग श्रृंगार व ऋतु-वर्णन बहुत प्रसिद्ध व प्रभावशाली है। इन्होंने श्रृंगार, वीर और भक्ति तीनों ही रसों में बराबर मात्रा में लिखा है। किसी भी दृश्य को प्रभावशाली बनाती है, पद्माकर की शब्द-माधुरी। ऐसी अद्भुत शब्द-मैत्री और सधी हुई गति, साथ ही अनुप्रासी वर्णों की झमक ने बसन्त ऋतु

के चित्रण को आह्लादक बना दिया है–

कूलन में, केलि में, कछारन में, कुंजन में,
क्यारिन में कलित कलीन किलकंत है।
कहैं पद्माकर परागन में, पौनहू में,
पातन में, पिक में, पलासन पगंत है।
द्वारे में, दिसान में, दुनी में, देस-देसन में,
देखौ दीप-दीपन में दीपत दिगंत है।
बीथिन में, ब्रज में, नवेलिन में, बेलिन में,
बनन में, बागन में बगर्‌यो बसन्त है।

रीतिकाल में ब्रजभाषा का परिमार्जन लक्षित होता है, किन्तु दुरूह शब्द-प्रयोग ज्ञान का द्योतक न होकर हास्यास्पद है। रीतिकाल में आग्रहपूर्वक अलंकार-प्रयोग है, किन्तु यत्र-तत्र यह सायास आनुप्रासिकता कर्ण-कुहरों में पीयूष-वृष्टि करती हुई मानस-पयोधि को आनन्दातिरेक से आलोड़ित अवश्य कर देती है। इसमें कवि पद्माकर का जवाब नहीं–

कहै पद्माकर फराकत फरस बन्द,
फहरि फुहारन की फरस फबी है फाब।
गोल गुलगादी गुल गिल मैं गुलाब गुल,
गजक गुलाबी गुल गिंदुक गुले गुलाब।

और देखिए–

गुलगुली गिलमैं गलीचा हैं गुनीजन हैं,
चाँदनी हैं, चिक हैं चिरागन की माला हैं।
कहै पदमाकर त्यों गजक गिजा हैं सजी,
सजैं हैं सुराही हैं, सुरा हैं अरु प्याला हैं।

इसी तरह–

झुकि-झुकि, झूमि-झूमि, झिल-झिल, झेल-झेल,
झरहरी झाँपन में झमकि-झमकि उठै।

रीतिकाल के स्वच्छन्द धारा के कवियों में घनानन्द, आलम, बोधा, ठाकुर और द्विजदेव का नाम प्रमुख रूप से लिया जाता है। इनमें घनानन्द (आनन्दघन) और बोधा (बुद्धसेन) दोनों की प्रेमकथा सुजान और सुभान नामक वेश्या से मिलन और बिछोह की समानानुभूति लिए है। आलम की प्रेमकथा शेख रंगरेजन से मिलन और जीवन के सुखी संयोग की अनुभूति पर आधृत है। ठाकुर के व्यक्तिगत जीवन में स्वच्छन्द प्रेम का कोई प्रसंग नहीं मिलता; बस रीतिमुक्त दृष्टिकोण

के लिए वह इस धारा में आते हैं। द्विजदेव (अयोध्या के राजा मानसिंह) ने भी सहज रूप से प्रेम का चित्रण किया है।

असल में रीतिमुक्त कवियों की कविता भी पूर्ण रूप से रीति से मुक्त नहीं कही जा सकती, क्योंकि काव्य-रीतियों का प्रयोग इन्होंने भी किया है। बस अन्तर इतना है कि ये रीतियाँ भाव से प्रेरित हैं। इन्होंने किसी आश्रयदाता की भुक्ति के लिए और अपनी आजीविका के लिए कविता नहीं रची, अपितु अपनी स्वतःस्फूर्त भावाभिव्यक्ति हेतु रची और इस कविता ने सीधे जन-जन के हृदय को स्पर्श किया। यहाँ कवि का ध्यान शिल्प पर ही केन्द्रित नहीं रहा, तथापि रीतिकालीन शिल्प से पूर्णतः मुक्त भी नहीं कहा जा सकता। हाँ, इनकी रीतिबद्धता इनके विशुद्ध भावावेग के सम्मुख लाचार-सी दिखती है। इन कवियों की स्वच्छन्दता ने इसे अपने अनुकूल निर्मित कर लिया है। रीतिमुक्त धारा रीतिकाल में रीतिकाल के विद्रोह का नाम है और इनमें भी घनानन्द का स्वर मार्मिक और गहन संवेदना लिए है। प्रेम की पीर में डूबे घनानन्द इसीलिए कहते हैं–'लोग हैं लागि कबित्त बनावत। मोहिं तौ मेरे कबित्त बनावत।'

ऐसी विशुद्ध व पवित्र भाव की कविता के लिए पाठक भी समानुभूति वाला चाहिए–'समुझै कविता घनआनँद की, हिय आँखिन नेह की पीर तकी।'

प्रेम को परिभाषित करते हुए आनन्दघन, मौलिक उद्‌भावना प्रस्तुत करते हैं–'अति सूधौ सनेह कौ मारग है, जहाँ नैंकु सयानप बाँक नहीं।'

तो बोधा कहते हैं कि–'प्रेम कौ पन्थ कराल महा, तरवारि की धार पे धावनो है।'

रीतिमुक्त धारा रीति से मुक्त न कही जाकर मुक्तरीति कही जाये तो उचित प्रतीत होता है। क्योंकि काव्यरीति तो स्वच्छन्द कवियों में भी रही है। यह मुक्तभाव की रीति है। यहाँ मैं इतिहासकार डॉ. बच्चनसिंह से सहमत हूँ। किन्तु वस्तुतः रीतिकालीन कविता के आश्रयदाताओं की सामन्ती वासना की तुष्टि और मनोरंजन का माध्यम थी, तो रचनाकार के लिए आजीविका का साधन, तो कुछ के लिए बुद्धिबल प्रदर्शन-मात्र। यूँ तो रीतिकालीन कवि ने ईमानदारी के साथ कविता करने का उद्देश्य भी स्पष्ट कर दिया है–

आगैं के सुकवि रीझिहैं तौ कबिताई;
न तु राधिका कन्हाई सुमिरन को बहानो है।

(भिखारीदास)

फिर भी इस काल की कविता पर आने वाले समय में सदा यह आक्षेप रहेगा कि रीतिकाल में कविता की आत्मा को कवियों ने गहन अँधेरों में बन्द

कर दिया था। कुछ साँसें उसे अवश्य ही स्वच्छन्द धारा के कवियों ने प्रदान की हैं। आगे चलकर आधुनिक काल में कविता की आत्मा तो मुक्त हो गयी, किन्तु उसकी शारीरिक सज्जा की विवशता बनी रही। उसी भार के साथ कविता ने एक लम्बी यात्रा तय की, फिर निराला ने उसे पूर्णतः मुक्त कराने का प्रयास किया। छन्दों से मुक्त कविता ने मन के मुक्ताकाश में पंख पसारे और अब तक स्वच्छन्द जीवन जीते हुए अनवरत मानव-समाज में जीवन फूँक रही है। किन्तु समय कब एक-सा रहा है। पहले दरबारी संस्कृति थी तो अब व्यवस्था का निरन्तर बढ़ता क़द और मानव का घटता, लघु होता कद। यहाँ एक धारा सर्वस्व त्यागकर भी कवि बोधा को जीवन्त बनाये रखती हुँकार भरती है–

हम से ही कवि कहें जो आग लिखना जानता हो।
काल-सी अपनी अखण्डित शक्ति को पहचानता हो।

(कमलाकर 'कमल')

तो दूसरी कहती है–

कविता जबसे पैसों में बिकने लगी है।
लेखनी में होड़-सी दिखने लगी है।
मर्म कविता का भुलाया है कवि ने,
गीत पर ही रोटियाँ सिकने लगी हैं।

(सुरेन्द्र दुबे

रीतिकाव्य : एक स्त्री की नज़र से

डॉ. पूनम कुमारी

भाषागत संस्कारों से माँजी गयी रीतिकालीन स्त्रियाँ समाज, परिवार और व्यक्ति की परिधि से मुक्त पुरुषों के दिवास्वप्न का मूर्त रूप हैं। ये स्त्रियाँ कोणार्क खजुराहो के उन भित्ति चित्रों की तरह हैं, जिन्हें दर्शक देखते नहीं अघाते। इन भित्तिचित्रों के सहारे शिल्पकार के भावों-मनोवेगों को तो समझा जा सकता है, लेकिन क्या उन भित्तिचित्रों के स्त्री (या पुरुष पात्रों) के भावों-मनोवेगों को भी? वास्तव में इन भित्तिचित्रों में एक ऐसे मनुष्य की अन्तहीन तड़प सुनाई देती है, जिसे अब तक मनुष्य माना ही नहीं गया है। "हम स्त्री के बारे में जो कुछ जानते हैं वह पुरुष की दृष्टि से जानते हैं—यानी एक ऐसी औरत जो 'मर्दवादी नारी' है।"[1] उत्तर-आधुनिकतावादी लेखिका ल्यूस इरिगेरे का यह कथन पितृसत्तात्मक व्यवस्था के उस लेखन के लिए है, जो एक स्त्री को स्त्री के रूप में न देखकर मात्र पुरुष-निर्मित छवि के रूप में देखती है। स्त्री-पुरुष के परस्पर सम्बन्धों और सम्पूर्ण जीवन दर्शन की कसौटी पर इरिगेरे के उक्त विचार पूर्णरूपेण भले ही खरे न उतरें, लेकिन हिन्दी के रीतिकालीन काव्य के लिए यह सोलहों आने सच है।

रीतिकालीन कवियों के यहाँ नारी शृंगार के एक उपकरण के रूप में ही प्रस्तुत हुई है। इन कवियों के यहाँ आदर्श नायिका वही है, जिसके दर्शन-मात्र से हृदय में शृंगार रस का उद्रेक हो। सभी कवियों के यहाँ नायिका सौन्दर्य, सुकुमारता और कमनीयता की केन्द्र है। नायिका के अलस नयनों में विलास की सरसता है। मतिराम ने नायिका के सौन्दर्य की विशेषता बताते हुए कहा है कि जितना ही उसे समीप से देखें, उसकी शोभा विकसित होती जाती प्रतीत होती है। यथा—

कुंदनु को रंग फीको लगै झलकै अति अंगन चारु गुराई।
आँखिन में अलसानि चितौनि में मंजु बिलासन की सरसाई।
को बिन मोल बिकात नहीं मतिराम लहै मुसकानि मिठाई।

ज्यों-ज्यों निहारिये नेरे ह्वै नैननि त्यों-त्यों खरी निकरै-सी निकाई।

सामन्ती व्यवस्था में सुकुमारता और कमनीयता के अलावा स्त्री के अन्य मानवीय गुणों की चर्चा भला रीतिकालीन कवि कैसे कर पाते? यहाँ नारी दैन्य एवं विषाद की छाया से परे है। अपने अपरिमित सौन्दर्य का भार नायिका से नहीं सँभाला जाता, फिर वह आभूषणों का भार भला कैसे सँभालती–

भूषन भारु सँभारिहै क्यों इहिं तन सुकुमार।
सूधे पाँइ न धर परत, शोभा ही कैं भार।।

(बिहारी)

श्रृंगार रसमयी क्रीड़ा करना, नित नूतन प्रसाधन कर पुरुष को विमोहित करना ही रीतिकालीन नायिका का एकमात्र कर्तव्य है। यथा–

भौंह उचैं, आँचरु उलटि, मौरि-मोरि, मुँहु मोरि,
नीठि-नीठि भीतर गयी, दीठि-दीठि सौं जोरि।।

(बिहारी)

विश्व की मधुरिमा की केन्द्र नारी ही है। ऊख, अमृत, शहद ये सबी तभी तक मधुर प्रतीत होते हैं, जब तक नारी का मधुर रस उनके समक्ष न हो। नारी की वाणी के मधुर रस के समक्ष सब रसहीन हो जाते हैं–

छिनकु छबीले लाल, वह नहिं जौ लगि बतराति।
ऊख, महूष, पियूष की तौ लगि भूख न जाति।।

(बिहारी)

नारी के निर्बंध केश कवि को सांसारिक बन्धनों से मुक्त करते हैं और नील छविमान केशों की वेणी के साथ ही उसका मन बँध जाता है–

छुटे छुटावत जगत तैं सटकारे, सुकुमार
मनु बाँधत बेनी बँधे नील, छबीले बार।

–बिहारी

नारी के शोभापुंज गौर आनन पर विकसित मृदु मुस्कान रस का प्रवाह बढ़ा देती है–

छवि को सदनु गोरो बदन रुचिर भाल।
रस निचुरत मीठी मृदु मुसक्यानि मैं।।

(घनानन्द)

कहने का आशय है कि रीतिकालीन कवियों ने नारी के सौन्दर्य का खुलकर वर्णन किया है। नारी के शारीरिक सौन्दर्य का शायद ही ऐसा कोई कोना हो, जहाँ इनकी दृष्टि न पहुँची हो।

सामन्ती व्यवस्था में सुकुमारता और कमनीयता के अलावा स्त्री के अन्य मानवीय गुणों की चर्चा भला रीतिकालीन कवि कैसे कर पाते? जबकि सच तो यह है कि आकांक्षा और अभिव्यक्ति का स्वरूप चाहे जो भी रहा हो, आदिकाल से लेकर अब तक स्त्री की सबसे बड़ी इच्छा यही रही है कि उसे एक मनुष्य के रूप में देखा जाये, वस्तु के रूप में नहीं। जैसा कि निम्न पंक्तियों में अभिव्यक्त है–

काश! तुम थाहते,
समुद्र का अमूर्तन
समझते
अवनि का अस्तित्व।
पर सदियों से
निहारती रहीं,
तुम्हारी बूढ़ी आँखें
उफनाई नदी की गहराई
उतार-चढ़ाव, कटाव।

रीतिकालीन काव्य में स्त्री अपने रहस्य के पर्दे से बाहर आती है। उसके सौन्दर्य के हर पहलू को कलात्मक बारीकियों के साथ चित्रित किया गया है। निश्चय ही इसकी प्रशंसा होनी चाहिए, और हुई भी है। प्रेम किसी बन्धन को नहीं मानता। विवाह, परिवार, समाज–कहीं कोई बन्धन नहीं। इसी प्रेम के अन्तर्गत परकीया नायिका की थोड़ी चर्चा करें।

यहाँ परकीया नायिका कभी अपने घर की टट्टी चीरकर बाहर खड़े नायक की ओर निर्निमेष नयनों से देखती रहती है। उस परकीया नायिका के प्रेम के चिकने घड़े पर सखियों के उपदेश का जल ठहरता नहीं है। प्रेम की उद्दामता, प्रचंडता के समक्ष दुर्जनों की निंदा, गुरुजनों के कटु शब्दों की चिन्ता नहीं है। वह अपने प्रेमी के लिए इन सबको सहर्ष सहन करती है–

दुरजन वे निंदित रहैं, गुरुजन गारी देत
सहियत बोल कुबोल ए, लाल तिहारे हेत।

यह प्रेमक्रीड़ा केवल राज प्रासादों तक ही सीमित नहीं, जीवन की सामान्य भूमि में भी व्याप्त है। गृहकार्य के लिए अग्नि लेने आयी नायिका ढीठ होकर नयन मिलाती है, सस्मित मुख से स्नेह का आभास देकर नायक के हृदय में वासना की अग्नि प्रज्वलित कर जाती है–

नैन जोरि मुख मोरि हँसि, नैसुक नेह जनाइ
आगि लैन आयी हिए मेरे गयी लगाइ।

यहाँ परकीया नायिका को नेत्र-संचालन, कटाक्ष छोड़ने, काम-क्रीड़ा करने एवं शृंगार करने से अवकाश ही नहीं है। परकीया नायिका कहीं प्रेमगर्विता के रूप में सामने आती है, तो कहीं रूखी चितवन से मान करती हुई। अपने समस्त रूपों में परकीया नायिका पुरुष की लालसा और कामना का साधन ही है। इसी के अन्तर्गत निलज बनिता का उल्लेख भी प्रासंगिक है। यद्यपि इन निलज बनिताओं को दूती की श्रेणी में रखा गया, नायिकाओं की श्रेणी में नहीं–

कढ़िके निसंक पैठि जाति झुण्ड, मुंडन में
लोगनि को देखि दास आनन्द पगति है।
दौरि-दौरि जहीं तहीं लाल करि डारति है
अंक लगी कंठ लगिबे को उमगत है।
चमक-चमक बारी ठमक-ठमक बारी
रमक-तमक बारी ज़ाहिर जगति है।
राम! असि रावरे की रन में नरन्न में
निलज बनिता सी होरी खेलनि लगति है।

लेकिन इतिहास के पन्नों में झाँकें तो स्थिति कुछ और ही नज़र आती है। उक्त उन्मुक्त स्त्रियाँ इतिहास में एक सिरे से गायब हैं।

डॉ. रेखा मिश्रा[2] ने अपनी पुस्तक 'वुमन इन मुग़ल इंडिया' में मध्यकालीन स्त्रियों की शिक्षा पर विचार करते हुए कहा है कि प्राचीनकाल से ही स्त्रिय़ों को शिक्षा देने पर कुछ प्रतिबंध थे। उन्हें वेदों के अध्ययन की मनाही थी। पर्दा और बालविवाह के कारण उनकी स्वतन्त्रता सीमित हो गयी, इसलिए उन्हें अधिक शिक्षा न मिल सकी। घर में उन्हें उतनी ही शिक्षा मिल पाती थी, जितनी की उन्हें गृहस्थ जीवन व्यतीत करने में आवश्यकता पड़ती थी। मनु ने कहा है कि पति को चाहिए कि वह अपनी पत्नी को धन को जुटाने और खर्च करने में, घर को साफ़-सुथरा रखने में, धार्मिक कृत्यों के करने में, भोजन पकाने में और घर के बर्तनों की देखभाल में लगाये। स्त्री को इस प्रकार की शिक्षा अपनी माँ द्वारा घर से मिलती थी। विवाह के बाद उसे पति के घर में इसी प्रकार की शिक्षा अपनी सास द्वारा मिलती थी। परिवार के आय और व्यय का हिसाब रखने से उसे केवल मौखिक गणित का ही ज्ञान हो पाता था। इस प्रकार उन्हें केवल घरेलू और कामकाज-सम्बन्धी शिक्षा मिल पाती थी। मेगस्थनीज ने एक स्थान पर लिखा है कि ब्राह्मण अपनी स्त्रियों को दर्शनशास्त्र की शिक्षा नहीं देते थे, परन्तु इस नियम में कभी-कभी ढील दे दी जाती थी। हिन्दू स्त्रियों को शिक्षा ग्रहण करने की सुविधा सामान्यत: नहीं थी। फिर भी कुछ को साहित्य, दर्शनशास्त्र, धर्म और

तर्कशास्त्र के अतिरिक्त संगीत और नृत्य की शिक्षा दी जाती थी। वास्तव में धनी परिवार की हिन्दू और मुस्लिम महिलाओं को अनेक सुविधाएँ प्राप्त थीं। लेकिन सामान्यतया स्त्रियाँ निरक्षर थीं।

आज आज़ादी के 70 सालों के बाद भी भारत में स्त्रियों की साक्षरता का प्रतिशत पुरुषों से बहुत कम है। स्त्रियों की दयनीय स्थिति का गहरा सम्बन्ध उनकी अशिक्षा से भी है।

'हिन्दू समाज में बाल-विवाह मुग़लकाल की एक विशेषता थी। लड़कियों का विवाह 9 या 10 वर्ष की उम्र में हो जाता था। मनूची ने इस सन्दर्भ में कहा है कि ब्राह्मण अपनी लड़कियों का विवाह 4 या 5 वर्ष की उम्र में कर देते थे। कभी-कभी 10 वर्ष की उम्र में विवाह होता था, लेकिन इसके आगे नहीं। इतिहासकार ए.एल. श्रीवास्तव ने लिखा है कि स्त्रियों का जीवन उनके घर की चारदीवारी तक सीमित था। मध्ययुग में विवाह के लिए कोई निर्धारित उम्र नहीं थी। हिन्दू और मुस्लिम दोनों समाजों में लड़कियों के विवाह कम उम्र में हो जाते थे। अकबर की इच्छा थी कि विवाह के समय लड़के की उम्र 16 वर्ष और लड़की की उम्र 14 वर्ष निर्धारित कर दी जाये, लेकिन उसे इस कार्य में सफलता नहीं मिली। के.एम. अशरफ़ ने लिखा है कि पिता विवाह की सभी रस्मों को पूरा करता था। यह एक पारिवारिक मामला था और इसमें वर-वधू से कोई मतलब नहीं था। कर्नल टॉड ने बताया है कि इस युग में दहेज की प्रथा थी। धनी परिवार में बाँदियों के देने की प्रथा थी, जो कि वर की व्यक्तिगत सम्पत्ति समझी जाती थीं। के.एम. अशरफ़ ने लिखा है कि यदि वधू की उम्र कम रहती थी तो उसे अपने पिता के यहाँ रहने दिया जाता था और बाद में गौना दिया जाता था। यदि लड़की का विवाह किसी धनी परिवार में हो जाता था तो वह घर में चहारदीवारी में बन्द हो जाती थी और लोगों से उसका सम्पर्क समाप्त हो जाता था।[2]

जिस तरह की स्वतन्त्र स्त्रियाँ रीतिकालीन काव्य में दिखाई गयी हैं; यौन सम्बन्धों में वैसी स्वच्छन्दता कृषियुग से पहले कुछ हद तक पौराणिक काल में अवश्य बताई जाती है। प्रसिद्ध इतिहासकार और समाजशास्त्री विश्वनाथ काशीनाथ रजवाड़े ने हिन्दूधर्म के आधारग्रन्थ वेदों, विविध पुराणों एवं महाभारत आदि के आधार पर बताया है कि "प्राचीन आर्यसमाज में (ब्रह्मा से व्यास के समय तक) भाई-बहन, पिता-पुत्री, चाचा-भतीजी, दादा-पोती आदि में हुए शारीरिक सम्बन्धों को सामाजिक मान्यता प्राप्त थी और पुराणकाल से पाणिनि के काल तक भारतीयों के बीच अपने मित्र या अतिथि को स्वस्त्री संभोगार्थ देने की प्रथा प्रचलित थी। ...महाभारत में वर्णित गालव-कथा से भी स्त्री की स्वतन्त्र अवस्था

का पता चलता है, जब यौन-शुचिता की अवधारणा पितृसत्ता द्वारा उस पर नहीं लादी गयी थी। माधवी ययाति की बेटी थी। ययाति को आठ सौ श्यामकर्ण घोड़े गालव को देने थे। इस कार्य में माधवी ने पिता ययाति की मदद की। माधवी इक्ष्वाकु राजा के पास एक पुत्र पैदा होने तक रही, उसके बदले में इक्ष्वाकु ने उसे दो सौ घोड़े दिये। इसी प्रकार काशीनरेश, भोजपुर-नरेश और विश्वामित्र के साथ रहकर एक-एक पुत्र के बदले दो-दो सौ घोड़े माधवी को मिले। माधवी ने इस तरह आठ सौ घोड़े लाकर पिता ययाति को दिये। तब ययाति ने उन घोड़ों को गालव ऋषि को देकर गुरुदक्षिणा पूरी की। इस तरह की कई कहानियाँ हैं, जिनसे पता चलता है कि शुरू में पातिव्रत्य धर्म नहीं था। औरत पति के होते हुए भी दूसरे पुरुषों के साथ रह सकती थी।"[3] फिर धीरे-धीरे कृषियुग में आकर समाज पितृसत्तात्मक हो गया और कायम हुआ पुरुषों का वर्चस्व। सीमोन द बोउवार ने कहा है-"मातृसत्तात्मक समाज में स्त्री को आचरण की सुविधा थी तथा स्त्री से शुद्धता एवं शुचिता की अपेक्षा कम की जाती थी। व्यभिचार के विरुद्ध इतने कड़े नियम नहीं थे। अब पितृसत्ता में चूँकि औरत पुरुष की सम्पत्ति थी, इसीलिए विवाह के पहले कौमार्य भंग न होना तथा आजीवन पतिव्रता बने रहना उसका परम धर्म बन गया।"[4]

उक्त विवरण से स्पष्ट है कि कृषियुग से पहले उस तथाकथित मातृसत्तात्मक समाज में स्त्रियों को चाहे जितनी भी यौन-व्यवहार की स्वतन्त्रता रही हो, लेकिन हिन्दी साहित्य के उत्तर मध्यकाल में वैसी स्वतन्त्रता का चित्रण कवियों की कपोल-कल्पना से अलग और कुछ भी नहीं। वैसे यह चित्रण भी इस रूप में प्रशंसनीय है कि कल्पना में ही सही, स्त्रियों की यौन-स्वतन्त्रता की चर्चा तो हुई। लेकिन परकीया नायिका के हाव-भावों का मन्त्रमुग्ध चित्रण करने वाले कवियों की मंशा पर प्रश्नचिह्न तब खड़ा होता है, जब यही कवि स्वकीया नायिका को नायिका के सर्वश्रेष्ठ रूप में स्वीकार करते हैं और उसे ही आदर्श रूप में प्रतिष्ठित करते हैं।

रीतिकालीन कवियों के यहाँ स्वकीया नायिका पतिव्रता की परिभाषा में आती है। आपत्ति एवं सुख, हर्ष-विषाद के अवसर पर वह समभाव से पति में अनुरक्ति रखती है-

सम्पति विपति जो भरतहूँ सदा एक अनुहारि।
ताहि सुकीया जानिए मन क्रम वचन विचारि।

स्वकीया नायिका ने अपने रूप, गुण एवं शील से प्रिय को पूर्णरूपेण वश में कर लिया है। पति अपने हाथों से ही उसका पूर्ण शृंगार करता है। वेणी गूँथ,

वस्त्राभूषण पहनाकर अपने ही करों से उसके भाल पर बिन्दी लगाकर पैरों को आलक्त-रंजित करता है। कहीं नायिका प्रिय-पति द्वारा शृंगारसज्जा से सज्जित होकर लज्जारूप हो जाती है कि गृह-परिजन क्या कहेंगे? परन्तु प्रियतम का अनुराग पाकर उसमें गौरव एवं अभिमान की भावना भी आ जाती है। प्रिय के हाथों से लगाये हुए तिरछे हो गये तिलक को दिखाती नायिका इतराती हुई-सी घूमती है–

आपने हाथ सों देत महावर, आप ही बार सँवारत नीके
आपुन ही पहिरावत आनिकै हार सँवारि कै मौलसिरी के।
हौं सखि लाजनि जात मरी, मतिराम सुभाव कहा कहौं पी के।
लोग मिलैं, घर घैरू करैं, अबहीं ते ये चेरे भए दुलही के।

स्वकीया नायिका का यह निर्मल उज्ज्वल रूप रीतिकाल के वातावरण में भी वासना एवं विलास की गन्ध से परे पात्रन और महान है। उसमें पति के प्रति उत्कट प्रेम और एकनिष्ठ भक्ति है–

जानति सौति अनीति है, जानति सखी सुनीति।
गुरुजन जानत लाज है, प्रीतम जानति प्रीति।

वह स्वयं बन्ध्या कहलाने के अगौरव को स्वीकार कर अपने पति की मर्यादा की रक्षा करती है–

गुरुजन दूजे ब्याह को, प्रतिदिन कहत रिसाइ।
पति की पत राखै बहू आपहिं बाँझ कहाइ।

इस प्रकार स्वकीया नायिका के आदर्श को लगभग हर रीतिकालीन कवि ने स्वीकार किया है। वस्तुतः उक्त स्वकीया प्रेम की महत्ता का एक अन्य प्रमाण इस तथ्य से भी प्रकट होता है कि रीतिकालीन कवियों ने गार्हस्थिक प्रेम की व्यापक प्रतिष्ठा की है। 'छोड़ि आपनो भौन को, तुम भौन कौन के जात', अथवा 'ते धनि जे ब्रजराज लखें गृहकाज करें अरु लाज सँभारे' द्वारा स्वकीया-प्रेम की ही स्थापना की गयी है। और यह बात लगभग सभी रीतिकालीन कवियों में दिखाई पड़ती है। परकीया नायिका के प्रचंड वेगवान प्रेम का वर्णन करते हुए भी स्वकीया के आदर्श को स्वीकार करना रीतिकालीन कवियों के आदर्श और यथार्थ के द्वन्द्व को व्यंजित करता है। इस द्वन्द्व का चरम रूप तब देखने को मिलता है, जब परकीया प्रेम के अनियन्त्रित प्रवाह को कवियों ने कृष्ण-गोपी प्रेम का नाम दिया। विश्वनाथप्रसाद मिश्र ने 'घनआनन्द : भूमिका' में इस सन्दर्भ में कहा है कि अपभ्रंश की पुरानी रचनाओं और देश-गीतों में स्वकीया प्रेम के बड़े मधुर एवं मर्मस्पर्शी खण्डवृत्त दिखाई देते हैं, पर हिन्दी में शृंगार की काव्यधारा भक्तिधारा

से फूटी, सीधे लोकधारा से उसका सम्बन्ध नहीं रहा, अतः स्वकीया की प्रीति के रससिक्त स्थलों का सन्निवेश उसमें रह न सका, अलौकिक दृष्टि से भक्ति के भीतर जो दाम्पत्य-प्रेम रखा गया, वह सर्वत्र स्वकीया का प्रेम न रहा, क्योंकि उपास्य और उपासक या आकर्षक या आकृष्ट के रूप की लम्बी-चौड़ी भूमि परकीया-प्रेम के परिष्कार में दिखाई पड़ी।[5]

प्रश्न उठता है कि अकुंठ भाव से परकीया के प्रेम और मनोभावों का चित्रण करने वाले ये कवि इस प्रेम को मनुष्य के सहज प्रेम के रूप में क्यों स्वीकार नहीं करते? क्यों स्त्री-पुरुष के इस प्रेम को राधा-कृष्ण के प्रेम का जामा पहनाया जाता है? स्पष्टतः रीतिकालीन कवियों ने जहाँ भी नायक-नायिका के प्रेम को राधा-कृष्ण का प्रेम कहा है या कृष्ण-गोपी के प्रेम का नाम दिया है, वहाँ नारी के प्रति उनके दुहरे मापदण्ड का ही प्रदर्शन हुआ है।

इस सन्दर्भ में आचार्य रामचन्द्र शुक्ल ने कहा है कि "कृष्णभक्त कवियों ने जिस श्रृंगारमयी लोकोत्तर छटा और आत्मोत्सर्ग की अभिव्यंजना से जनता को रसोन्मत्त किया, उसका लौकिक स्थूल दृष्टि रखने वाले विषय-वासनापूर्ण जीवों पर कैसा प्रभाव पड़ेगा, इस ओर उन्होंने ध्यान न दिया। जिस राधा और कृष्ण के प्रेम को इन भक्तों ने अपनी गूढ़ातिगूढ़ चरम भक्ति का व्यंजक बनाया, उसको लेकर आगे के कवियों ने श्रृंगार की उन्मादकारिणी उक्तियों से हिन्दीकाव्य को भर दिया।"[6]

इसी बात को रेखांकित करते हुए आचार्य हजारी प्रसाद द्विवेदी ने कहा है-"एक नयी बात जो इस युग की कविता में दिखाई पड़ी वह यह है कि प्रायः सभी श्रृंगारात्मक उत्तम पदों का विषय श्रीकृष्ण और गोपियों का प्रेम है; उन्हीं की केलि-कथाएँ, उन्हीं की अभिसार-लीलाएँ और उन्हीं की वंशी-प्रीति आदि।" बिहारीलाल की प्रसिद्ध सतसई, जो संसार के श्रृंगार-साहित्य का भूषण है, ऐसे गोपी-गोपाल की प्रेमलीलाओं से ही भरी है। इस काल की कविता में यह बात इतनी अधिक पायी जाती है कि कभी-कभी आधुनिक युग का आलोचक बुरी तरह से इन कवियों पर बिगड़ खड़ा होता है। कभी-कभी इन्हें गंदगी की नाली बहाने वाले, भगवान के नाम पर कलंक प्रचार करने वाले आदि भी कहा गया है, फिर भी इस विषय में दो मत नहीं कि ऐसा लिखने वाले कवि काफ़ी ईमानदार थे। वे सचमुच विचार करते थे कि-

राधा मोहनलाल कौ जिन्हें न भावत नेह।
परियो मुठी हजार दस, तिनकी आँखिन खेह।[7]

दरअसल, प्रारम्भ से लेकर अब तक स्त्री के प्रति हमारा नज़रिया

विरोधाभास-पूर्ण रहा है। एक ओर तो उसे शक्ति का रूप माना जाता है; उसकी पूजा की जाती है, दूसरी ओर उसे कुलटा और दानवी कहा जाता है। यहाँ ध्यान देने की ज़रूरत है कि नारी-सम्बन्धी इन परस्पर विरोधी अवधारणाओं के सृजन में हमारे शास्त्रों की महत्त्वपूर्ण भूमिका रही है। क्योंकि हमारे धर्मशास्त्रों का भारतीय समाज और संस्कृति को ढालने में महत्त्वपूर्ण हाथ रहा है। आज भी स्त्री को अपने वश में रखने के लिए, उसके शोषण और दमन की परम्परा को बरकरार रखने के लिए 'मनुस्मृति' की पंक्तियों और 'रामचरितमानस' के दोहे सुनाए जाते हैं। यथा-

स्वां प्रसूति चरित्रं च कुलमात्मानमेव च
स्वं च धर्म प्रयत्नेन जागां रक्षम् हि रक्षति।[8]

अर्थात् सब पुरुषों को चाहिए कि अपनी स्त्रियों को स्वतन्त्र न होने दें, किसी प्रकार विषयों में आसक्त होने पर भी उन्हें अपने वश में रखें, कुमार अवस्था में पिता रक्षा करता है, युवा अवस्था में पति तथा बुढ़ापे में पुत्र स्त्री की रक्षा करता है। स्त्री स्वतन्त्रता के योग्य नहीं है। साथ ही 'स्वभाव एवं नारीणां नराणामिह दूषणम्'[9] अर्थात् इस लोक में पुरुषों को विकारग्रस्त कर देना-यह नारियों का स्वभाव है। दूसरी ओर ऋग्वेद में कहा गया है-'न वै स्त्रैणानि सख्यानि। सन्ति सालावृकाणां हृदयान्येता।'[10] अर्थात् स्त्रियों से मित्रता करना व्यर्थ है, क्योंकि उनका हृदय भेड़िए के समान है।

दूसरी ओर इसी संस्कृति में दुर्गा, काली, लक्ष्मी, सरस्वती आदि देवियों की पूजा होती है, कुँवारी कन्या को देवी का रूप माना जाता है। नवरात्र आदि त्योहारों में उनकी वंदना की जाती है।

'यत्र नार्यस्तु पूज्यन्ते, रमन्ते तत्र देवता:।'[11] जैसी प्रसिद्ध पंक्ति के समान अनेक उदाहरण दिये जा सकते हैं। इन उदाहरणों में हजारों सालों से चले आते पुरुष संस्कार और सोच का सार छिपा हुआ है। देवी अथवा दासी, गृहिणी अथवा कुलटा, सहचरी अथवा वेश्या नारी के ये परस्पर विरोधी रूप देकर "आदमी ने औरत की जिस एक चीज़ को मारा, कुचला या पालतू बनाया है, वह है उसकी स्वतन्त्रता। आदमी हमेशा से नारी की स्वतन्त्र सत्ता से डरता रहा है और उसे ही बाकायदा अपने आक्रमण का केन्द्र बनाया है।"[12]

भक्तिकाव्य तक तो स्त्री के प्रति दुहरे मापदण्ड के दर्शन होते हैं, लेकिन रीतिकाव्य में स्थिति और ज़्यादा घातक है, क्योंकि इसमें स्त्री के यौन, कला और प्रेम को वस्तु में बदलकर विशुद्ध रूप से उसका 'बाज़ारीकरण' कर दिया गया है। इस 'बाज़ारीकरण' की प्रक्रिया में वास्तविकता यही है कि "सबसे ज्वलन्त

प्रश्न तो उन सभ्यताओं और संस्कृतियों की ग्रंथियों का है, जो अपने सामाजिक संगठन और सांस्कृतिक रूपाकारों में स्त्री से, खासकर, उसकी 'सेक्सुअलिटी' से भयभीत-सी लगती हैं। हम आदिवासी संस्कृतियों की चर्चा तो इस प्रसंग में नहीं कर सकते। बाक़ी स्वयं को सभ्य कहने वाली सभी परम्पराएँ उस स्त्री से कमोबेश आतंकित लगती हैं, जो देह और देवी के बजाय एक व्यक्ति होना चाहे। यही भय है, जो नियन्त्रण की मंशा को पवित्रता के विमर्श में सँवारकर पेश करता है। स्त्री की सेक्सुअलिटी का यही आतंक है जो सेक्सुअलिटी के अबूझ तथ्य को या तो देवीपन के जरिए हानिरहित-हार्मलेस बनाने की कोशिश करता है, या फिर कामिनीपन के ज़रिए स्त्री को सेक्सुअलिटी के ऑब्जेक्ट में तब्दील कर देता है।"[13]

स्त्री के यौन-व्यापारों और प्रेम के अन्तरंग भावों के चित्रण में अनुभव सत्य से उपजी विश्वसनीयता और प्रामाणिकता तब आती, जब यह वर्णन किसी स्त्री द्वारा किया जाता। यद्यपि रीतिकाव्य में स्त्री-रचित रचनाएँ कम मिलती हैं तथापि रीतिकाल के दो सौ साल के लम्बे अन्तराल में शेख, साई, छत्रकुँवरि, कंकावली, सुन्दरकुँवरि, प्रतापकुँवरि, राजकुँवरि, रत्नकुँवरि, विष्णुप्रिया, चन्द्रकला बाई, युगलप्रिया, रानी रसप्रिया देवी आदि कवयित्रियों की रचनाएँ मिलती हैं। इन कवयित्रियों की रचनाओं को देखें तो एक बात स्पष्ट है कि इनके काव्य में भक्ति को आधार बनाकर किसी तरह के पार्थक्य और भेदभाव का विरोध मिलता है, क्योंकि ईश्वर की नज़र में स्त्री-पुरुष सब समान हैं। पार्थक्य का विरोध प्रकारान्तर से स्त्री-अस्मिता को प्रकट करता है। ध्यान देने की बात है कि इन कवयित्रियों ने कृष्ण की बाललीलाओं का चित्रण नहीं के बराबर किया है। राधा-कृष्ण के प्रेम अथवा कृष्ण के प्रति अपने प्रेम का इजहार वस्तुतः स्वतन्त्र स्त्री की परिकल्पना का ही प्रस्थान बिन्दु है। साथ ही इन कवयित्रियों के कृष्ण, पारलौकिक शक्तियों से सम्पन्न दुष्ट-दलनकर्त्ता के रूप में सामने न आकर एक प्रेमी के रूप में सामने आते हैं। इस प्रेमी में एक ऐसे मनुष्य की छवि देखी जा सकती है, जो स्त्री के समकक्ष अथवा उसके बराबर का हो।

निश्चय ही इन रचनाओं में कृष्णप्रेम के माध्यम से एक स्त्री की स्वतन्त्र अस्मिता की आकांक्षा अभिव्यक्त हुई है। लेकिन यौन-व्यापारों का जैसा खुला दस्तावेज़ पुरुष रीतिकालीन कवियों के यहाँ मिलता है, वैसा इन कवयित्रियों के यहाँ दुर्लभ है। कहा जाता है कि सामाजिक दबाव और समुचित शिक्षा के अभाव में यौन-व्यापारों को वर्णित करने का काव्य कला-कौशल स्त्रियाँ अर्जित नहीं कर सकीं। ठीक है कि निज प्रेम के (अ)प्रदर्शन में सामाजिक दबाव तो हो सकता

है, लेकिन क्या यही दबाव राधा-कृष्ण के प्रेमवर्णन के सन्दर्भ में भी कार्यरत था? निश्चय ही नहीं। क्योंकि यदि ऐसा होता तो अनुकरण के लिए उनके पास रीतिकालीन सामग्री की कमी नहीं थी। वैसे भी माना जाता है कि स्त्री साहित्य मूलतः अनुकरण का साहित्य है। यथा-

"अगर स्त्रियों का साहित्य अपने सामूहिक चरित्र में पुरुषों के साहित्य से अलग होना ज़रूरी है, जो स्वाभाविक प्रवृत्तियों में किसी अन्तर पर निर्भर करता है-तो इसके लिए काफ़ी ज़्यादा वक्त चाहिए। तभी यह स्वीकृत खाँचों को छोड़कर, अपने संवेगों के निर्देश पर अपनी खुद की एक आकृति ले सकता है, लेकिन अगर, जैसा कि मेरा विश्वास है, ऐसी किन्हीं अलग स्वाभाविक प्रवृत्तियों का वजूद सिद्ध नहीं हो पाता, तो भी हर लेखिका की व्यक्तिगत प्रवृत्तियाँ उसके सृजन को एक अलग व्यक्तित्व दे सकेंगी-जो फिलहाल पहले हो चुके सृजन और उदाहरणों के बहुत ज़्यादा दबाव में है, पर इसके लिए भी कई पीढ़ियाँ चाहिए। उसके बाद ही वे पुरुष लेखकों के प्रभाव से मुक्त हो सकेंगी।"[14]

लेकिन रीतिकालीन स्त्री कवियों की रचनाओं के सन्दर्भ में उक्त विवरण से सहमत नहीं हुआ जा सकता है। विषयवस्तु समान होते हुए भी काव्यभाषा के संवेदनात्मक स्तर पर रचना-प्रक्रिया के संश्लिष्ट स्वरूप के विश्लेषण से स्पष्ट होता है कि विवेच्य कवयित्रियों की भावाभिव्यक्ति में उनका निज अनुभव घुला-मिला है। क्योंकि इनके पदों में प्रयुक्त शब्दों का गहरा सम्बन्ध समाज, शास्त्र और परम्परा में अवस्थित स्त्री की स्थिति से है। रीतिकालीन कवयित्रियों के अनुभव जिन बिम्बों में से विकसित होते हैं, वे अधिकतर हर भारतीय स्त्री के सामान्य जीवन से जुड़े हैं। इनके काव्य में वर्णित पौराणिक चरित्र जैसे द्रौपदी, गजराज, प्रह्लाद आदि कृष्ण के ईश्वरत्व से जुड़कर जब बिम्ब का आधार बनते हैं, तो भी अन्त तक आते-आते कवयित्रियों की अपनी स्थिति उनके (ईश्वर के) महिमागत अन्तराल को पार कर सामने आ ही जाती है। इसी प्रकार कृष्ण-मिलन अथवा प्रेम के उत्कट क्षणों में भी कवयित्रियों की वास्तविक स्थिति उनका पीछा नहीं छोड़ती और तीव्र आवेगात्मक अवस्था में भी पदों के बीच में कोई-न-कोई ऐसा शब्द अथवा पंक्ति आ जाती है, जिससे उनकी वास्तविक स्थिति का अभास हो जाता है।

गहराई से देखें तो रीतिकालीन स्त्रियों की कविता का सम्बन्ध स्त्री-जीवन की उस वेदना और पीड़ा से है, जिसकी ओर यौन-व्यापारों के चितेरे रीतिकालीन कवियों का ध्यान गया ही नहीं। रीतिकाव्य में पुरुषों द्वारा जहाँ घोषित रूप से शृंगार और यौन-व्यापारों की अभिव्यक्ति हुई है, वहीं कवयित्रियों ने अस्फुट स्वर

में ही सही, अपनी वास्तविक स्थिति का बयान किया है। ईश्वर की विराटता और उसके दयालु स्वरूप तथा उस ईश्वर के साथ संयोग-वियोग की तमाम स्थितियों को पार करते हुए इन कवयित्रियों की रचनाएँ अन्ततः एक स्त्री की व्यक्तिगत और सामाजिक जीवन-स्थितियों तक आ पहुँचती हैं। यथा–लोकनाथ चौबे की पत्नी कविरानी की रचनाएँ देखी जा सकती हैं–लोकनाथ चौबे बूँदी के राजा बुधसिंह के आश्रित कवि थे। राजा बुधसिंह का राज्यकाल संवत् 1753 से संवत् 1805 तक है–

मैं तो यह जानी हो कि लोकनाथ पति पाय,
संग ही रहौंगी अरधंग जैसे गिरजा।
एते पै विलक्षण है उत्तर गमन कीन्हों,
कैसे के मिटत ये वियोग विधि सिरजा।
अब तौ ज़रूर तुम्हें अरज करे ही बने,
वे हू द्विज जानि फरमाय हैं कि फिर जा।
जो पे तुम स्वामी आज अटक उलंघ जैहौ,
पाती माहिं कैसे लिखूँ मिश्र मीर मिरजा।

विनती करहुगे जो वीर राव राजाजी सों,
सुनत तिहारी बात ध्यान में धरहिंगे।
पाती कविरानी मोरी उनहिं सुनाय दीन्हों,
अवसि विरह पीर मन की हरहिंगे
वे हैं बुद्धिमान मुखदान बड़भागी बड़े
धरम की बात सुन मोद सों भरहिंगे।
मेरी बात मानो राव राजा सों अरज करौ,
लौटन को घर फरमाइस करहिंगे।

यद्यपि सावित्री सिन्हा ने कविरानी की कविता का मूल्यांकन करते हुए लिखा है कि "इनके पदों में न तो वाग्विदग्धता है और न काव्य-सरसता। अनलंकृत, सज्जाहीन, परन्तु प्रवाहयुक्त कवित्त शैली में अपनी भावनाओं की सरल अभिव्यक्ति कर देने में वे सफल रही हैं। संस्कृत के तद्भव तथा तत्सम शब्दों का यद्यपि अभाव नहीं है, परन्तु ब्रजभाषा के देशज शब्दों का प्रयोग ही अधिक हुआ है। उर्दू के शब्दों के प्रयोग भी यत्र-तत्र मिलते हैं। सीधी तथा सरल अभिव्यंजना ही उनके काव्य का गुण है।"[15] सीधी तथा सरल अभिव्यंजना होते हुए भी उक्त पदों की अन्तिम पंक्तियों में एक पत्नी की अपने पति के लिए

मनुहार और उस पर पूर्णतः आश्रित होने का भाव अभिव्यक्त हुआ है।

उक्त विवरण से स्पष्ट है कि रीतिकाव्य में स्त्री, उसके प्रेम और यौन के विविध व्यापारों को काव्य का विषय बनाया ज़रूर गया, लेकिन उस विवरण में न तो अनुभव की प्रामाणिकता है और न ही उससे एक स्त्री को समझा जा सकता है। इस काव्य में वर्णित स्त्री पुरुष की स्त्री है, स्त्री की स्त्री नहीं। जैसा कि निम्न पंक्तियों में ध्वनित है–

मन्त्रमुग्ध होते रहे तुम
स्वरचित स्त्री के,
अपने लिए विरह प्रेम और सौन्दर्य पर।
विरह कहाँ?
सदियों से नाराजगी का बीज बोते रहे,
अब महसूसते होंगे।
पत्नियों की भीड़ में
कहाँ दिख गया तुम्हें प्रेम?
एकतरफ़ा प्रेम,
पूरी जाति को बचाए रखने का
आधार था।
नतमस्तक रहो,
हर नवयौवना के सौन्दर्य पर
क्योंकि तुम अभिशापित हो!

सन्दर्भ

1. रोज़मेरी टोंक, फ़ेमिनिस्ट थॉट, रूटलेज, लंदन, प्रथम संस्करण 1989, पृ. 237
2. रेखा मिश्रा, वुमन इन मुग़ल इंडिया, मुंशीराम मनोहरलाल, इलाहाबाद, 1967, पृ. 1-46
3. विश्वनाथ काशीनाथ राजवाड़े, भारतीय विवाह संस्था का इतिहास, पृ. 70
4. सीमोन द बोउवार, स्त्री : उपेक्षिता, प्रस्तुति : डॉ. प्रभा खेतान, हिंद पॉकेट बुक्स, पृ. 72
5. घनानन्द-भूमिका, बनारस, संवत् 2009, पृ. 585
6. आचार्य रामचन्द्र शुक्ल, हिन्दी साहित्य का इतिहास, नागरी प्रचारिणी सभा, काशी, पृ. 112-113
7. हजारी प्रसाद द्विवेदी, हिन्दी साहित्य की भूमिका, राजकमल प्रकाशन, दिल्ली, पृ. 111
8. कल्याण, नारी अंक (बाईसवें वर्ष का विशेषांक), गीता प्रेस, गोरखपुर, पृ. 182
9. वही, पृ. 90

10. वही, पृ. 90
11. वही, पृ. 58
12. अरविंद जैन, औरत होने की सज़ा, विकास पेपर बैक्स, गांधीनगर, दिल्ली-31, पृ. 9
13. पुरुषोत्तम अग्रवाल, विचार का अनन्त, राजकमल प्रकाशन, नयी दिल्ली, पटना, पृ. 166
14. जॉन स्टुअर्ट मिल, 'द सब्जेक्शन ऑफ़ विमेन' का अनुवाद 'स्त्री और पराधीनता : प्रकृति, शक्ति और भूमिका से जुड़े प्रश्न', अनुवादक– युगांक धीर; संवाद प्रकाशन, मुंबई, मेरठ, फरवरी 2002, पृ. 79
15. सावित्री सिन्हा, मध्यकालीन हिन्दी कवयित्रियाँ, आत्माराम एंड संस, प्र. सं., 1953, पृ. 290

हिन्दी काव्यशास्त्रीय परम्परा और पद्माकर का योगदान

डॉ. बोस्की मैंगी

साहित्य का आलोचन अथवा काव्य-मीमांसा का सैद्धांतिक स्वरूप काव्यशास्त्र अथवा साहित्यशास्त्र अथवा समीक्षाशास्त्र कहलाता है। काव्यशास्त्र का स्वरूप साहित्य के सिद्धान्तपक्ष से निर्मित होता है। भारतीय काव्यशास्त्र की परम्परा कम-से-कम ढाई हज़ार वर्ष पुरानी है। इस परम्परा में सर्वप्रथम भरतमुनिकृत 'नाट्यशास्त्र' मिलता है। इसके उपरान्त भामह, दण्डी, उद्‌भट, वामन, रुद्रट, आनन्दवर्द्धन, राजशेखर, धनंजय, भट्‌टनायक, कुंतक, मम्मट, क्षेमेंद्र, हेमचंद, विश्वनाथ, पण्डित जगन्नाथ की काव्यशास्त्र को देन प्रमुख है।

हिन्दी काव्यशास्त्र की विकास-यात्रा

हिन्दी साहित्य में काव्यसिद्धान्तों का आविर्भाव अचानक ही नहीं हुआ, अपितु इसका पृष्ठाधार संस्कृत काव्यशास्त्र की सुदीर्घ एवं समृद्ध परम्परा थी। हिन्दी साहित्य का 'रीतिकाल' हिन्दी काव्यशास्त्रीय दृष्टि से अतीव समृद्ध रहा है। ईसा की लगभग द्वादश शताब्दी से प्रादेशिक भाषाओं का प्रयोग साहित्य में होने लगा। साधारणतया हिन्दी काव्यशास्त्र के प्रारम्भ और विकास के दो कारण माने जाते हैं। एक, प्राथमिक रूप से अष्टम शताब्दी के प्रारम्भ से हिन्दी भाषा का सूत्रपात हुआ तदनुसार भाषा को समृद्ध बनाने के लिए हिन्दी विद्वानों ने हिन्दी के प्रारम्भिक रूप अपभ्रंश, ब्रज और राजस्थानी में हिन्दी काव्यशास्त्र की रचना प्रारम्भ की। यद्यपि इन रचनाओं का आधार संस्कृत ही था। इसलिए मौलिकता का विशेष अभाव रहा। दूसरा, यशलोभी कवियों को शिक्षा देने के लिए कतिपय हिन्दी विद्वानों ने हिन्दी भाषा में काव्यशास्त्रीय ग्रन्थों की रचना प्रारम्भ की। पण्डित जगन्नाथ के उपरान्त आचार्य केशव ने संस्कृत काव्यशास्त्र का रूपान्तरण हिन्दी साहित्य में किया। यद्यपि केशव से पूर्व मध्ययुग में कृपाराम की 'हिततरंगिणी' में भी काव्यशास्त्रीय

सिद्धान्तों का अध्ययन हुआ देखा जा सकता है। कृपाराम एवं कतिपय विद्वानों ने हिन्दी काव्यशास्त्रीय ग्रन्थों की अथवा अपने काव्यग्रन्थों में काव्यशास्त्र के सूत्रों की रचना की। इनमें सूरदास, तुलसी, रहीम, नंददास, केशव उल्लेखनीय हैं। सूर ने 'साहित्य लहरी' में अपने ढंग से नायिका-भेद का उल्लेख किया है। तुलसीकृत 'बरवै रामायण' पर भी रीति का प्रभाव स्पष्ट है। उनके बरवै प्राय: अलंकारों के उदाहरण लगते हैं। रहीम के 'बरवै नायिका-भेद', नन्ददास कृत 'रसमंजरी' में नायिकाओं के उदाहरण तथा लक्षण प्रस्तुत किये हैं। इसके उपरान्त आचार्य केशव की 'रसिकप्रिया' और 'कविप्रिया' भी काव्यशास्त्रीय परम्परा का अनुकरण करती दिखाई देती हैं। केशव के इन ग्रन्थों में भाषा, कवि-प्रकार, कविता का रूप, उद्देश्य, काव्यविषय वस्तुवर्णन, भेद, दोष, अलंकार, रस पर प्रकाश डाला गया है। यहाँ तक हम हिन्दी काव्य का प्रथम चरण मान सकते हैं। संवत् 1660 से संवत् 1850 तक आते-आते रीति विद्वानों ने काव्यशास्त्र की असंख्य पुस्तकों की रचना की। डॉ. भगीरथ मिश्र ने अपनी पुस्तक "हिन्दी काव्यशास्त्र का इतिहास' में इन ग्रन्थों की एक वृहत् सूची प्रस्तुत की है।[1] केशव के उपरान्त देव, पद्माकर, भिखारीदास, मतिराम, चिन्तामणि आदि कुछ आचार्यों को आचार्यत्व में विशेष सफलता मिली। डॉ. राजकिशोर के अनुसार 'हिन्दी रीतिकाव्य का आधार संस्कृत काव्यशास्त्र है, किन्तु हिन्दी रीतिग्रन्थों में संस्कृत काव्यशास्त्र की सभी मान्यताओं को स्थान प्राप्त नहीं हुआ है।"[2]

दूसरे चरण सं. 1660 से सं. 1850 तक सर्वप्रथम उन विद्वानों का वर्ग है, जिसने काव्यशास्त्र के सर्वांग निरूपक ग्रन्थों की रचना की है, जिनमें चिन्तामणि का 'कविकल्पतरु', सुरति मिश्र का 'काव्यसिद्धान्त', देव का 'भावविलास', भिखारीदास का 'काव्यनिर्णय' उल्लेखनीय हैं। विद्वानों के एक दूसरे वर्ग में केवल रसविषयक ग्रन्थों की रचना की और वह भी अधिकतर श्रृंगार रस की। इनमें से कुछ ग्रन्थों ने श्रृंगार रस के आधार पर नायक-नायिका भेद का विस्तृत निरूपण किया है। श्रृंगार और नायिका-भेद के ग्रन्थों में चिन्तामणि की 'श्रृंगार मंजरी', मतिराम की 'रसराज', सुखदेव मिश्र की 'श्रृंगारलता', कालिदास का 'वधूविनोद' उल्लेखनीय हैं।[3]

इसी तरह तीसरे वर्ग में केवल अलंकार निरूपक आचार्यों का स्थान है। इन विद्वानों का विषयगत विवेचन का आधार अधिकतर अलंकार ही रहा। मतिराम का 'ललित ललाम', भूषण का 'शिवराजभूषण', सुरति मिश्र का 'अलंकार माला' आदि उल्लेखनीय ग्रन्थ हैं। चौथे वर्ग में पिंगल निरूपक आचार्यों का स्थान है। इन विद्वानों ने अधिकतर छन्द विषयक ग्रन्थों की रचना की है। इन ग्रन्थों में से चिन्तामणि का 'पिंगल', मतिराम का 'छन्दसार', अयोध्याप्रसाद वाजपेयी का

'छन्दानन्द पिंगल' उल्लेखनीय हैं।[4] रीतिकाल के उपरान्त 20वीं शताब्दी के पूर्वार्द्ध में हिन्दी काव्यशास्त्रीय परम्परा के विकास की गति धीमी पड़ने लगी। इसका कारण हिन्दी में आधुनिक गद्य विधाओं की शुरुआत को माना जा सकता है। इस प्रकार रीतिकाल में ही हिन्दी काव्यशास्त्रीय परम्परा अपनी चरम सीमा पर थी।

हिन्दी काव्यशास्त्र के काव्य-सिद्धान्त

हिन्दी काव्यशास्त्रीय परम्परा संस्कृत की देन है, इसलिए वह काव्यसिद्धान्त ही अनुकरणीय समझे गये, जो संस्कृत काव्यशास्त्र में लोकप्रिय एवं सर्वमान्य थे। डॉ. नादार के अनुसार, "उन्होंने नवीन सिद्धान्तों के अन्वेषण की अपेक्षा संस्कृत के काव्यशास्त्र को हिन्दी में भी सरल एवं सुबोध रूप से प्रस्तुत करना अधिक श्रेयस्कर समझा। यही कारण है कि रीतिकालीन देन प्रायः न के बराबर ही रही।"[5] इन काव्यसिद्धान्तों में रससिद्धान्त, अलंकारसिद्धान्त, शब्दशक्ति एवं ध्वनि सिद्धान्त, रीति एवं गुण सिद्धान्त, वक्रोक्ति सिद्धान्त प्रमुख हैं।

रससिद्धान्त : काव्यशास्त्रीय परम्परा की दृष्टि से रससिद्धान्त सबसे प्राचीन है। इसके प्रस्थापक आचार्य भरत हैं और व्याख्याकारों में लोल्लट, भट्टनायक, अभिनवगुप्त हैं। आचार्य विश्वनाथ ने तो रस को काव्य की आत्मा स्वीकार किया है। आचार्य विश्वनाथ का 'साहित्यदर्पण', भोज का 'शृंगारप्रकाश', पण्डित जगन्नाथ का 'रसगंगाधर' रससिद्धान्त के स्तंभ-ग्रन्थ हैं। इन्हीं ग्रन्थों के अनुकरण में हिन्दी काव्यशास्त्रीय परम्परा में शृंगारमंजरी, रसराज, रसनिर्णय जैसे ग्रन्थ रचे गये।

अलंकार-सिद्धान्त : बीज रूप चाहे अलंकार सम्प्रदाय का भरत के नाट्यशास्त्र में मिलता है, परन्तु सिद्धान्त रूप में इसकी प्रतिष्ठा आचार्य भामह के समय हुई। भामह के बाद दण्डी, उद्भट, जयदेव ने इसे व्यवस्थित रूप प्रदान किया। अलंकार-सिद्धान्त को आधार बनाकर हिन्दी काव्यशास्त्र में जयदेवकृत चन्द्रलोक, महाराज जसवंतसिंह कृत भाषाभूषण, मतिराम का ललित ललाम, कविभूषण का 'शिवराज भूषण', पद्माकर का पद्माभरण ग्रन्थ लिखे गये।

शब्दशक्ति एवं ध्वनि-सिद्धान्त : भर्तृहरि ने शब्द के अर्थबोधक व्यापार के मूल कारण को ही शब्दशक्ति कहा है। आचार्य मम्मट ने शब्दशक्ति के तीन भेद अभिधा, लक्षणा और व्यंजना को माना है। परवर्ती आचार्यों ने लक्षणा और व्यंजना के भेदोपभेदों की संख्या को काफ़ी दूर तक पहुँचा है। परन्तु रीतिकालीन आचार्य शब्दशक्तियों के सूक्ष्म भेदों के विवेचन में संस्कृत आचार्यों की गहराई तक नहीं पहुँच पाये। ध्वनि के दो भेद लक्षणामूलक और अभिधामूलक माने गये हैं। हिन्दी काव्यशास्त्रीय परम्परा में आचार्य कुलपति 'व्यंग्य जीव ताको कहत' तथा प्रताप साहि ने 'व्यंग्य जीव है कवित्त में' कहकर ध्वनि के प्रति अपना

मत स्पष्ट किया है। हिन्दी के आचार्यों ने विविधांग निरूपक ग्रन्थों में ध्वनि को स्थान दिया है।

रीति एवं गुण-सिद्धान्त : काव्यशास्त्र में 'रीति' का प्रमुख स्थान है। सिद्धान्त रूप में इसे प्रतिष्ठित करने का श्रेय आचार्य वामन को है। रीति के तीन भेद वैदभी, गौड़ी और पांचाली भी उनकी देन हैं। 'गुण' का संकेत सर्वप्रथम आचार्य भरत और भामह ने किया। कुछ काव्यगुण को रस का ही अंग मानते हैं। काव्यगुणों को सिद्धान्त रूप में अधिक मान्यता नहीं मिल सकी। रीतिकाल में भी रीति व गुण को लेकर स्वतन्त्र ग्रन्थ-रचना नहीं की गयी, बल्कि इसे काव्यशास्त्र का अंग मात्र स्वीकार किया गया है।

नायिका-भेद : संस्कृत काव्यशास्त्र में रसराज शृंगार के आलम्बन नायक-नायिका में से नायिका-भेद को बहुत महत्त्वपूर्ण स्थान मिला। संस्कृत-परम्परा में भरत, भोज, हेमचन्द्र आदि ने अपने ग्रन्थों में नायिका के विविध भेदों की चर्चा की है। हिन्दी काव्यशास्त्र में शृंगारवर्णन की प्रवृत्ति सर्वप्रधान की। अतः नायिका-भेद पर तत्कालीन कवियों की दृष्टि केन्द्रित रही। रीतिकालीन ग्रन्थों में सुधानिधि, शृंगार मंजरी, कविकल्पतरु, रसराज, भावविलास प्रमुख ग्रन्थ हैं।

वक्रोक्ति-सिद्धान्त : आचार्य कुंतक को वक्रोक्ति सिद्धान्त का प्रवर्त्तक माना गया है। उन्होंने वक्रता का अर्थ 'कविकर्म कौशलजन्य चारुता' से लिया है। वैदग्ध्यपूर्ण शैली में कही गयी उक्ति को वक्रोक्ति कहा गया है। इसके आगे छः भेद किये गये हैं। हिन्दी काव्यशास्त्र (रीतिकाल) में इसका उल्लेख मात्र काव्यांग के रूप में ही लक्षण ग्रन्थों में उपलब्ध होता है। यह सिद्धान्त भी रीति-गुण की भाँति गौण रूप में प्रस्तुत हुआ। ऊपरलिखित काव्यसिद्धान्तों को लेकर पद्माकर का हिन्दी काव्यशास्त्र में योगदान स्थापित किया गया है।

हिन्दी काव्यशास्त्र में पद्माकर का योगदान

पद्माकर हिन्दी काव्यशास्त्रीय परम्परा में रीतिकाल के कवि हैं। पद्माकर की रचनाओं की प्रामाणिकता-अप्रामाणिकता विचारणीय है। आचार्य शुक्ल ने 'हिम्मतबहादुर विरुदावली', 'जगद्विनोद', 'हितोपदेश भाषा', 'प्रबोध पचासा', 'गंगालहरी' को प्रामाणिक माना है।[6] इसके अतिरिक्त आचार्य विशनाथप्रसाद मिश्र ने 'पद्माभरण', प्रतापसिंह विरुदावली' का सम्पादन भी पद्माकर ग्रन्थावली में किया है। आचार्य विश्वनाथ मिश्र द्वारा संपादित आकार ग्रन्थ-माला-4, 'पद्माकर' के अन्तर्गत प्रकाशित 'हिम्मतबहादुर विरुदावली', पद्माभरण 'जगद्विनोद', 'प्रबोध पचासा', 'गंगालहरी', 'प्रतापसिंह विरुदावली' तथा 'कलिपचीसी' रचनाओं को ही प्रामाणिक मान लेना श्रेयस्कर होगा।

पद्माकर-काव्य में रस की भूमिका

पद्माकर कृत 'जगद्विनोद' ग्रन्थ में उनके रससिद्ध कवि होने के प्रमाण मिलते हैं। इस ग्रन्थ में उन्होंने रसराज शृंगार के आलम्बनभूत 'नायिका' का लक्षण-उदाहरण, भेदोपभेद सहित विस्तृत वर्णन किया है। उद्दीपन में 'षड्ऋतु वर्णन' अत्यन्त मनोहर है। 'जगद्विनोद' का अधिकांश भाग शृंगार रस के आलम्बन (नायिका), उद्दीपन (ऋतु-वर्णन) से संपृक्त है, शेष में रसनिष्पत्ति के लिए अपेक्षित अनुभाव, संचारी भाव, स्थायी भाव एवं नौ रसों का वर्णन मिलता है। पद्माकर ने आचार्य विश्वनाथ कृत 'साहित्यदर्पण' को अपना आदर्श माना है। इसलिए 'साहित्यदर्पण' में रस-लक्षण व भेद 'जगद्विनोद' में भी यथावत् प्राप्त होते हैं। उनकी कृति 'हिम्मतबहादुर विरुदावली' में हिम्मतबहादुर और अर्जुनसिंह के युद्ध के चित्रण में वीर रस की योजना स्वाभाविक रूप से हुई है। इसी तरह 'प्रबोध पचासा', 'कलिपचीसी' और 'गंगालहरी' वृद्धावस्था में वैराग्यापन्न होने के बाद लिखी गयी रचनाएँ हैं, उनमें शान्तरस की छटा दिखाई देती है।

शृंगार रस : 'रति' नामक स्थायी भाव ही विभाव, अनुभाव और संचारी भाव से व्यक्त होता हुआ शृंगार रस को प्राप्त होता है। इस रस के संयोग और वियोग दो भेद हैं।

संयोग शृंगार रस : इसमें नायक-नायिका-मिलन, विहार, विविध कामचेष्टा, रति-क्रीड़ा आदि अनेक स्थितियाँ आती हैं। इसका उदाहरण पद्माकर कृत 'जगद्विनोद' में विविध दशाओं से द्रष्टव्य है, जैसे काम-कल्लोल का चित्र—

लै पट पीतम के पहिरै पहिराय पियै चुनि चूनरी खासी
त्यौं पदमाकर साँझ ही तैं सिगरी निसि-केलिकला परगासी।
फूलत फूल गुलाबन के चटकाहट चाकि चकी चपला-सी
कान्ह के कानन आँगुरी नाइ रही लपटाइ लवंगलता-सी।[7]

पद्माकर काव्य में शृंगार के पोषक तत्त्व जैसे रूप-सौन्दर्य में नायक-नायिका सौन्दर्य, नख-शिख सौन्दर्य में मुख, नयन, उरज, कटि का वर्णन देखने को मिलता है।

वियोग शृंगार रस : नायक-नायिका के मिलन तथा पूर्णता को प्राप्त प्रेम के बाद किसी कारणवश बिछुड़ने की स्थिति वियोग शृंगार के अन्तर्गत है। वियोग की आचार्यों ने चार अवस्थाएँ मानी हैं—पूर्वराग, मान, प्रवास तथा करुण। पद्माकर की कृति 'जगद्विनोद' में पूर्वराग, मान और प्रवास के पर्याप्त उदाहरण हैं, करुण का अभाव है। वियोग शृंगार रस का उदाहरण—

बालम के बिछुरैं ब्रजबाल को हाल कह्यो न परै कछु ह्याँ हीं।
त्वै सी गयी दिन तीन ही में तब औधि लौं क्यौं छजि है छबि छाँहीं।

तीर सो धीर समीर लगै पदमाकर बूझिहूँ बोलति नाँहीं।
चंदउदौ लखि चंदमुखी मुखमंद ह्वै पैठति मन्दिर माँहीं।[8]

इसी तरह वियोग की अन्य अवस्थाएँ–पूर्वराग, मान, प्रवास के उदाहरण भी 'जगद्विनोद' में उपलब्ध हैं।

पद्माकर काव्य में वीर रस, हास्य रस, करुण रस, रौद्र रस, वीभत्स और भयानक रसों के वर्णन भी बड़े रोचक हैं। ये उनकी कवित्व की बहुआयामी प्रतिभा के द्योतक हैं। उनकी लिखी 'हिम्मतबहादुर विरुदावली' तो वीर, रौद्र, वीभत्स और भयानक रसों का वर्णन करने वाली कृति है।[9]

पद्माकर-काव्य में नायिका-भेद की भूमिका

शृंगार रस की आलम्बन-भूत नारी ही काव्य में 'नायिका' के नाम से जानी जाती है। नायिका के बिना शृंगार रस की कल्पना ही नहीं की जा सकती। संस्कृत काव्य-परम्परा का आधार लेकर रीतिकालीन आचार्यों ने 'नायिका-भेद' का विवेचन किया है। लेकिन कहीं-कहीं अपनी इच्छानुसार नाम परिवर्तन या भेदों के आधार घटा-बढ़ा अवश्य लिए हैं। पद्माकर भी इसके अपवाद नहीं। पद्माकर की नायिका-भेद की एक ही रचना 'जगद्विनोद' है। इसमें आरम्भ से ही मंगलाचरण के बाद कवि ने अपनी मान्यता स्पष्ट की है–

नायिका-लक्षण :

रस सिंगार कों भाव उर उपजत जाहि निहारि,
ताही कों कबि नाइका बरनत बिबिध बिचारि।[10]

पद्माकर ने स्वकीया नायिका के अन्तर्गत मुग्धा, मध्या, प्रौढ़ा में भेद किये हैं। आगे चलकर उपभेदों की भी चर्चा की है।

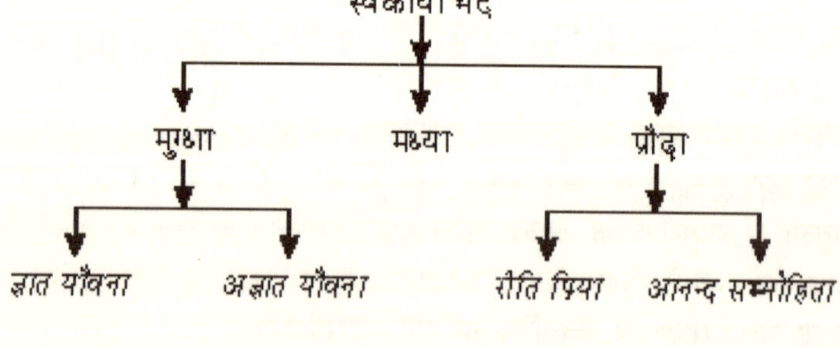

इसी तरह परकीया नायिका में ऊढ़ा और अनूढ़ा भेद स्वीकार किये गये हैं, जैसे पद्माकर शृंगार के रससिद्ध कवि रहे, वैसे ही नायिका-भेद विषय में उनकी

गहरी पैठ रही है, लेकिन नवीनता का अभाव रहा। पद्माकर के नायिका भेद पर आचार्य हजारी प्रसाद द्विवेदी का निष्कर्ष अक्षरशः चरितार्थ है–"इन नायिकाओं और उनकी दूतियों तथा उनके अंगज, अयत्नज तथा स्वभावज पर कवियों ने बहुत कुछ लिखा, पर सर्वत्र वे प्राचीन ग्रन्थों से संचालित रहे थे। 'दशरूपक' और 'साहित्यदर्पण' आदि' में उसी के अनुवाद रूप में जो कहा गया था, उससे अधिक किसी ने नहीं लिखा। इस प्रकार समूचा नायिका-भेद का साहित्य नाट्यशास्त्र के एक सामान्य अंग पर लोकगम्य भाष्य के सिवा और कुछ नहीं है।"[11] भले ही उपर्युक्त उक्ति पद्माकर पर सटीक है, पर पद्माकर ने जो भाष्य प्रस्तुत किया, वह अपनी सरलता में अद्वितीय है।

पद्माकर-काव्य में अलंकार की भूमिका

पद्माकर कृत 'पद्माभरण' ग्रन्थ में अलंकारों का विवेचन हुआ है। उन्होंने भी तत्कालीन अन्य हिन्दी आचार्यों की तरह ही संस्कृत के आचार्यों के अनुकरण पर अपने अलंकारग्रन्थ 'पद्माभरण' की रचना की। श्रृंगार एवं अलंकार-वर्णन तत्कालीन कवियों के मापदण्ड होते थे, ताकि उन्हें राजदरबार में प्रवेश मिल सके। इसलिए पद्माकर भी इसके अपवाद नहीं। पद्माकर कृत 'पद्माभरण' ग्रन्थ अलंकार ग्रन्थों में बहुत ऊँचा स्थान रखता है। अनुप्रास अलंकार उनका प्रिय अलंकार है। सभी रचनाओं में मुक्त हृदय से इसका प्रयोग हुआ है। अनुप्रास के 5 भेद छेक, वृत्ति, श्रुति, लाट और अन्त्य की छटा उनके काव्य में देखी जा सकती है। यमक अलंकार भी उनके काव्य में उपलब्ध होता है। जैसे–

तन सुबरन सुबरन बरन, सुबरन उकति उछाह।
धनि सुबरनमय ह्वै रही, सुबरन ही की चाह।[12]

इसी तरह इनके ग्रन्थ में वक्रोक्ति अलंकार, साम्यमूल, उपमा, रूपक, उत्प्रेक्षा, सन्देह, स्मरण, व्यतिरेक, अतिशयोक्ति, अत्युक्ति, विरोधाभास अलंकारों की छटा दिखाई देती है। 'पद्माभरण' के अलावा उनकी अन्य कृतियाँ हिम्मतबहादुर विरुदावली, प्रबोधपचासा, कलिपचीसी, गंगालहरी में सहज भाव से आये अलंकार कवि की काव्यमर्मज्ञता की ओर संकेत करते हैं। कवि की कृति 'हिम्मतबहादुर विरुदावली' में उपमा, रूपक, अतिशयोक्ति और युद्धवर्णन में स्वभावोक्ति अलंक. ारों का प्रयोग हुआ है। 'जगद्विनोद' कवि की श्रेष्ठतम कृति है, जिसमें उपमा, सन्देह, रूपक विरोधाभास, वक्रोक्ति का प्रयोग बहुत अधिक मात्रा में हुआ है।[13] अलंकारों के माध्यम से कवि पद्माकर अपने कथ्य को और अधिक सशक्त एवं आकर्षक ढंग से कहने में पूर्णतया सफल रहे हैं।

पद्माकर-काव्य में शब्दशक्ति व ध्वनि की भूमिका

पद्माकर एक कवि और आचार्य होने के नाते उस तथ्य को जानते थे कि शब्द से अर्थप्रकाशन में अभिधा की अपेक्षा लक्षणा और व्यंजना से अधिक चमत्कार आता है। इसलिए उनके काव्य में लक्षणा और व्यंजना का अधिक प्रयोग हुआ और अभिधा गौण रूप में रही। पद्माकर की कृतियों के सन्दर्भ में देखें तो 'हिम्मतबहादुर विरुदावली' में अभिधा का अधिक, लक्षणा का कम प्रयोग है। 'पद्माभरण' में लक्षण की अधिकता तथा व्यंजना का समावेश है। 'जगद्विनोद' में लक्षणा व व्यंजना का चरम उत्कर्ष तथा 'गंगालहरी', 'कलिपचीसी' में लक्षणा की अधिकता दिखाई देती है। जैसे–

सत्संग तें बैराग है ताते मन सन्तोष
सन्तोषहि तें ज्ञान है होत ज्ञान ते मोष।[14]

(अभिधा)

उन्होंने लक्षण के अन्तर्गत रूढ़िलक्षणा में मुहावरे व लोकोक्तियों का प्रयोग किया। जैसे–

1. एरे चित्रगुप्त मेरे हुकुम में कान दै।[15]
2. जहाँ तहाँ मैया धूरि तेरी उड़ि जाति गंगा।
   तहाँ तहाँ पायन की धूरि उड़ि जात है।[16]

इस प्रकार पद्माकर द्वारा शब्दशक्ति के प्रयोग में उनका कथ्य कहीं भी कमज़ोर या त्रुटिपूर्ण नज़र नहीं आता। आपकी शब्दशक्ति योजना के सम्बन्ध में डॉ. धीरेन्द्र वर्मा का कथन है–"पद्माकर-काव्य में शब्दाडम्बर एवं ऊहात्मक वैचित्र्य से मुक्त रहकर चमत्कार चातुरी के साथ सुघर कल्पना वाले भावचित्रों की उपस्थिति, अन्त:भावनाओं की व्यंजनाशक्ति के द्वारा सजीवता तथा साकारता के साथ, बड़े कौशल के साथ सजावट, चित्रांकन, बहुज्ञता एक साथ मिलती है।"[17]

ध्वनि पर विचार करें तो वाच्यार्थ से भिन्न अर्थ व्यंग्यार्थ अथवा ध्वनि कहलाता है। पद्माकर ने अपने किसी भी ग्रन्थ में ध्वनिविषयक मान्यता को स्पष्ट नहीं किया। फिर भी वह इसके जानकार अवश्य थे। इसका एक कारण तो यह है कि उनकी अलंकार-योजना तथा शृंगार रस के अन्तर्गत नायिका-भेद की विवेचना उत्तम ध्वनिकाव्य की कोटि में आती है। गुणवत्ता की दृष्टि से पद्माकर की रचनाओं में 'पद्माभरण', 'जगद्विनोद' में अविवक्षितवाच्य ध्वनि के उपभेद मिलते हैं। 'पद्माभरण', 'जगद्विनोद', 'गंगालहरी', 'प्रबोधपचासा' कृतियाँ ध्वनिकाव्य की भण्डार हैं।

पद्माकर-काव्य में रीति की भूमिका

काव्यशास्त्र में प्रमुख रूप से रीति के तीन भेद माने गये हैं–वैदर्भी, गौड़ी, पांचाली। इनमें से पद्माकर वैदर्भी रीति के सिद्धहस्त कवि माने गये हैं। उनकी रचनाएँ 'पद्माभरण', 'गंगालहरी', 'जगद्विनोद', 'प्रबोधपचासा', 'कलि पचीसी' में तो पूर्ण रूप से वैदर्भी रीति की छटा बिखरी पड़ी है। जैसे–

झुकि-झुकि झूमि-झूमि झिलि-झिलि झेति-झेति
झरहरि ज्ञापन पैं झमकि-झमकि उठै।
दर-दर देखौ दरीखानन में दौरि-दौरि
दुरि-दुरि दामिनी-सी दमकि-दमकि उठै।[18]

यहाँ झ और द की आवृत्ति के साथ-साथ साम्य रखनेवाले झुकि-झुकि, झूमि-झूमि, झिलि-झिलि आदि शब्दों का आश्चर्यजनक ढंग से प्रयोग हुआ है। गौड़ी रीति का प्रयोग कवि ने वहीं किया है, जहाँ किसी राजा के यशोगान में वीर रस की अभिव्यक्ति करनी हो और युद्धवर्णन किया हो। 'हिम्मतबहादुर विरुदावली' और 'प्रतापसिंह विरुदावली' के भागों में ही गौड़ी रीति का प्रयोग हुआ है। 'हिम्मतबहादुर विरुदावली' में द्रष्टव्य है–

चली तो धाँ-धँ-धँधँ-धाँई जग्गी
धड़ाधड़-धड़ाधड़ धड़ा होन लगी।

यहाँ पर ध, ड़ वर्णों का एकाधिक प्रयोग हुआ और धड़ाधड़ संयुक्ताक्षर एवं ओजपूर्ण शब्द मिलता है। अतः यहाँ 'गौड़ी रीति' है। पांचाली रीति की बात करें तो उनकी वैदर्भी ने ही यत्र-तत्र विषयानुकूल 'पांचाली' का रूप धारण कर लिया। अलग रूप से इसका वर्णन दिखाई नहीं पड़ता।

पद्माकर-काव्य में गुण-दोष की भूमिका

पद्माकर-काव्य में माधुर्य, ओज और प्रसाद तीनों गुणों का विवेचन हुआ है। परन्तु माधुर्य गुण पर उन्होंने अधिक बल दिया। 'पद्माभरण', 'जगद्विनोद' और 'गंगालहरी' में माधुर्य गुण देखा जा सकता है। जैसे–

सत्सँग ते बैराग है तातें मन-सन्तोष
सन्तोषहि ते ज्ञान है होत ज्ञान ते मोष।[19]

पद्माकर कई राजाओं के आश्रय में भी रहे। राज्याश्रित कवियों के लिए अपने राजा के प्रति शौर्यवर्णन स्वाभाविक धर्म था। इससे पद्माकर भी नहीं बचे। उनकी कृतियाँ 'हिम्मतबहादुर विरुदावली' और 'प्रतापसिंह विरुदावली' जैसे ग्रन्थ में शौर्यवर्णन देखा जा सकता है। शौर्यवर्णन में वीर इसका द्योतक है। जहाँ-जहाँ

वीर रस की योजना कवि ने की है, वहाँ-वहाँ शब्द-योजना और समास-बहुलता के द्वारा ओजगुण की सफल प्रस्तुति हुई है। शब्द के श्रवण-मात्र से ही अर्थबोध कराने वाली रचना प्रसाद की कोटि में रखी जाती है। वैसे तो पद्माकर की सभी रचनाओं में प्रसाद गुण है। फिर भी 'जगद्विनोद', 'गंगालहरी', 'पद्माभरण' में इसकी प्रचुरता है। उदाहरण है–

मखमल तें कोमल महा कदलि-गरभ को पात।
ताहू तें कोमल अधिक प्यारी तेरे गात।[20]

पद्माकर-काव्य में दोष का आना भी स्वाभाविक है। क्योंकि ऐसा कोई भी पदार्थ, वस्तु एवं व्यक्ति नहीं, जिसमें दोष न हो। कवि जब काव्य-रचना करता है तो उसमें भी त्रुटियाँ रह जाती हैं। इसी को 'काव्यदोष' कहा जाता है। संस्कृत काव्यशास्त्रीय परम्परा में–"दोष के लक्षण एवं स्वरूप के सम्बन्ध में ध्वनि-पूर्ववर्ती और ध्वनि-परवर्ती आचार्यों के बीच एक स्पष्ट विभाजन-रेखा खिंच जाती है। प्रथम वर्ग के आचार्यों ने दोष का सम्बन्ध गुण के साथ स्थापित किया है, तो द्वितीय वर्ग के आचार्यों ने रस के साथ।"[21]

पद्माकर-काव्य में हमें अश्लीलत्व, प्रतिकूल वर्ण, कारक दोष, सन्धि दोष, लिंग दोष, निरर्थक शब्द, अप्रतीत, अधिक पद, मुहावरा दोष, रस दोष की अभिव्यक्ति मिलती है। इनमें से कुछ एक उदाहरण इस प्रकार हैं–

लिंग दोष :

प्रीति घनै।[22] में घनी होना चाहिए।

निरर्थक शब्द

दूनौ दूनौ बाढ़त सुपूनौ की निसा में अहौ।
आनँद अनूप रूप काहू ब्रजबाल को।[23]

यहाँ पर अहौ निरर्थक शब्द है।

पद्माकर-काव्य में वक्रोक्ति की भूमिका

पद्माकर ने अपने ग्रन्थ 'पद्माभरण' में वक्रोक्ति के स्वरूप को स्पष्ट किया है–

स्लेषहि सों कै काकु सों और अर्थ के ताहिं।
कल्पन कीन्हें होत है वक्रोक्ति की ठाहिं।

अर्थात् श्लेष से या काकु से अन्य अर्थ की कल्पना ही वक्रोक्ति है। वह स्वयं वक्रोक्ति को साधारण अलंकार मानते हैं। पद्माकर-काव्य में वक्रोक्ति-विधान केन्द्र में नहीं है और फिर भी कुंतक द्वारा अभीष्ट वर्ण-विन्यास-वक्रता आदि भेद स्वाभाविक रूप में देखे जा सकते हैं। जैसे–

करम करोरा पंच तत्वन बटोर फेरि,
ठौर-ठौर जोला फेरि ठौर-ठौर पोला है।[24]

यहाँ पर क, र, ठ, वर्ण की बार-बार आवृत्ति से काव्य में विशेष चमत्कार पैदा हो रहा है। ये वर्ण विन्यास-वक्रता के उत्कृष्ट उदाहरण कहे जा सकते हैं।

आचार्य कुंतक ने पदपूर्वार्द्धवक्रता के जो आठ भेद किये हैं जैसे—रूढ़ि वैचित्र्य-वक्रता, पर्याय-वक्रता, उपचार-वक्रता, विश्लेषण-वक्रता, संवृत्ति-वक्रता, वृत्ति-वक्रता, लिंग वैचित्र्य-वक्रता और क्रिया-वैचित्र्य-वक्रता। इनको आधार बनाकर पद्माकर ने अपने काव्य को रचा। आपने वक्रोक्ति को काव्य में शोभाकारक अलंकार मानते हुए आवश्यकतानुसार उचित स्थान दिया है। उनकी रचना 'जगद्विनोद' और 'पद्माभरण' में वक्रोक्ति का स्वच्छन्द रूप में प्रयोग हुआ, जबकि गंगालहरी, हिम्मतबहादुर विरुदावली में यत्र-तत्र इसका प्रयोग हो पाया है।

इस प्रकार पद्माकर की रचनाओं पद्माभरण, जगद्विनोद में उनके आचार्य सिद्ध होने की पुष्टि मिलती है, वहीं हिम्मतबहादुर विरुदावली, प्रतापसिंह विरुदावली, गंगालहरी, प्रबोधपचासा में उनके कवि होने की पुष्टि होती है। जहाँ एक तरफ़ उन्होंने राज्याश्रित होने के कारण अपने स्वामी के यशोगान के रूप में काव्य रचा, वहीं आचार्य होने के नाते काव्यसिद्धान्तों के अन्तर्गत उन्होंने अपने काव्य में रसराज शृंगार एवं नायिका-भेद के नैसर्गिक चित्रों की छटा बिखेरी है साथ ही अलंकार, शब्दशक्ति, ध्वनि, रीति, गुण, वक्रोक्ति के आधार पर अपनी कृतियों की रचना की। इस प्रकार काव्यशास्त्रीय दृष्टि से पद्माकर का योगदान अमूल्य है।

सन्दर्भ

1. हिन्दी काव्यशास्त्र का इतिहास, डॉ. भगीरथ मिश्र, पृ. 37-46
2. हिन्दी साहित्य का उत्तर मध्य युग, पृ. 101
3. आधुनिक हिन्दी और बंगला काव्यशास्त्र का तुलनात्मक अध्ययन, पृ. 22
4. वही, पृ. 22
5. हिन्दी काव्यशास्त्र : प्रकृति और सन्दर्भ, डॉ. रामदास नादार, पृ. 12
6. हिन्दी साहित्य का इतिहास, आचार्य रामचन्द्र शुक्ल, पृ. 308-310
7. जगद्विनोद, पृ. 51
8. जगद्विनोद, पृ. 147
9. पद्माकर श्री, पृ. 223
10. जगद्विनोद, पृ. 11
11. हिन्दी साहित्य की भूमिका, डॉ. हजारी प्रसाद द्विवेदी, पृ. 100

12. जगद्विनोद, पृ. 125
13. पद्माकर काव्य का काव्यशास्त्रीय अध्ययन, डॉ. बालकृष्ण शर्मा, पृ. 112
14. पद्माकर श्री, पृ. 171
15. गंगालहरी, पृ. 6
16. गंगालहरी, पृ. 9
17. हिन्दी साहित्य कोश, संपा. डॉ. धीरेन्द्र वर्मा, पृ. 301
18. जगद्विनोद, पृ. 207
19. पद्माभरण, पृ. 180
20. पद्माभरण, पृ. 180
21. भारतीय काव्यशास्त्र, डॉ. सत्यदेव चौधरी, पृ. 486
22. जगद्विनोद, पृ. 166
23. जगद्विनोद, पृ. 112
24. प्रबोध पचीसी, पृ. 23

स्त्री-विमर्श की पृष्ठभूमि में रीतिकाव्य

डॉ. योजना कालिया

वर्तमान युग विमर्शों का युग है। उनमें स्त्री-विमर्श ने समाज को सबसे अधिक प्रभावित किया है। इसके जन्म की पृष्ठभूमि पर ग़ौर करते ही हमें भारतीय समाज में स्त्री की दयनीय दशा का ध्यान आता है। परिस्थितियाँ चाहे कुछ भी हों, नुकसान हमेशा स्त्री को झेलना पड़ता है। जब यहाँ स्त्रियों की आबादी अधिक हो जाती है, तब एक पुरुष कई स्त्रियाँ रखने का सहज अधिकार प्राप्त कर लेता है और जब यही आबादी घट जाती है तो एक स्त्री को पाँच-पाँच पुरुषों को वहन करना पड़ता है। एक ही देश के समाज का अलग-अलग परिस्थिति में अलग-अलग न्याय, पर हर बार प्रताड़ना स्त्री के ही हिस्से में। स्त्री यहाँ पुरुष के लिए सम्पत्ति की तरह है, वस्तु की तरह है, आनन्द के साधन की तरह है। उसकी वैयक्तिकता, उसका हृदय, उसकी इच्छा यहाँ विचारणीय प्रश्नों की श्रेणी में नहीं आते। आज इन प्रश्नों की आहट समाज के द्वार पर सुनाई दे रही है। लेकिन आदिकाल से लेकर रीतिकाल तक का हिन्दी साहित्य इस आहट को लगातार दबाता रहा है। इन कवियों ने स्त्री के विविध रूपों को रचना का विषय बनाने का विचार नहीं किया। माँ, बहन, पत्नी, प्रिया, बेटी इन सभी में से केवल प्रिया का नायिका रूप में विवेचन इन कवियों को आकर्षित करता रहा। हाँ, कभी-कभी पत्नीरूप को भी ले लिया गया है, जिसका मुख्य उद्देश्य शृंगार रस की उत्पत्ति करना ही है। आदिकालीन रासोकाव्य एवं लौकिक साहित्य (ढोला मारू रा दूहा आदि) में वर्णित लोकप्रसिद्ध प्रेमगाथाएँ शृंगारकाव्य परम्परा की महत्त्वपूर्ण कड़ी हैं। वीर रस की कृतियों में भी शृंगार एक प्रभावी तत्त्व बनकर समा गया। इस काव्य में नारी-हृदय की अत्यन्त मार्मिक व्यंजना मिलती है, प्रेम का सात्त्विक, किन्तु सरस पक्ष विस्तार से यहाँ प्रस्तुत हुआ है। 'ढोला मारू रा दूहा' का मूल रूप दोहों में मिलता है। ये दोहे शृंगार रस की जो परम्परा आरम्भ

करते हैं, वह आगे जाकर बिहारी के काव्य में प्रतिफलित हुई। अथाह एवं अपार प्रेम-समुद्र में डुबकी लगाकर बिहारी ने सात सौ से अधिक दोहों की रचना कर एक नयी परम्परा (सतसई की) प्रचलित कर दी। उनकी दृष्टि में प्रत्येक सुन्दर नारी अनुराग के रंग में भीगी है और मानवी है, किन्तु यहाँ प्रेम की सहजता को ग्रहण करने की क्षमता कम है, वह कृत्रिम प्रतीत होता है, क्योंकि उनके चित्रों की कलात्मकता प्रयास-आधारित है, अनुभूति-आधारित नहीं। श्रृंगार के ये कृत्रिम चित्र केवल बिहारी को ही नहीं, अन्य रीतिकालीन कवियों को भी परम्परा से प्राप्त हुए। बिहारी ने संयोग और वियोग दोनों को ही समान रूप से विषय बनाया है। उनका संयोग-वर्णन प्रेमी का न होकर रसिक का है। उनकी दृष्टि शरीर पर टिकी है, मन के सूक्ष्म-व्यापारों तक इनकी पहुँच नहीं है। यहाँ रूप की प्यास का वर्णन है–

त्यों-त्यों प्यासेई रहत ज्यों-ज्यों पियत अघाय।
सगुन सलोने रूप की जु न चख-तृषा बुझाय।।

इसी तरह यहाँ वयःसन्धि मुग्धा नायिका के सौन्दर्य का चित्रण है, जो क्षण-क्षण में परिवर्तित होता है–

लिखन बैठि जाकी सबिहिं, गहि-गहि गरब-गरूर।
भए न केते जगत के चतुर चितेरे कूर।

आचार्य कवि देव रीतिकाल के प्रमुख श्रृंगारी कवि हैं, जो श्रृंगार को ही प्रधान रस मानते हैं। उनकी रचनाओं में नायक का मिलन-विरह और इसकी विभिन्न अवस्थाओं एवं शील स्वभाव का चित्रण हुआ है। ऐंद्रिय भावों की अधिकता के साथ इनके काव्य में वासनामय तीव्र उष्णता एवं प्रगाढ़ भावों की अनुभूति होती है। नायिका सरोवर में स्नान हेतु तट की ओर जा रही है। पीले रंग की साड़ी उसके गौरवर्ण पर सुशोभित हो रही है–

पीत रंग सारी गोरे अंग मिल गयी देव,
श्रीफल उरोज आभा, आभा सो अधिक सी।

कहीं-कहीं तो देव की यह उपभोगपरक सौन्दर्यानुभूति अत्यन्त मार्मिक भी हो गयी है। नायिका प्रिय के शारीरिक स्पर्श की अनुभूति को तन-मन में बसा लेना चाहती है। देव ने नख-शिख, नायिका-भेद एवं अलंकार आधारित शत-शत कल्पनाएँ की हैं। श्रृंगार के ऐसे वासना-प्रधान चित्रण में देव ही नहीं, समस्त रीतिकालीन रचनाकार ऐसे परम्परागत वर्णनों से मुक्त नहीं हो सके हैं। इन कवियों ने नायिका के सौन्दर्य-चित्रण को एक स्वतन्त्र विषय बना लिया। श्रृंगार के ऐसे वर्णन सूक्ष्म की अपेक्षा स्थूल अधिक हैं। इसी कारण अश्लीलता

भी अधिक है और इस काव्य का प्रभाव शाश्वत न होकर क्षणिक रह गया है। डॉ. गिरीशचन्द्र तिवारी के शब्दों में, "रीतिकालीन कवियों के काव्य में नारी का रूप-वैभव मात्र मनोरंजन का साधन मात्र बनकर रह गया है। यह सौन्दर्य सूक्ष्म कम स्थूल अधिक है, जिसके परिणामस्वरूप उसमें प्रेम की सूक्ष्म साधना का सर्वथा अभाव दृष्टिगत होता है। रीतिकाल का समस्त समाज तथा साहित्य रुग्ण मनोभाव एवं विलासिता तथा छिछली रसिकता से सराबोर था।"

श्रृंगार रस को शिरोमणि मानकर उसी का सांगोपांग विवेचन करने वाले आचार्यों में मतिराम का नाम प्रमुखता से लिया जाता है। श्रृंगार एवं राजप्रशस्ति दोनों को इन्होंने अपनी कविता का विषय बनाया है। कल्पना के सहज व्यापार ने बिम्बों को आकर्षक एवं भव्य बनाया है–

कुंदन कौ रँगु फीको लगै झलके अति अंगनि चारु गुराई।
आँखिन मैं अलसानि चितौन में मंजु बिलासन की सरसाई।

इन पंक्तियों में भी नायिका का सौन्दर्य ही प्रमुख है।

इन रचनाकारों की दृष्टि में स्त्री या तो उनके आश्रयदाता के मनोरंजन का साधन थी अथवा सौन्दर्य का ऐसा सागर, जिसमें डूबकर पाठक (पुरुष पाठक) श्रृंगार के रस का पान कर सकता है। आश्चर्य इस बात का है कि पूरा-का-पूरा रीतिकालीन काव्य केन्द्र में स्त्री को रखता है, पर उसे सामान्य मानवी नहीं स्वीकार पाता। कहीं भी किसी सौन्दर्यहीन स्त्री का ज़िक्र तक नहीं आता। सभी स्त्रियों का सौन्दर्ययुक्त होना ही पहली शर्त थी। वहाँ 'पत्थर तोड़ती' नायिका नहीं, रस-विलास में डूबी नायिका ही प्रमुख है। निराला जैसी निराली दृष्टि इन कवियों के पास नहीं थी।

प्रेम की पीर के कवि घनानन्द से कुछ उम्मीद जागती है, जो कहते हैं–'अति सूधो सनेह को मारग है जहाँ नैकु सयानप बाँक नहीं।' उनके काव्य में हमें सच्चे प्रेम का स्वर सुनाई देता है। उनकी भोली शिकायत भी स्वाभाविक प्रतीत होती है 'तुम कौन धौं पाटी पढ़े हौ लला, मन लेहु पे देहु छटाँक नहीं।'

घनानन्द के काव्य में काल्पनिक नायक-नायिका का विवरण नहीं है, बल्कि स्वानुभूति उनकी कविता का विषय बनी है, इसलिए इसकी मार्मिकता भी अन्य कवियों की अपेक्षा अधिक जीवन्त प्रभाव डालती है। डॉ. गिरीशचन्द्र तिवारी के अनुसार–"घनानन्द का काव्य मूलतः प्रेम-वेदना-प्रधान है। वह वेदना स्वयं अर्जित है तथा स्वानुभूत है। यह रीतिसिद्ध कवि की भाँति उधार ली हुई व्यथा एवं प्रेम की ऊहात्मक अभिव्यंजना नहीं है।" पर इनके काव्य में भी संयोग वर्णन में प्रेम-प्रदर्शन की प्रत्येक मुद्रा एवं कामचेष्टाओं का खुलकर प्रदर्शन हुआ

है। अलकों का खुलकर मुख पर फैल जाना और मुख के सौन्दर्य को और बड़ा देना, अँगड़ाई लेते हुए कामुक चेष्टाओं से अंग-प्रत्यंग में अनंग को दीप्त करना यहाँ वर्णित है–

अँगराति जम्हाति लजाति लखैं, अँग अंग अनंग दिपैं झलकें।
अधरानि में आधियै बात धरैं, लड़कानि की आनि परैं छलकें।

घनानन्द के अतिरिक्त आलम, ठाकुर, बोधा आदि भी स्वच्छन्द काव्यधारा के ऐसे ही रचनाकार थे, जिनका हृदय विरह की मर्मांतक पीड़ा से दग्ध हो रहा था।

इस संक्षिप्त विवरण से रीतिकालीन कवियों की दृष्टि में स्त्री के अस्तित्व के प्रति एक उपभोक्तावादी प्रवृत्ति दिखाई पड़ती है। डॉ. नगेन्द्र के अनुसार, रीतिकालीन कवियों का नारी के प्रति दृष्टिकोण भी सर्वथा सामन्तीय है, जिसके अनुसार वह समाज की एक चेतन इकाई न होकर बहुत-कुछ जीवन का एक उपकरण-मात्र है–

क्षुधा-कामवश गत युग ने पशु-बल से कर जन-शासित,
जीवन के उपकरण-सदृश नारी भी कर ली अधिकृत।

यह श्रृंगार, एक चेतन व्यक्ति का दूसरे चेतन व्यक्ति के प्रति सक्रिय आकर्षण, वास्तव में कम है। व्यक्ति का एक सुन्दर उपभोग्य वस्तु के प्रति निष्क्रिय आकर्षण अधिक है। नायिका-भेद का विस्तार नारी के भोग्य रूपों का विस्तार ही तो है। रीतिकाल के पुरुष को नारी-विशेष की वैयक्तिक सत्ता से प्रेम नहीं था, उसके नारीत्व से ही प्रेम था। परिस्थिति बदलते ही ये लोग दूसरी ही साँस में उसकी छवि को छायाग्राहिणी अथवा विवेक को हरने वाली कहने से नहीं चूकते थे। नारी का सामाजिक अस्तित्व तो इनकी दृष्टि में कुछ था ही नहीं।

अंग्रेज़ों के आगमन तथा अंग्रेज़ी शिक्षा के परिणामस्वरूप भारत की परिस्थितियों में हर स्तर पर परिवर्तन की तीव्र हिलोरें चलीं। ब्रह्मसमाज, प्रार्थना समाज, रामकृष्ण मिशन आदि के माध्यम से भारतवासियों ने अपने देश की स्थितियों और अंधविश्वासों के ख़िलाफ़ सुधार की जंग छेड़ दी। बालविवाह, दहेज-प्रथा का विरोध, विधवा-विवाह आदि नारी विषयक मुद्दों को चर्चा के लायक समझा जाने लगा। देश की आज़ादी की लड़ाई में भी स्त्रियों ने पुरुषों के कन्धे-से-कन्धा मिलाकर सहयोग किया। पिछले पूरे युग में वह अपने मनुष्य होने के जिस अधिकार को खो चुकी थी, संकट की इस स्थिति में उसे वह मिलता हुआ प्रतीत हुआ। लेकिन एक बड़ा सच था, जिस पर से पर्दा उठना बाक़ी था। शिक्षा ने वह सारे आवरण एक-एक कर उतारे और भारतीय स्त्री ने फ्रांसीसी लेखिका सिमोन द बोउवार का नाम सुना या फिर पाश्चात्य संस्कृति में स्त्रियों

को मिलने वाले मताधिकार के बारे में जाना। देश को आज़ाद कराने में प्रमुख भागीदारी निभानेवाली स्त्री को अपनी स्वतन्त्रता का महत्त्व समझने में बहुत लम्बा समय लगा। आज तक यह संघर्ष जारी है।

इस जंग की उत्पत्ति का श्रेय निश्चित रूप से रीतिकालीन कवियों को दिया जा सकता है, क्योंकि आवश्यकता ही आविष्कार की जननी मानी जाती है। यद्यपि आज भी स्त्री को वस्तुरूप में प्रयोग करने की इच्छा देखी जाती है, लेकिन आज उन स्त्री रचनाकारों की संख्या कम नहीं, जो हम सभी की, भारतीय स्त्री की आवाज़ हैं।

रीतिकाल : रीतिकालीन कवयित्रियों की दृष्टि में

डॉ. अर्चिता सिंह

हिन्दी साहित्य के इतिहास में रीतिकाल को मुख्यतः सभी विद्वानों ने श्रृंगार की दृष्टि से ही देखा है और श्रृंगार को ही रीतिकाल की मुख्य प्रवृत्ति बताया है। रीतिकाल में अनेक कवि हुए जिन्हें रीतिसिद्ध, रीतिबद्ध और रीतिमुक्त कवियों की श्रेणी में रखा गया है, जिनमें बिहारी, केशव, मतिराम, चिन्तामणि, बोधा, घनानन्द, देव, ठाकुर अनेक नाम हैं। मगर जहाँ बात स्त्री कवयित्रियों की आती है तो पुरुषों से इनकी संख्या अपेक्षाकृत कम है। इस युग में कवियों ने नारियों को मांसल दृष्टि से ही देखा। इन कवियों ने नारी को स्वतन्त्र तो बनाया, परन्तु मात्र दैहिक रूप से। इनके काव्य में नारी का जो स्वरूप सामने आया उनमें नायिका-भेद (स्वकीया, परकीया, प्रौढ़ा, परित्यक्ता, शुक्लाभिसारिका, कृष्णाभिसारिका) का चित्रण बहुतायत में हुआ। नारी को इन्होंने भोग्या के रूप में ही देखा, उसे सामन्तों के बिस्तर तक सीमित कर दिया गया। ऐसी नगण्य एवं विकट परिस्थितियों में भी स्त्री अपनी कलम से समाज को देखने का नया दृष्टिकोण स्थापित कर रही थी। मगर इन कवयित्रियों का हमारे हिन्दी साहित्य में नामोल्लेख केवल औपचारिकता भर प्रतीत होता है। कुछेक को तो हमारे पूज्य साहित्यकारों ने पुरुष सिद्ध किया है।

इस काल में राधा-कृष्ण नायक-नायिका की भाँति प्रेम में सराबोर नज़र आते हैं। कालांतर में राधा-कृष्ण के चरित्र अपने रूप से हट गये और वे महज़ दाम्पत्य जीवन के प्रतीक रूप में अवशिष्ट रह गये। प्रेम और भक्ति-संपृक्त अनुभूति में से भक्ति क्रमशः क्षीण पड़ती गयी और प्रेम का श्रृंगारिक रूप केन्द्र में आ गया।[1] यहाँ यह ध्यान देना अति आवश्यक है कि उस समय की परिस्थितियाँ क्या थीं? राजाओं और सामन्तों की विलासिता के कारण उनके आश्रित कवियों को विलासिता से परिपूर्ण रचनाएँ अपनी आजीविका के लिए करनी पड़ रही

थीं। उस समय उनके लिए राधा और कृष्ण दाम्पत्य-संबंधित विषय से अधिक कुछ नहीं थे। ज्ञातव्य हो, जब भक्तिकाल में सूर के कृष्ण गोपियों के वस्त्र चुरा सकते हैं, राधा के उरोजों को छूने का प्रयास कर सकते हैं तो रीतिकाल में वही ईश्वर दाम्पत्य जीवन के आदर्श क्यों नहीं बन सकते? जब ईश्वर को आप अवतारी मानते हैं तो उसके द्वारा किये गये इन क्रियाकलापों को रीतिकाल में ग़लत दृष्टि से क्यों देखते हैं?

रीतिकाल में शृंगारिक, वीर, नीति और भक्ति से परिपूर्ण रचनाएँ लिखी जा रही थीं। बार-बार हिन्दी साहित्य में एक प्रश्न उठता है कि क्या साहित्य-सृजन सिर्फ़ पुरुष कवियों ने किया, ऐसा नहीं है। इस समय में कवयित्रियाँ भी अपने भावों को कलमबद्ध कर रही थीं। वे पुरुषों की लेखनी से बराबरी करती नज़र आती हैं, पुरुष वर्चस्व को तोड़ती नज़र आती हैं।

रीतिकाल में अनेक ऐसी कवयित्रियाँ हुई हैं, जिन्होंने निर्गुण व सगुण दोनों ही रूपों में ईश्वर की उपासना की है। वह ईश्वर चाहे निर्गुण-निराकार हो या अवतारी पुरुष राम और कृष्ण हो। मुख्यतः कवयित्रियों ने श्रीकृष्ण को ही अपना उपासक, आराध्य, प्रेमी और प्रियतम माना है। ईश्वर की उपासना के साथ-साथ सामाजिक वर्जनाओं को तोड़ने का साहस भी कुछ ने कर दिखाया है। चूँकि रीतिकाल में कृष्ण ईश्वर के रूप में केन्द्र में थे और वे योग, भोग, प्रेम, प्यार, सभी से परिपूर्ण थे, इसलिए कवियों की भाँति कवयित्रियों ने भी कृष्ण को ही मुख्यतः अपना सर्वस्व मान लिया।

रीतिकालीन कवयित्रियों की भी अच्छी संख्या साहित्य में है। यह अलग बात है कि उनके द्वारा लिखा गया साहित्य काल के गर्त में समा गया। इसका प्रमुख कारण यह है कि वे अपने साहित्य को सहेजने में नाकाम रहीं। घर की चार दीवारी से शायद उनका साहित्य बाहर निकल ही नहीं पाया और जब निकला तो वह इस अवस्था में नहीं था कि उसे सही रूप में प्रस्तुत किया जाता। बहुत कम पद इन कवयित्रियों के हमें प्राप्त होते हैं, एकाध को छोड़कर जिनका साहित्य बड़े विद्वानों ने सहेज लिया, बाक़ी फुटकल में ही रह गईं।

रीतिकालीन कवयित्रियों में हम सर्वप्रथम ताज बेगम का उल्लेख करते हैं। ताज बेगम का जन्म 1643 ई. में करौली ग्राम में हुआ, इन्हें ताज बीबी भी कहा जाता है। शिवसिंह सरोज में तो इन्हें पुरुष ही बता दिया है, जबकि देवी प्रसाद और ज्योतिप्रसाद मिश्र ने इन्हें कवयित्री माना है। यह दिल्ली के आसपास की थीं और यहीं रहकर इन्होंने अपना जीवनयापन किया। इनका समय राजनीतिक उथल-पुथल का था। हिन्दू और मुग़ल परस्पर अपने राज्य विस्तार के लिए युद्धरत थे। ऐसे

कठिन समय में ताज बेगम अपनी लेखनी से समूचे समाज पर चोट करती हैं, साथ ही कृष्णभक्ति के माध्यम से हिन्दू-मुस्लिम एकता की बात भी करती हैं।

ताज बेगम एक मुग़लानी होते हुए भी कृष्ण की पूजा व अर्चना एक हिन्दू स्त्री की भाँति करती हैं और मुग़लानी होते हुए हिन्दू बन जाने की बात डंके की चोट पर करती हैं। वह कहती हैं कि मेरे हृदय में जो भी है, वह तुम्हें साफ़-साफ़ बता रही हूँ। मैंने भगवान की पूजा करने की ठानी है चाहे इसके लिए मैं बदनाम ही क्यों न हो जाऊँ। कृष्ण की आराधना में मैं इतनी लीन हो गयी हूँ कि मैं नमाज करना भूल गयी हूँ, कलमा-कुरान इनका त्यागकर कृष्ण का गुणगान कर रही हूँ। मैं हूँ तो मुग़लानी, पर कृष्ण के लिए हिंदुआनी होकर रहना ही मुझे स्वीकार है और इसके लिए मैं समस्त समाज का हर विरोध झेलने के लिए तैयार हूँ-

सुनो दिल जानी मेरे दिल की कहानी तुम।
दस्त ही बिकानी, बदनामी ही सहूँगी मैं।
देव पूजा ठानी हौं, निवाजहू भुलानी, तजे।
कलमा कुरान सारे, गुनन गहूँगी मैं।
श्यामला सलोना सिरताज सिर कुल्ले दिये।
तेरे नेह दाग में, निदाग हो दहूँगी मैं।
नंद के कुमार, कुरबान थाणी सूरत पै।
हूँ तो तुरकानी, हिंदुआनी हो रहूँगी मैं।[2]

ताज रीतिकालीन समाज पर करारी चोट करती हैं और हिन्दू-मुस्लिम एकता व समता लाने के अपने भाव को प्रकट करती हैं। साथ ही वह कहती हैं कि अपनी मर्ज़ी से पूजा करने का हक़ सभी को है, किसी एक की जागीर नहीं है। वह सबके लिए समान है और सब उसके लिए समान हैं। "ताज ने तत्कालीन शासकों के वर्चस्व, मुस्लिम धर्म-समाज, कलमा-कुरान आदि तथा अपने मुग़लानी धर्म की आन-बान को कृष्ण पर कुरबान करके हिंदुआनी बनना स्वीकार किया।"[3]

ताज ने जो मुग़लानी होकर हिन्दू होने की घोषणा की वह अपने-आपमें समूचे समाज से संघर्षरत होने की उनकी पहल है, क्योंकि मुस्लिम धर्म में मूर्तिपूजा के लिए कोई स्थान नहीं है। एक तरफ़ मुग़लों का विरोध दूसरी तरफ़ हिंदुओं द्वारा उन्हें न अपनाना इन दो पाटों के बीच से निकलने में ताज को कितनी मशक्क़त करनी पड़ी होगी। ताज बेगम निडरता के साथ पण्डितों द्वारा बनाये गये झूठे ढकोसलों का पुरज़ोर विरोध करती हैं-

काहू को भरोसो बद्रीनाथ जाय पायँ परे,
काहू को भरोसो जगन्नाथ जू के मान को।
काहू को भरोसो काशी गया में ही पिंड भरे,
काहू को भरोसो प्राग देखै वट पात को।
काहू को भरोसो सेतबंध जाय पूजा करे।
काहू को भरोसो द्वारवती गये जात को।
काहू को भरोसो ताज पुस्कर में दान दिये,
मो को तो भरोसो एक नंद जी के लाल को।[4]

ताज बेगम पण्डितों द्वारा बनायी गयी थोथी मान्यताओं का विरोध करती हैं और समाज में व्याप्त बाह्याडंबर, थोथी मान-मर्यादा को बदलने की बात करती हैं।

रीतिकाल की अन्य कवयित्रियों में सहजोबाई का नाम बहुत प्रसिद्ध है। इनकी प्रसिद्धि का कारण है उनके गुरु चरणदास जी द्वारा चलाया गया चरणदासी पन्थ, जिसका दिल्ली में पन्थ बनने में सहजोबाई का महत्त्वपूर्ण योगदान है। इन्होंने दिल्ली की पन्थ गद्दी को सँभाला और जीवन के अन्तिम समय तक गुरु के नाम की माला जपती रहीं।

सहजोबाई का समय ऐतिहासिक दृष्टि से रीतिकाल का मध्य भाग माना गया है। राजनीतिक दृष्टि से यह काल मुग़ल-शासन के चरम उत्कर्ष और उसके बाद उत्तरोत्तर ह्रास, पतन और विनाश का काल माना जा सकता है। सामाजिक दृष्टि से भी यह काल घोर अधःपतन का युग था। इस काल में सामन्तवाद का बोलबाला था। सामाजिक व्यवस्था के केन्द्र में बादशाह विद्यमान था। आम व्यक्ति की स्थिति बहुत शोचनीय थी। ऐसे समय में एक स्त्री पन्थ-निर्माण की परम्परा को आगे बढ़ाती है और अपने अधिकारों का विस्तार करती है। सोचने वाली बात है कि रीतिकाल के दो पहलू हमें साफ़ नज़र आते हैं। पहला, शृंगारिक काव्य बहुल मात्रा में लिखे गये, जिसमें नारी को वस्तु समझा गया, वहीं दूसरी ओर रीतिकालीन कवयित्रियों ने समाज की चली आ रही रूढ़ियों, समाज में पैठ बनाये अंधविश्वास, बाह्याडम्बर का विरोध किया। वह जिससे प्रेम करती है या आराध्य मानती है, उसके लिए पूरे समाज से लड़ने को तैयार है। ऐसी स्थिति में पहला पहलू नगण्य-सा प्रतीत होता है। जिस युग में एक तरफ़ शृंगार रस विभोर काव्य था, वहीं दूसरी ओर स्त्रियों में समाज को देखने का नया नज़रिया दिखाई पड़ता है।

सहजोबाई का जन्म 15 जुलाई, 1724 को राजस्थान के मेवात अंचल के डेहरा नामक गाँव में हुआ। यह चरणदास की प्रिय शिष्या थीं। सहजोबाई ने

समाज में व्याप्त अनेक कुरीतियों को दूर करने का प्रयास किया। भक्तिकाल में सभी सन्त कवियों ने गुरुमहिमा का बखान किया। सहजो रीतिकाल में यह परम्परा कायम रखती हैं और अपने गुरु का बखान करती हैं कि उनके गुरु जैसा कोई गुरु नहीं हो सकता है। वह कहती हैं–

गुरु हैं चार प्रकार के, अपने–अपने अंग।
गुरु पारस दीपक गुरु, मलयागिरि गुरु भृंग।
चरनदास समरथ गुरु सर्ब अंग तेहि माँहि।
जैसे कूँ तैसा मिलै, रीता छाँड़ै नाहिं।[5]

भारतीय समाज में गुरु का एक विशेष महत्त्व है और "सम्पूर्ण भारतीय वाङ्मय से यदि गुरु–परम्परा को हटा दिया जाये तो भारतीय धर्म, कर्म, ज्ञान एवं संस्कृति शाखा पर्णहीन वृक्ष बन जायेगी।" सहजोबाई ने रीतिकालीन परिवेश में रहते हुए समाज को चेताने का कार्य किया है। वह कहती हैं–जो है वो कर्म है, क्योंकि कर्म ही है, जो आपका अगला जन्म कैसा होगा, उसका निर्धारण करता है। व्यक्ति के सम्पूर्ण जीवन में जो भी अच्छे या बुरे कार्य उसके द्वारा किये जाते हैं, वही उसके जीवन का नरक या स्वर्ग बनता है। पूरा जीवन उसके कर्म पर आधारित है और कर्म को बिना श्रम किये देखना ग़लत होगा। वह कहती हैं–

पसु पंछी नर सुर असुर, जलचर कीट पतंग।
सबही उत्पति कर्म की सहजो नाना अंग।[6]

इनके बारे में यह जनश्रुति भी प्रचलित है कि दिल्ली के बहुत से ऐसे इलाक़े हैं, जो इन्हें भेंट में मिले थे और इन्होंने वहाँ ग़रीब, श्रमिक वर्ग को बसाया, जिसके फलस्वरूप उन्हें रहने के लिए छत मिल सकी। इन्होंने समाज को प्रपंचों से बचने के लिए कहा है। वह कहती हैं कि काम, क्रोध, लोभ, तन इनका मोह नहीं रखना चाहिए–

काम क्रोध मोह लोभ तन, ले सुमिरै हरि नाम।
मुक्ति न पावै सहजिया, ना रीझैंगे राम।[7]

रीतिकाल में रहते हुए इतनी अच्छी सोच के साथ समाज के लिए कार्य करना बहुत बड़ी बात है। सहजोबाई ने जो पन्थ–परम्परा अपने गुरु के मार्गदर्शन में चलाई, वह आज भी विद्यमान है। सहजोबाई की गद्दी आज भी दिल्ली के 3191–94, मुहल्ला दस्सान, हौज काजी, दिल्ली–6 में स्थापित है और तत्कालीन गद्दी आसीन महन्त घनश्याम जी हैं, जो आज भी सहजोबाई के 'सहजप्रकाश' का प्रकाशन करते हैं।

चरणदासी पन्थ परम्परा के अन्तर्गत सहजोबाई की गुरुबहन दयाबाई का नाम भी आता है। इनका जन्म 1718 ई. में दूसरे भार्गव परिवार डेहरा गाँव

(मेवात-राजस्थान) में हुआ। इनका सम्पूर्ण साहित्य 'दयाबोध' व 'विनयमालिका' नामक ग्रन्थ में समाहित है। इन्होंने दोहा, चौपाई, छन्दों में गुरुमहिमा, सुमिरन, सूरातन, प्रेमभक्ति वैराग्य, अजपाजप आदि अंगों की रचना की। दयाबाई ने भी सहजोबाई की भाँति अपने गुरु की महिमा का बखान किया हैं। वह कहती हैं–

बिन रसना बिन माल कर, अन्तर सुमिरन तोय।
दया दया गुरुदेव की, बिरला जानै कोय।[8]

इन्होंने ईश्वर के स्वरूप का वर्णन भी किया और सहजोबाई की भाँति सगुण-निर्गुण ईश्वर की उपासना की है–

छिन उट्ठूँ छिन गिरि परूँ, राम दुखी मन मोर।
बौरी ह्वै चितवत फिरूँ, हरि आवें केहि ओर।[9]

यहाँ इन कवयित्रियों के साहित्य का विवरण देने का तात्पर्य सिर्फ़ इतना है कि हम यह जान सकें कि रीतिकाल मात्र मांसलता को ही नहीं दर्शाता, अपितु उसका एक अन्य पहलू भी है, जो हमारे सम्पूर्ण साहित्य में नाममात्र ही नज़र आता है। इन कवयित्रियों के काव्य में कहीं भी रीतिकालीन पुरुषों के काव्य की भाँति मांसलता नहीं दिखती, साथ ही इन पर मध्यकाल के पूर्वकाल का प्रभाव अत्यधिक दिखता है, जो प्रेम की पीर में पड़ी हैं या जिन्होंने विरह-वर्णन किया है, उनका विरह भी उच्चकोटि का है। रीतिकाल की अन्य कवयित्रियाँ भी हैं, जो उस समय काव्य लिख रही थीं, इनमें गंगाबाई, प्रतापबाला, पद्माचारिणी, प्रेमसखी, ब्रजदासी रानी बंकावती, रूपवती बेगम, शेख़ रंगरेजन, साँई, सुन्दरकुँवरी बाई आदि हैं। हमें रीतिकाल को नये दृष्टिकोण से परखने की आवश्यकता है, ताकि इसके अच्छे पहलू भी दिखाये जा सकें।

सन्दर्भ

1. रामस्वरूप चतुर्वेदी, हिन्दी साहित्य और संवेदना का विकास, पृ. 53
2. जगदीश्वर चतुर्वेदी/सुधा सिंह, स्त्री काव्यधारा, पद-2, पृ. 46
3. बलदेव वंशी, भारतीय नारी सन्त-परम्परा, पृ. 90
4. जगदीश्वर चतुर्वेदी/सुधा सिंह, स्त्री काव्यधारा, पद-6, पृ. 48
5. सहजप्रकाश, पृ. 5
6. वही, पृ. 22
7. वही, पृ. 34
8. जगदीश्वर चतुर्वेदी/सुधा सिंह, स्त्री काव्यधारा, पृ. 50
9. वही, पद-2, पृ. 50

रीतिकालीन काव्य और स्त्री

डॉ. सुमिता त्रिपाठी

आधुनिक इतिहासों में हिन्दी साहित्य की लगभग एक सहस्र वर्षों की दीर्घकालीन परम्परा तीन भागों में विभाजित की गयी है—आदिकाल, मध्यकाल एवं आधुनिक काल। मध्यकाल को दो भागों में विभाजित किया गया—पूर्व मध्यकाल एवं उत्तर मध्यकाल। उत्तर मध्यकाल को ही रीतिकाल के नाम से जाना जाता है। विद्वानों ने इसकी समयसीमा सं. 1700–1900 वि. तक मानी है। यह ऐसा काल है, जिसका साहित्य अपनी अन्तर्वस्तु के कारण हमेशा विवादित रहा। कभी इसे सामन्ती, कभी विलासप्रिय, कभी शृंगारी कहकर इसकी आलोचना की जाती रही है। डॉ. नामवरसिंह के शब्दों में, "आज हिन्दी अध्ययन–अध्यापन और आलोचना में रीतिकाव्य पर बातचीत धीरे–धीरे बन्द–सी होती जा रही है। ख़तरा यह है कि रीतिकाव्य कहीं संग्रहालय की वस्तु बनकर न रह जाये।"[1]

समकालीन भारतीय साहित्य में 'स्त्री–विमर्श' भारतीय समाज की विसंगति की उपज है। सदियों से होते आये शोषण और दमन के प्रति चेतना ने ही स्त्री–विमर्श को जन्म दिया है। स्त्री–विमर्श और कुछ नहीं अपनी अस्मिता की पहचान, अस्तित्वबोध और अधिकार को जतलाने और बतलाने का विचार–चिन्तन है। जहाँ 'मैं' की चिन्ता का अहसास है, समझना चाहिए कि वहाँ से स्त्री–विमर्श की शुरुआत है। जब भावना की अपेक्षा बुद्धि की कसौटी पर, लिंगात्मक की अपेक्षा गुणात्मक कसौटी पर व्यक्ति के मूल्यांकन का सूत्रपात होगा, तभी स्त्री–विमर्श के चिन्तन के लिए बल मिलेगा।' वर्तमान स्त्री के बारे में प्रभा खेतान की मान्यता है–"आज स्त्री ने सदियों की खामोशी तोड़ी है। उसकी नियति में बदलाव आया है। उसके व्यक्तिगत जीवन का उद्देश्य, दर्शन, उसका मन–मिज़ाज सभी तो बदल रहा है।"[2]

'स्त्री' एक ऐसा व्यक्तित्व है, जो हज़ारों वर्षों से हाशिए पर होने के बावजूद तमाम दबावों, संघर्षों, अन्तर्विरोधों, उतार–चढ़ावों को सहता हुआ अपनी

अस्मिता की पहचान के लिए 21वीं शताब्दी के दरवाज़े पर दस्तक दे रहा है। स्त्री-विमर्श किसी आस्था का प्रतीक नहीं, बल्कि यह एक स्त्री और उसके जीवन से जुड़े मूल्यों की तलाश है। स्त्रियों के साथ सबसे बड़ी समस्या यह भी थी कि घर और मातृत्व उसकी अनिवार्य ज़िम्मेदारी बना दी गयी। विडम्बना तो यह थी कि स्त्रियों ने इसे अपने जीवन का सत्य मान लिया था। स्त्री को यह एहसास नहीं कि परिवार के नाम पर जिस तरह उनका शोषण हो रहा है, वह ग़लत है। उन्होंने सब कुछ चुपचाप स्वीकार कर लिया। जॉन स्टुअर्ट मिल कहते हैं–"इतना काफ़ी नहीं कि स्त्री दास रहे, बल्कि यह भी ज़रूरी है कि वह स्वेच्छा से दास रहे।"[3]

स्त्रीवादी विमर्श ने महिलाओं को अधीन करने वाली जटिल संरचना और क्रियाओं को एक ऐसी व्यवस्था के रूप में परिभाषित किया, जिसमें पुरुषों का स्त्रियों पर वर्चस्व है, और वे उनका शोषण और उत्पीड़न करते हैं। परिवार पितृसत्तात्मक तन्त्र की सबसे छोटी और महत्त्वपूर्ण इकाई है, जहाँ से स्त्री-शोषण की प्रक्रिया शुरू होती है। परिवार में स्त्री की अपनी कोई पहचान नहीं है। वह किसी की बेटी, बहन या माँ ही होती है। पितृसत्ता के लिए सबसे प्रमुख शर्त थी स्त्री की यौनिकता पर नियन्त्रण। एक स्त्री-जीवन की सार्थकता सिर्फ़ इसी में थी कि वह विवाह के बन्धन में बँधकर पितृसत्ता के लिए उत्तराधिकारी पैदा करे। विवाह के माध्यम से जिस परिवार का निर्माण होता है, उससे जुड़ी हर ज़िम्मेदारी एक स्त्री की है। पुरुष तो कमाकर लाता है, उसकी ज़िम्मेदारी बस पैसा कमाना है। पितृसत्तात्मक व्यवस्था ने स्त्री को कभी पुरुष का सहयोगी समझा ही नहीं, उसे पुरुष पर निर्भर ही बनाया है। सच तो यह है कि "जितनी वह अपनी इच्छाओं, आकांक्षाओं को दबाती है, समाज उसे उतनी ही महान, पतिव्रता, आदर्श नारी की उपमा देता है। वह संज्ञाविहीन जीवन जीने को अभिशप्त है। जीवन में पल-प्रतिपल मरती-पिसती घुटन से भरी हुई ज़िन्दगी जी रही है।"[4]

द्वितीय लिंग होने की पीड़ा, परिवार, समाज, देश के स्तर पर उपेक्षित होने का दंश स्त्रियों को निरन्तर झेलना पड़ रहा है। पुरुष-संरक्षण के बिना उसके जीवन की कोई सार्थकता नहीं है। कितनी अजीब बात है कि एक स्त्री की कहानी मन से शुरू होकर देह पर आकर ख़त्म हो जाती है। इसका मुख्य कारण यही है कि स्त्री को कभी मनुष्य समझा ही नहीं गया। वह सिर्फ़ मादा है और उसके पास जो शरीर है उसकी सबसे बड़ी उपलब्धि मातृत्व है।

स्त्रीवादी विमर्श स्त्री के हितों, भावों, जीवनमूल्यों और यथार्थ को विकसित करना चाहते हैं। संस्कृति की उस संरचना को ध्वस्त करना चाहते हैं जिसमें स्त्रियों

का सिर्फ़ दमन हुआ है। स्त्री-विमर्श की सबसे बुनियादी चिन्ता है 'स्त्री-मुक्ति', अब समय आ गया है स्त्रियों को बदलाव के लिए जागरूक करना। स्त्रियों को बदलते हुए देखना, उस बदलाव के प्रति स्वीकार भाव जगाना तथा एक स्त्री के प्रति खुद के रवैये को बदलना, तभी वह मुक्ति सम्भव हो सकेगी।

जिस दिन समाज स्त्री के शरीर से उसके अंग-प्रत्यंग के स्थान पर उसकी मेधा और श्रम को मूल्य देना सीख जायेगा, उसी दिन स्त्री मनुष्य की श्रेणी में आ सकेगी। पूरे हिन्दी साहित्य के इतिहास में एक रीतिकाल ही है, जिसमें व्यापक रूप से श्रृंगार, प्रेम और ढेर सारी नायिकाओं का वर्णन मिलता है। बार-बार रीतिकालीन साहित्य की अवहेलना की जाती है। सिर्फ़ प्रेम एवं श्रृंगार ही नज़र आता है। दूसरा आरोप यह है कि इसमें जितनी नायिकाएँ हैं, वे 'टाइप्ड' हैं यानी एक ही तरह की हैं। किन्तु गहराई एवं ध्यान से यदि अध्ययन किया जाये तो हम पाते हैं कि रीतिकाल से जुड़ी तमाम समस्याओं के केन्द्र में एक स्त्री नज़र आती है, जो अपने शरीर, उससे जुड़ी कामनाओं, श्रृंगारिक चेष्टाओं के प्रति सजग और सचेत है। प्रो. सुधीश पचौरी ने भी कहा है कि आख़िर रीतिकालीन साहित्य को साहित्यिक पाप की तरह क्यों देखा जाता है। वे कहते हैं-"इस समय की रचना में स्त्री की इस कदर उपस्थिति और दृश्यमानता ने इतिहास के सामने कई नये और तंग करने वाले सवाल तब तक नहीं खड़े किये जब तक कि स्त्रीत्ववादी विमर्श की धमक हिन्दी में नहीं आ पायी।"[5]

रीतिकाल में स्त्रीवादी विमर्श का प्रयोग सिर्फ़ एक सन्दर्भ के रूप में किया गया। रीतिकालीन काम का जब हम अध्ययन करते हैं तो हम पाते हैं कि रीतिकाल में स्त्री की ऐसी छवि उभरकर सामने आयी, जो भयरहित है, जिसकी अपनी पसन्द एवं नापसन्द है। और सबसे बड़ी बात यह है कि उसमें विद्रोह की भावना है जो विरोध के साथ-साथ आत्मसम्मान की उपस्थिति भी दर्ज कराती है। इंद्रजीत सिंह की वेश्या प्रवीण राय जब अकबर के दरबार में प्रस्तुत हुई और उससे बादशाह के यहाँ रहने की बात कही गयी तो वह कहती है-

विनती राय प्रबीन की सुनियै साह सुजान।
जूठी पतरी भखत हैं बारी बायस स्वान।

कितने लोग इसे काव्य-प्रगल्भता समझते हैं, जबकि यह एक स्त्री की अस्मिता और आत्मसम्मान से जुड़ा हुआ तथ्य है। बड़े आश्चर्य की बात है कि पुरुषवादी नैतिकता और मानसिकता ने हमेशा नारी के इर्द-गिर्द ही सारा घेरा बनाया, हमेशा उसने अपनी सुविधाओं के अनुसार नियम बनाये, परस्त्री-गमन में स्त्री ही बुरी समझी जाती है; गमन करने वाला पुरुष तो हमेशा से साफ़ बच निकलता

है। हर नियम, हर कायदा-क़ानून पुरुषों के हित में, पुरुषों के भोग-विलास को बढ़ाने के लिए पुरुषों को तमाम तरह की सुविधाएँ प्रदान करने के लिए बनाये गये हैं। ऐसे में अपनी अस्मिता के लिए छटपटाती स्त्री की बौखलाहट सहज समझ में नहीं आ सकती। ख़ैर, लाख पहरे बिठा लो, स्त्री अब दहलीज़ से बाहर निकलने को लालायित है–

हम तौ पर नारि भईं सो भईं,
तुम तौ सुधरौ सखियाँ सिगरी।
यहि रीत चले जग नाम धरै,
तिहि तैं न कढ़ौ मग मो ढिग री।[6]

मध्यकालीन समाज में जहाँ नारी का अपनी इच्छा से देखना और बोलना भी प्रतिबन्धित था, वहाँ रीतिकालीन नायिकाएँ किसी से नहीं डरतीं। मूक जीवन जीना तो दूर प्रेम को लेकर न केवल उनके मन में सहज स्वीकार है बल्कि वे तो डंके की चोट पर कहती हैं कि चाहे दुनिया, समाज कुछ कहे वे तो वही करेंगी, जो उनके मन को अच्छा लगेगा। जिस मध्यकाल में नारियों के इर्द-गिर्द इतना घेरा कसा गया, जहाँ पवित्रता, अपवित्रता जैसे प्रश्न सिर्फ़ स्त्रियों से जुड़े हुए था, जहाँ इतने बन्धन थे कि स्त्रियों का साँस लेना मुश्किल था, परम्परा, रूढ़ियों के नाम पर इतनी सारी बेड़ियाँ जैसे काले पानी की सज़ा भोगता कोई क़ैदी हो, ऐसे समाज में केशवदास की नायिका को अब बदनामी का डर नहीं है। खुलेआम वह न सिर्फ़ प्रेम कर रही है, बल्कि नायक को भी प्रेम में आगे बढ़ने का न्योता दे रही है–

ढूँका ढाँकी दिन करौ टका टका अरु रैनि।
यामहि 'केसव' कौन रसु घैरु करैं पिक बैनि।[7]

रीतिकालीन काव्य की यह कैसी नायिका है, जो सदियों के बन्धन को तोड़कर निकल जाना चाहती है। वह हर उस चीज़ को नकारती है जो उसकी स्वच्छन्दता में बाधक सिद्ध हो सकती है। जिस समाज में स्त्रियों के लिए इतने कठोर बन्धन थे, उसी समाज में स्त्रियों के इतने रंगीन, शृंगारिक, विलासप्रिय चित्र खींचे जा रहे थे, क्या यह महज़ आनन्द और विलास के लिए था? क्या ये नायिकाएँ सिर्फ़ रचनाओं तक सीमित थीं या वास्तव में इनका कोई वजूद था? और शायद यही कारण है कि जिन नायिकाओं के हृदय से कुलकानि की गाँठ टूट चुकी थी या बहुत हद तक छूट चुकी थी उन्हें हमेशा-हमेशा के लिए निर्जीव बना दिया गया और यह प्रयास आज भी जारी है–

उमग्यौ मनु देव लग्यौ, दनु सौ
गुरु बंधुन की धनरासि लुटी।

कुलकानि की गाँठितैं टूट्यो हियौ,
हिय तैं कुलकानि की गाँठि घुटी।[8]

मध्यकालीन नारी-विरोधी समाज में मीराबाई अकेली ऐसी स्त्री हैं, जिन्होंने सामाजिक रूढ़ियों तथा पारिवारिक मान्यताओं को तिलांजलि देकर स्वतन्त्रता का वरण किया। मीरा ने 'लाज गयी घूँघट की' कहकर पर्दाप्रथा का विरोध किया। ऐसी मीरा की तुलना रीतिकालीन नायिकाओं से करना अभीष्ट नहीं लेकिन ऐसे युग में अगर उनमें थोड़ी भी बेचैनी, विद्रोह की चेतना प्रेम का सहज स्वीकार है तो वह सराहनीय है-

काजु कहा कुलकानि सौं लोकलाज किन जाय?
कुंजबिहारी कुंज में कहूँ मिलैं मुसकाय।[9]

सबसे महत्त्वपूर्ण बात यह है कि रीतिकालीन नायिकाओं ने सदियों से चली आ रही चुप्पी को तोड़ने का प्रयास किया। जिस समाज में स्त्री पुरुष के पैर की जूती समझी जाती थी, जहाँ स्त्री-साध्य श्रम में साथ देने भर से पुरुष को शर्मिंदगी उठानी पड़ती थी, जहाँ पुरुष श्रेष्ठ और स्त्री तुच्छ मानी जाती थी, उसी समाज में 'श्री राधा' जी की वंदना हो रही है, जो स्वयं एक स्त्री ही तो हैं-

जग मोहिनि राधे, तु पाँय परौं वृषभानु के मौन अबै उतरी।
गुन बाँधि नचावति तीनिहुँ लोक लियें कर ज्यों कर की पुतरी।[10]

ऐसा नहीं था कि रीतिकालीन काव्य में सिर्फ़ नायिका-भेद, श्रृंगार-वर्णन, प्रकृति-चित्रण ही भरा पड़ा है, नारी की सामाजिक स्थिति का प्रतिबिम्बन भी देखने को मिलता है। समाज ने अपनी आवश्यकताओं के अनुसार स्त्री का उपभोग किया, उसका इस्तेमाल किया और अपनी सुविधा के अनुसार त्याग दिया। रीतिकालीन कवियों की एक विशेषता ज़रूर ध्यान आकर्षित करती है कि वे एक बार जिसका हाथ थाम लेते हैं, उसे आजीवन नहीं छोड़ते, चाहे वह वेश्या ही क्यों न हो। केशवदास रायप्रवीन को न केवल काव्य-शिक्षा देते हैं, बल्कि मुक्त कंठ से उसकी प्रशंसा भी करते हैं। इससे बढ़कर और क्या हो सकता है कि केशवदास जैसे प्राचीनपन्थी आचार्य भी एक वेश्या की तुलना पार्वती से करते नज़र आते हैं-

वृषभ-बाहिनी अंग उर, बासुकि लसत प्रबीन।
सिव-सँग-सोहै सर्वदा, सिवा कि रायप्रबीन।[11]

दूसरी तरफ़ गंगा, जो अत्यन्त पवित्र और निर्मल है, जिसमें डुबकी लगाने से सारे पापों का अन्त हो जाता है, जो अग्नि के सदृश है। केशवदास उसी गंगा से रायप्रवीन की उपमा देते हैं, जो हमें यह सोचने के लिए बाध्य कर देता है

कि रीतिकालीन साहित्य में कुछ तो ऐसा है जो जीवन्त है, जो मध्यकालीनता से ऊपर है–

सोभा सुभ सानी परमारथ-निधानी दीह,
कलुष कृपानी मानी तब जग जानी है।
पूरब के पूरे पुन्य सुनिजै प्रवीनराइ
तेरी बानी मेरी रानी गंगा को सो पानी है।

वहीं रीतिमुक्त कवि भी हैं, जो कहीं भी पुरुष होने का दम्भ नहीं भरते। उनके भीतर स्त्रियों के प्रति हार्दिकता है, एकनिष्ठता है, प्रेम है, रागात्मकता है। उनके लिए तो सुभान कोई नायिका या कुलवधू नहीं बल्कि एक वेश्या है। दरबाराश्रित ऐसी वेश्या जिसके प्रेम में पड़कर उन्होंने अपना सारा जीवन समर्पित कर दिया–

एक सुभान के आनन पै कुरबान
जहाँ लगि रूप जहाँ को।[12]

रीतिमुक्त कवियों की संप्रेषणीयता, इनकी अभिव्यक्ति अत्यन्त सशक्त है। इन्होंने अपने भीतर जो महसूस किया, उसे उसी तीव्रता, उसी गहनता के साथ उसी रूप में अपने काव्य में व्यक्त किया। वे अपनी निजी अनुभूति की बात कर रहे थे। जिस युग में प्रेम करना तो दूर, प्रेम की बात करना भी घृणित समझा जाता था, ऐसे समाज में घनानन्द डंके की चोट पर प्रेम कर रहे थे। उनके लिए प्रिय की उदासीनता के बावजूद प्रेम की एकनिष्ठता ही सब कुछ है। रीतिमुक्त कवि चाहे बोधा हों, ठाकुर हों या घनानन्द–इनकी कविताओं में इनके भीतर का भावावेग ही निकलता है। एक-एक पंक्ति को पढ़कर ऐसा लगता है जैसे इसे भोगा गया है।

रीतिकालीन नायिकाओं ने न केवल तत्कालीन समाज का तिरस्कार झेला, बल्कि आज तक तिरस्कृत हो रही हैं। आज भी इन्हीं कसौटियों पर स्त्री के अच्छे या बुरे होने का आकलन किया जाता है। यौन-भावना जैसी अत्यन्त प्राकृतिक चीज़ भी उसकी इच्छा पर निर्भर न करके पति की कृपा पर निर्भर करती है। ऐसे में अगर उस समय की स्त्रियों को समाज की परवाह नहीं थी, उनके कटाक्ष का भय नहीं था तो यह बहुत बड़ी बात है।

इससे स्पष्ट है कि रीतिकालीन काव्य में सब कुछ मृत नहीं है और न ही सब कुछ ऐसा है, जिसे उठाकर कूड़े के ढेर में फेंक दिया जाये। यहाँ भी सम्भावना की पूरी तलाश की जा सकती है। डॉ. नित्यानंद तिवारी कहते हैं–"रीति कवियों की खण्डिता नायिका के वर्णन में ही वास्तविक दु:ख झलकता है। इनके

वर्णन में ही इन रीतिकवियों की व्यक्तिगत विशेषता देखने को मिलती है। नारी का भोग और नारी का दुःख ह्रासोन्मुख सामन्ती समाज की विशेष ऐतिहासिक स्थिति है, लेकिन इसमें महत्त्वपूर्ण यह है कि भोग का सुख बाँझ है और नारी का दुःख सम्भावनागर्भित है।"[13]

स्त्रियों की जिस तरह की स्वच्छन्द छवि रीतिकालीन काव्य में प्रस्तुत की गयी है, वह अत्यन्त शक्तिशाली है और मध्यकालीन सामन्ती समाज में जहाँ स्त्रियों के लिए इतने बन्धन थे, ऐसे माहौल में भी उन नायिकाओं को किसी की परवाह नहीं है। रीतिकालीन नायिकाओं की यह सबसे बड़ी विशेषता है। रीतिकालीन साहित्य के अध्ययन के सम्बन्ध में नामवर सिंह का यह कथन अत्यन्त सटीक है–"आधुनिकता, उत्तर आधुनिकता के बाद अब हम उत्तरोत्तर आधुनिक दौर में हैं। ऐसे में अतीत की ओर लौटकर क्यों न हम पूरा साहित्य समकालीन मानकर पढ़ें। हम यह भूल गये हैं कि साहित्य की पूरी विरासत समकालीन है। आवश्यकता है समकालीनता बोध पैदा करने की।"[14]

सन्दर्भ

1. डॉ. नामवरसिंह, रीतिकाव्य : पुनर्विचार, उद्धृत पक्षधर वार्ता, विनोद तिवारी (संपा) जनवरी-अप्रैल, पृ. 24
2. प्रभा खेतान, उपनिवेश में स्त्री, राजकमल प्रकाशन, दिल्ली, प्रथम संस्करण, पृ. 53
3. जॉन स्टुअर्ट मिल, स्त्रियों की पराधीनता, प्रगति सक्सेना (अनु.), राजकमल प्रकाशन, दिल्ली, पहली आवृत्ति, संस्करण 2003, पृ. 46
4. राकेश कुमार, नारीवादी विमर्श, पृ. 201
5. प्रो. सुधीश पचौरी, रीतिकाल में फूको विचरण, बहुवचन, अंक-9, पृ. 176-184
6. लाला भगवानदीन (संपा.), ठाकुर ठसक, पृ. 150
7. आचार्य विश्वनाथ प्रसाद मिश्र (संपा.), केशव ग्रन्थावली, भाग-1, प्रभाव 16, दोहा 27, पृ. 221
8. विद्यानिवास मिश्र, शिवदत्त चतुर्वेदी (संपा.) देव की दीपशिखा, पृ. 36
9. रामजी मिश्र (संपा.), मतिराम कृत रसराज, पृ. 224
10. विद्यानिवास मिश्र, शिवदत्त चतुर्वेदी (संपा.), देव की दीपशिखा, पृ. 72
11. विश्वनाथ प्रसाद मिश्र (संपा.) केशव ग्रन्थावली, खण्ड-1, सर्ग-2, पृ. 98
12. विश्वनाथ प्रसाद मिश्र (संपा.), बोधा ग्रन्थावली, पृ. 6
13. डॉ. नित्यानन्द तिवारी, रीतिकालीन काव्य का इतिहास, पुनर्विचार की दिशा, उद्धृत मध्यकालीन साहित्य विमर्श, सुधासिंह (संपा.), पृ. 347
14. डॉ. नामवरसिंह, रीतिकाव्यः पुनर्विचार, उद्धृत पक्षधर वार्ता, विनोद तिवारी (संपा.), जनवरी-अप्रैल, पृ. 24

रीतिकालीन काव्य और स्त्री-विमर्श

डॉ. सोनी प्रसाद

स्त्री एक ऐसा व्यक्तित्व है, जो हज़ारों वर्षों से हाशिए पर होने के बावजूद तमाम दबावों, संघर्षों, अन्तर्विरोधों, उतार-चढ़ावों को सहता हुआ अपनी अस्मिता की पहचान के लिए इक्कीसवीं शताब्दी के दरवाज़े पर दस्तक दे रहा है। क्या है यह स्त्री-विमर्श, जिसके बारे में इतना कुछ कहा और लिखा जा चुका है? देखा जाये तो स्त्री-विमर्श या स्त्रीवाद किसी आस्था का प्रतीक नहीं है, बल्कि यह एक स्त्री और उसके जीवन से जुड़े सत्यों की तलाश है। एक ऐसा सत्य, जो स्त्री को उसके सन्दर्भों में देख सके, जहाँ हर उस व्यवस्था, विचारधारा, तर्कों के प्रति नकार भाव हो, जो स्त्रियों को उसकी स्वतन्त्र पहचान से वंचित कर गुलाम बनाये रखना चाहते हैं।

क्या कारण रहा होगा, जिसके चलते स्त्रियों को न सिर्फ़ हज़ारों सालों की दासता झेलनी पड़ी, बल्कि अस्तित्वहीन, अस्मिताशून्य जीवन जीने को अभिशप्त होना पड़ा? एक स्त्री जब अपनी अस्मिता की पहचान की बात करती है, स्वतन्त्रता की माँग करती है, तब उसे सन्देह की नज़रों से क्यों देखा जाता है? यथास्थिति को बरकरार रखने के लिए कटिबद्ध वह कौन-सी प्रतिगामी शक्तियाँ हैं, जिन्होंने कभी यह चाहा ही नहीं कि स्त्रियों को वे तमाम अधिकार, स्वतन्त्रता मिले, जिससे कि स्त्रियाँ सशक्त हो सकें, अपना जीवन जी सकें और सबसे महत्त्वपूर्ण यह कि एक मनुष्य के रूप में समाज में स्वीकृत हो सकें?

स्त्रियों के साथ सबसे बड़ी समस्या यह थी कि घर और मातृत्व को उसकी अनिवार्य ज़िम्मेदारी बना दिया गया। "सारी नैतिकता उन्हें बताती है कि यह महिलाओं का कर्तव्य है कि वे दूसरों के लिए जिएँ, पूर्ण आत्मत्याग करें और अपने स्नेहसम्बन्धों के अतिरिक्त उनका अपना कोई जीवन न हो।"[1] इसका परिणाम यह हुआ कि स्त्रियों का शारीरिक, मानसिक, आर्थिक विकास बाधित

हुआ, वह अर्थोपार्जन से दूर हो गईं तथा घर की चारदीवारी तक सीमित होकर रह गईं। विडम्बना तो यह थी कि स्त्रियों ने इसे ही जीवन का सत्य मान लिया।

स्त्री-विमर्श इसी मिथक पर प्रहार करता नज़र आता है। वह ना-बराबरी के प्रश्न को न सिर्फ़ खारिज करता है बल्कि वह अस्तित्व, अस्मिता, समानता, स्वतन्त्रता और सबसे महत्त्वपूर्ण सहअस्तित्व की बात करता है। वह हर उस परम्परा को अस्वीकार करता है, जो स्त्री-जीवन में बाधक सिद्ध होती है। अब स्त्री, उसका जीवन साहित्य, सर्जना और चिन्तन के केन्द्र में आ चुका है। अब वह अपनी अस्मिता की पहचान के लिए प्रतिबद्ध है। अस्मिता का प्रश्न सिर्फ़ उसकी पहचान का प्रश्न नहीं है बल्कि और भी बहुत कुछ है, जो इससे जुड़ा हुआ है। "जहाँ एक स्त्री की अस्मिता का प्रश्न है, इसके सामने सबसे बड़ी चुनौती पितृसत्तात्मक सम्बन्ध, मूल्य और संस्थाएँ ही नहीं हैं, बल्कि स्त्री-अस्मिता के साथ स्त्री-इच्छा, उसकी कामना का सवाल भी जुड़ा हुआ है, जिनको हासिल करने, भोगने और अभिव्यक्त करने में सामाजिक रुकावटें भी हैं।"[2] सबसे मुख्य बात जो स्त्री-विमर्श के केन्द्र में आने से हुई वह यह कि अब एक स्त्री परम्परागत परिवार और समाज के नाम पर होने वाली ज़्यादतियों को समझने लगी है।

"नारीवादियों ने ही सबसे पहले स्त्री की देह पर उसी के अधिकार की पैरवी की और स्पष्ट किया कि अब तक स्त्री की देह पर जाति, जातीयता, राष्ट्र, आधुनिकता, परम्परा और नैतिकता की इबारतें लिखी जाती रही हैं। स्त्री के अपने यौन-अनुभवों को कभी महत्त्व नहीं दिया गया।"[3] सवाल यह है कि स्त्री के शरीर, सन्तान और सम्पत्ति पर किसका अधिकार होना चाहिए? उसकी रुचि, उसकी कामनाओं को पति की कामेच्छा और सन्तानोत्पत्ति से ही जोड़कर क्यों देखा जाता है?

बीसवीं सदी के बिल्कुल आरम्भ में अश्लीलता और सौन्दर्यशास्त्र की व्याख्या करने की कोशिश की गयी, ताकि स्त्री-समाज को नये सिरे से नियन्त्रण में लाया जा सके, ख़ासतौर पर उसकी यौनिकता को। महावीरप्रसाद द्विवेदी कहते हैं, "यदि कोई क़ानूनदा स्त्री पति से कहने लगे–सुनिए, जनाब मेरे और आपके अधिकार बराबर हैं–मैं भी स्वाधीन, आप भी स्वाधीन। एक दिन मैं चूल्हा-चौका झाड़-बुहार करूँ, एक दिन आप मेरी सेवा करें। अथवा यदि वह यह कह बैठे मुझे सन्तान उत्पन्न करने से इनकार है, तो ऐसी स्वाधीनता का क्या नतीजा होगा। ...स्त्रियाँ स्वभाव से ही सुकुमार होती हैं। इस दशा में यदि धर्मशास्त्र ने उन्हें पिता, पुत्र या पति के वश में रहने का नियम दिया तो क्या गजब किया?"[4] यहाँ पर शास्त्र, धर्म और समाज की दुहाई देकर स्त्रियों की यथास्थिति को बरकरार

रखने की कोशिश नज़र आती है। पितृसत्ता को बरकरार रखने वालों को यह भय है कि अगर स्त्रियाँ जाग गईं तो उनकी सत्ता का अन्त हो जायेगा और शास्त्र एवं धर्म की आड़ में उन्हें जो सुविधाएँ दी गयी हैं, वे भी उनसे छिन जायेंगी। ऐसा नहीं है कि द्विवेदी जी स्त्रियों के दुश्मन थे, परन्तु समाज की जैसी संरचना और परिकल्पना थी, उसमें स्त्रियों की स्वतन्त्रता और चेतना की बात, परिवर्तनशीलता की बात, श्रम के बँटवारे की बात पितृसत्ता के लिए किसी भयावह स्वप्न की तरह थी और पुरुष-समाज इसके लिए सपने में भी तैयार नहीं था।

स्त्रीवाद की सबसे बुनियादी चिन्ता है 'स्त्रीमुक्ति'। स्त्रीमुक्ति के प्रयासों को सामाजिक, आर्थिक, राजनीतिक रूप से फलीभूत करने की आवश्यकता है। स्त्रियों के बारे में सिर्फ़ लिखने या बात करने से काम नहीं चलेगा। अब समय आ गया है स्त्रियों को बदलाव के लिए जागरूक करना, स्त्रियों को बदलते हुए देखना, उस बदलाव के प्रति स्वीकार-भाव जगाना तथा एक स्त्री के प्रति खुद के रवैये को बदलना तभी यह मुक्ति सम्भव हो सकेगी। इसी स्त्री-विमर्श को एक दृष्टि रूप में यहाँ प्रयुक्त किया गया है।

रीतिकाल का मूल्यांकन हमेशा से विवादित, उपेक्षित और समस्याग्रस्त रहा है। आमतौर पर रीतिकाल को शृंगारी, दरबारी, बनावटी, अलंकारप्रिय, विलासप्रिय, रीति का अनुपालन करने वाला मान लिया गया। समस्या तब और भी गहरी हो गयी जब यह सवाल उठाया गया कि रीतिकालीन साहित्य की सामाजिक उपयोगिता क्या है? एक तरह की नायिकाओं का वर्णन, एक ही तरह के लक्षणों और उदाहरणों पर आधारित काव्यों की रचना की गयी है। तमाम नायिकाओं को 'टाइड' मान लिया गया, इस तरह से रीतिकालीन कवियों की व्यक्तिगत और रचनागत विशिष्टता पर प्रश्नचिह्न लगा दिये गये। यह भी कहा गया कि पूरा का पूरा रीतिकाव्य सामन्ती अभिरुचि का पोषक है।

परन्तु जब मैंने रीतिकालीन काव्य का अध्ययन करना शुरू किया तो मुझे लगा कि रीतिकाल से जुड़ी तमाम समस्याओं के केन्द्र में एक स्त्री है, जो अपने शरीर, उससे जुड़ी इच्छाओं, उसकी शृंगारिक चेष्टाओं के प्रति सजग और सचेत है। जो कहीं विलासिनी, कहीं प्रेमिका, कहीं आत्मपीड़िता है, जिसमें काम-भावना के प्रति सहज स्वीकार-भाव देखने को मिलता है। यही कारण है कि साहित्य-सर्जना के केन्द्र में व्यापक रूप से एक स्त्री के प्रवेश को नैतिकतावादी आलोचक आसानी से पचा नहीं पाये और रीतिकालीन काव्य को पतित और नैतिक रूप से भ्रष्ट बनाने वाला कहकर एक किनारे कर दिया गया। रीतिकालीन नायिका कहीं से भी 'टाइड' नहीं है। इसको हम एक उदाहरण से समझ सकते हैं। देव ने भी

'ज्ञातयौवना' का वर्णन किया है और मतिराम ने भी। परन्तु देव की 'ज्ञातयौवना' मतिराम की 'ज्ञातयौवना' से अलग है। देव कहते हैं–

पीछे तिरीछे कटाछनि सौ इत वै चितवै री लला ललचोहै।
चौगुनी चौनु चवाइन के चित चाइ चढ़े है चवाइ मचो है।
जोबनु आयो न पापु लग्यो कवि देव रहै गुरु लोग रिसोहै।
जी मैं लजैयै जो जैयै जितै तित पैयै कलंक चितैयै जु सोहै।[5]

देव के यहाँ नवयौवना को यौवन क्या आया, जानो तो पाप लग गया है। वहीं मतिराम कहते हैं–

कानन लौं लागे, मुसकान प्रेमपागे, लौने,
लाज भरे लागे लोल लोचन अनंग ते।
भारु धरि भुजनि डुलावति चलति मंद,
औरैं ओप उलहत उरज उतंग ते।
मतिराम जोवन-पवन की झकोर आय,
बढ़िके सरस रस तरल तरंग ते।
पानिप अमल की झलक झलकन लागी,
काई-सी गयी है लरिकाई कढ़ि अंग ते।[6]

मतिराम के यहाँ यौवन के आगमन से नायिका की स्वाभाविक कांति बढ़ गयी। अन्तिम पंक्ति में देख सकते हैं कि किस तरह के स्वच्छ पानी अर्थात् चेहरे की कांति झलकने से शिशुता रूपी काई फटकर अलग हो गयी है। देव और मतिराम ही नहीं, रीतिकाल के प्रत्येक कवि की अपनी काव्यगत विशिष्टता है, जिससे इनकार नहीं किया जा सकता है और न ही 'टाइड' कहकर इसका सरलीकरण किया जा सकता है।

रीतिकाल के साथ समस्या यहीं से शुरू हो जाती है, क्योंकि स्त्री की जिस छवि का निर्माण हो रहा था, वह कहीं से भी समाज के लिए उपयोगी नहीं थी। इससे राष्ट्र, समाज और गाँव को ही ख़तरा नहीं था, बल्कि आम आदमी के भी नैतिक रूप से भ्रष्ट होने की आशंका थी। आचार्य महावीर प्रसाद द्विवेदी कहते हैं कि "नायिका-भेद और कुछ नहीं बल्कि उसमें लिखा रहता है परकीया (परस्त्री) और वेश्याओं की चेष्टा और उनके कलुषित कृत्यों के लक्षण और उदाहरण। कहीं कोई नायिका अँधेरे में यमुना के किनारे दौड़ी जा रही है, कहीं कोई चाँदनी में चाँदनी रंग की साड़ी पहनकर घर से निकल किसी लता-मंडप में बैठी हुई किसी के मार्ग की प्रतीक्षा कर रही है आदि-आदि।"[7]

यहाँ जो संकेतस्थल पर भागकर जा रही वह कुलटा है, व्यभिचारिणी

स्त्री है। परन्तु द्विवेदी जी उन पुरुषों के बारे में कहना भूल गये, जो संकेतस्थल पर खड़े होकर इन्तज़ार कर रहे हैं। इस तरह से हम अपने सामाजिक ढाँचे को देख सकते हैं, जहाँ सारा निषेध स्त्रियों के लिए है। पुरुषों के लिए कोई विशेषण, कोई नियम, कोई निषेध नहीं है।

प्रो. सुधीश पचौरी ने भी इससे संबंधित सवाल उठाया है कि आख़िर रीतिकालीन साहित्य को साहित्यिक पाप की तरह क्यों देखा जाता है? बार-बार एक ही प्रश्न दुहराया जाता है आख़िर पूरे दो सौ वर्षों तक रीतिकालीन कवियों ने किया क्या? मूल समस्या पर आते हुए वे कहते हैं, "इस समय की रचना में स्त्री की इस कदर उपस्थिति और दृश्यमानता ने इतिहास के सामने कई नये और तंग करने वाले सवाल तब तक नहीं खड़े किये, जब तक कि स्त्रीत्ववादी विमर्श की धमक हिन्दी में नहीं आ पायी।"[8]

हमारा समाज पितृसत्तात्मक समाज है जहाँ पुरुषों को स्त्रियों से श्रेष्ठ माना जाता है, जहाँ स्त्रियों पर पुरुषों का नियन्त्रण है, जहाँ स्त्रियाँ पुरुषों की सम्पत्ति मानी जाती हैं। वैसे समाज में स्त्रियों की दशा और भूमिका क्या हो सकती है, उसका स्वयं अन्दाज़ा लगाया जा सकता है।

स्त्रीवादियों की लड़ाई इसी सत्ता, नियन्त्रण और असमानता के दर्जे से है, जो उसे मनुष्य की श्रेणी से अलग कर हाशिए पर जीने के लिए बाध्य किये हुए है। स्त्रीत्ववादियों ने स्वतन्त्रता, समानता, सहअस्तित्व के मुद्दे को उठाया जहाँ देह एक महत्त्वपूर्ण अवधारणा बनकर सामने आती है। अब पवित्रता और प्रजनन- सम्बन्धी मिथक टूटने लगे हैं। स्त्रीत्ववादियों का उद्देश्य न सिर्फ़ मुक्ति की आकांक्षा को जगाना है, बल्कि अपने अधिकारों के प्रति सचेत भी करना है। साथ ही स्त्री-लेखन के क्षेत्र में विमर्श की ऐसी भाषा का निर्माण करना जो पुरुष वर्चस्व केन्द्रित अर्थात् लिंग आधारित न हो।

घर की दहलीज़ से बाहर निकलती औरतें पितृसत्तात्मक समाज को कभी पसन्द नहीं आईं। पितृसत्ता का ऐसा मानना है कि पढ़ने-लिखने, बाहर निकलकर काम करने का अधिकार सिर्फ़ उनका है और जब एक स्त्री उनके अधिकार-क्षेत्र में दखल देती है तब उन्हें यह बिल्कुल सहन नहीं होता। "वे स्त्रियों को या तो चौके में देखना चाहते हैं या बिस्तर में। पढ़ना-लिखना पुरुष-केन्द्रित कार्य है, जिसमें वही स्त्रियाँ दखल देती हैं, जिनके पास करने के लिए कुछ भी नहीं है। और तो और स्त्रियाँ आगे बढ़ने के लिए देह की राजनीति करती हैं 'क्योंकि उनके पास तो बुद्धि है ही नहीं।"[9] ऐसे अनेक विचारसूत्र पढ़े-लिखे बुद्धिजीवियों के पास सुरक्षित हैं। कितनी अजीब बात है आज हम इतिहास के अन्त की बात कर रहे हैं, जबकि स्त्रियों के सपनों की शुरुआत भर हुई है।

रीतिकालीन टेक्स्ट के अध्ययन के क्रम में स्त्री की ऐसी छवि उभरकर सामने आयी, जो भय रहित है, स्वेच्छा से आचरण करने वाली है, जिसकी अपनी पसन्दगी और नापसन्दगी है और सबसे महत्त्वपूर्ण उसमें विद्रोह की भावना है जो विरोध के साथ-साथ आत्मसम्मान की उपस्थिति भी दर्ज कराती है।

इंद्रजीत की वेश्या प्रवीणराय जब अकबर के दरबार में प्रस्तुत हुई और उससे बादशाह के यहाँ रहने की बात कही गयी तो उसने उत्तर दिया–

विनती राय प्रबीन की सुनियै साह सुजान।
जूठी पतरी भखत हैं बारी बायस स्वान।

कितने लोग इसे काव्य-प्रगल्भता समझते हैं, जबकि यह एक स्त्री की अस्मिता और आत्मसम्मान से जुड़ा हुआ तथ्य है।

कितने आश्चर्य की बात है कि पुरुषवादी नैतिकता और मानसिकता ने हमेशा नारी के इर्द-गिर्द ही सारा घेरा बनाया, हमेशा उसने अपनी सुविधाओं के अनुसार नियम बनाये। परस्त्रीगमन में परस्त्री ही बुरी समझी जाती है, गमन करने वाला पुरुष तो हमेशा से साफ़ बच निकलता आया है। हर नियम, हर कायदा-क़ानून पुरुषों के हित में, पुरुषों के भोग-विलास को बढ़ाने के लिए पुरुषों को तमाम तरह की सुविधाएँ प्रदान करने के लिए बनाये गये। ऐसे में अपनी अस्मिता के लिए छटपटाती स्त्रियों की बौखलाहट सहज समझ में नहीं आ सकती। ख़ैर लाख पहरे बिठा लो, स्त्री अब दहलीज़ से बाहर निकलने को लालायित है–

हम तौ पर नारि भई सो भईं तुम तौ सुधरौ सखियाँ सिगरी।
यहि रीत चले जग नाम धरै तिहि तै न कढ़ौ मग मो ढिगरी।
कवि ठाकुर फाटी उलंक की चादर, देऊँ कहाँ कहँ लौं थिगरी।
तुम आपनी ओर बचाव करौ हम तौ बनिकें बिगरीं बिगरीं।[10]

ठाकुर की ये नायिकाएँ प्रेम को लेकर किसी तरह के संशय की शिकार नहीं हैं। मध्यकालीन समाज में जहाँ नारी को अपनी इच्छा से देखना एवं बोलना भी प्रतिबन्धित था। पुरुषवर्ग ने अपनी कायरता और भोग करने के एकाधिकार को बनाये रखने के लिए स्त्रियों पर इतने सारे प्रतिबंध लगा दिये कि वे समाज में सक्रिय भागीदारी की भूमिका से दूर पशुवत् मूक जीवन जीने के लिए बाध्य हो गईं। बावजूद इसके रीतिकालीन नायिकाएँ किसी से नहीं डरतीं। मूक जीवन जीना तो दूर, प्रेम को लेकर न केवल उनके मन में सहज स्वीकार है, बल्कि वे तो डंके की चोट पर कहती हैं कि चाहे दुनिया, समाज कुछ कहे, वे तो वही करेंगी, जो उनके मन को अच्छा लगेगा। मध्यकालीन समाज में ये कैसी नायिकाएँ हैं, जो निर्णय ले रही हैं, प्रेम कर रही हैं, जो न किसी से डरती हैं और न किसी की परवाह करती हैं–

काहु के होई तौ कोऊ कहै निज जैसे मनै लगी तैसे सिखाए।
ज्यौं ज्यौं खरो हटको इन लोगन त्यौं त्यौं खरे बिगरैं ये सवाए।
ठाकुर काहु रुचौ न तौ का करौं मोहिं तो ऐसे लगे भले भाए।
नैन हमारे हमारे मनै लाग्यौ चाहें जहाँई तहाँई लगाये।[11]

जिस मध्यकाल में नारियों के इर्द-गिर्द इतना घेरा कसा गया, जहाँ पवित्रता-अपवित्रता, अच्छे-बुरे का प्रश्न सिर्फ़ स्त्रियों से जुड़ा हुआ था। जहाँ इतने बन्धन थे कि स्त्रियों का साँस लेना भी मुश्किल था। परम्परा, रूढ़ियों, मर्यादा के नाम पर इतनी सारी बेड़ियाँ जैसे कालेपानी की सज़ा भोगता कोई क़ैदी हो। ऐसे में रीतिकालीन काव्य की यह कैसी स्त्री है, जो सदियों के बन्धन को तोड़कर निकल जाना चाहती हैं। वह हर उस चीज़ को नकारती है जो उसकी स्वच्छन्दता में बाधक सिद्ध हो सकती है। कहाँ से आयी उसके भीतर यह विद्रोह चेतना, जिसे सुनकर, पढ़कर लोगों की बेचैनी इतनी बढ़ जाती है कि वे न सिर्फ़ इस स्त्री को नकारना चाहते हैं, बल्कि स्त्री की ऐसी छवि निर्माण करने वाले काव्य को ही एक सिरे से खारिज कर देना चाहते हैं-

गोकुल के कुल कों तजिके भजिके बन बीथिन में बढ़ि जैये।
त्यों पद्माकर कुंज कछार बिहार पहारन में चढ़ि जैये
हैं नंदनंद गुविंद जहाँ तहाँ नंद के मन्दिर में मढ़ि जैये।
यों चित चाहत ए री भटू मनमोहन लैके कहूँ कढ़ि जैये।[12]

प्रेम की राह पर चलने वाली इस मध्यकालीन स्त्री को अब किसी की परवाह नहीं है। अब वह अपयश, कलंक से भी नहीं डरती, लोक-लज्जा, घर-गृहस्थी सब कुछ भूल चुकी है, पर जब बदले में प्रेम नहीं मिलता तो सारी वेदना जैसे केन्द्रीभूत होकर रह जाती है। अपने प्रेम और इस प्रेमजनित वेदना का सहज स्वीकार उसे विशिष्ट बनाता है, जो कहीं से भी मामूली नहीं है-

रावरे नेह को लाज तजी अरु गेह के काज सबै बिसराए।
डारि दिये गुरु लोगन को डर गाम चबाई में नाम धराए।
हेत कियो हम जो तो कहा तुम तो मतिराम सबै बिसराए।
कोऊ कितेक उपाय करो, कहुँ होत हैं आपने पीउ पराए।[13]

जिस समाज में स्त्रियों के लिए इतने कठोर बन्धन थे, उसी समाज में स्त्रियों के इतने रंगीन, शृंगारिक, विलासप्रिय चित्र खींचे जा रहे थे क्या यह महज़ आनन्द और विलास के लिए था या उनका कोई समाजशास्त्रीय महत्त्व भी रहा होगा? क्या ये नायिकाएँ सिर्फ़ रचनाओं तक सीमित थीं या वास्तव में इनका कोई वजूद था? और शायद यही कारण है कि जिन नायिकाओं के हृदय से 'कुलकानि'

की गाँठ टूट चुकी थी या बहुत हद तक छूट चुकी थी, उन्हें हमेशा-हमेशा के लिए निर्जीव बना दिया गया और यह प्रयास आज भी जारी है–

कुलकानि की गाँठितैं टूट्यो हियौ
हिय तैं कुलकानि की गाँठि छुटी।[14]

एक तरफ़ तो आदर्श, मूल्य, नैतिकता की बात की जाती है, दूसरी तरफ़ विपरीत लिंग के प्रति अपने आकर्षण को हम रोक नहीं पाते, चाहे वह विवाहेतर ही क्यों न हो। कहने का आशय है कि हमारा पूरा-का-पूरा व्यक्तित्व संशयशील और दुविधाग्रस्त है। पर रीतिकालीन नायिकाओं के भीतर कोई दुविधा, कोई दोहरापन नज़र नहीं आता। जो कुलवधू होते हुए भी कुलटा होने का अपवाद सहती हैं और न सिर्फ़ सहती हैं बल्कि पूरे गोकुल में लांछित भी हो चुकी हैं, फिर भी उनका प्रेम अडिग है–

कुलबधू ह्वै कें हाय कुलटा कहाई अरु
गोकुल में कुल में कलंक सिर लै चुकीं।
चित होय हित न हमारे नित ओर सो तो
वाहि चितचोरहिं चितौनि चित दै चुकीं।[15]

अपने प्रेम को लेकर जो संकल्पना-शक्ति उनमें दिखाई पड़ती है, वह वर्तमान युग में बिल्कुल नदारद है। हम प्रेम भी करते हैं तो अपनी सुविधा देखकर कि कहीं हमारी प्रतिष्ठा, हमारी भौतिकता, हमारे जीवन पर कोई आँच न आ जाये। परन्तु रीतिकालीन नायिकाओं का प्रेम एकआयामी बेशक रहा हो, पर कहीं से भी कमज़ोर नहीं है। और यही कारण है कि उन्हें किसी की निंदा की न तो चिन्ता है और न ही परवाह–

घैरवारी बैरवारी चौचंद चबाववारी नारि दुखिहाई ते निहारी हियै माखैंगी।
गाँव घर गलिन सखी री घाट पनघट घातैं जोर जोर के अनेक बातैं भाखैंगी।
ठाकुर कहत हमँ जहाँ दिन मिलेंगे कान्ह करि सनमान लाज रंचहू न राखैंगी।
खोलि खोलि पलकनि नैनन की ललकनि छबि छलकनि कौ छबीलो रस चाखैंगी।[16]

जिस भक्तिकाल में नारी त्याज्य मानी जाती थी, जो मुक्ति के मार्ग में बाधक समझी जाती थी। मीरा और राधा को छोड़कर कोई भी स्त्री साहित्य या भक्ति-साधना के केन्द्र में स्थान न पा सकी। ऐसे में देखा जाये, तो पूरा-का-पूरा रीतिकालीन साहित्य स्त्री-केन्द्रित था। रीतिकालीन नायिकाओं ने सदियों से आ रही चुप्पी को तोड़ने का प्रयास किया। मध्यकाल की सामाजिक व्यवस्था कुछ ऐसी थी, जिसमें पुरुषों को स्वतन्त्र विचरण करने और भ्रमरवृत्ति के बावजूद उन्हें निर्दोष छवि वाला माना जाता था। स्त्री से संबंधित हर अपराध उनके लिए क्षम्य था। आज भी

ऐसा ही है। ग़लती करने वाले पुरुष साफ़ बच निकलते हैं, जबकि शिकार होने वाली स्त्री का जीना दूभर हो जाता है। यह प्रतिरोध ही तो है, जो मामूली-सी दिखने वाली नायिका ऐसे लोलुप प्रवृत्ति वाले नायक पर व्यंग्य कर रही है–

आगे कौं धरत पर पीछे कोंं परत पग
भोर ही तें आज कछु, औरै छबि छाए हौ।
कहाँ आये, तेरे धाम, कौन काम, घर जानि
तहाँ जावौ, कहाँ, जहाँ मन धरि आये हौ।[17]

मध्यकाल जो पूरी तरह से सामन्ती मानसिकता का पोषक था, जहाँ स्त्री को दोजख की आग, नरक की खान समझा जाता था, जहाँ पुरुष के हर पतित कर्म के लिए औरत ही ज़िम्मेदार समझी जाती थी, जहाँ स्त्री पुरुषों के हाथ की कठपुतली मात्र थी, जहाँ सूर्य का प्रकाश भी स्त्री को देख नहीं सकता था, ऐसे में अगर एक स्त्री को पति के परस्त्रीगमन पर दुःख का अनुभव हो रहा है। वह अपनी बेचैनी, बौखलाहट छिपा नहीं पा रही। व्यंग्य के रूप में, मान के रूप में अगर किसी भी तरह का 'प्रोटेस्ट' नज़र आता है या स्त्री-मुक्ति की आकांक्षा के हल्के संकेत भी मिलते हैं तो यह निस्सन्देह उल्लेखनीय है–

कोऊ नहीं बरजै मतिराम, रहो तित ही जित ही मन भायो।
काहे कों सौंहैं हज़ार करौं, तुम तौ कबहूँ अपराध न ठायो।
सोवन दीजै, न दीजै हमैं दुख, यों ही कहा रसबाद बढ़ायो।
मान रहोई नहीं मनमोहन! मानिनी होय सो मानैं मनायो।[18]

बार-बार मना करने के बावजूद नायक परस्त्रीगमन करना बन्द नहीं कर रहा है। ढीठ हो चुके नायक को नायिका हर तरह से डाँट-फटकार लगा रही है बल्कि उसे उलाहना भी दे रही है। अब वह उसके बहलावे में आने को तैयार नहीं है। अब किसी भी हालत में मानने को तैयार नहीं है। यहाँ तक कि पति द्वारा पैर पकड़ माफ़ी माँगने पर उसके हृदय की आग और भी ज़्यादा भड़क रही है। यहाँ पर एक असन्तोष, एक नाराज़गी दिखाई पड़ती है जो शास्त्रीयता पर आधारित नायिका-भेद से कहीं आगे सोचने को बाध्य करती है। और इसी में रीतिकाल की सम्भावना भी दिखाई पड़ती है–

लाज को न लेस, जग-हाँसी को न डर मन,
हँसत हँसत आन बात न बनाइए।।
कवि मतिराम नित उठि कलकानि करो
नित झूँठी सौंहैं करो, नित बिसराइए।

ताके पग लागो निस जागि जाके उर लागे,
मेरे पग लागि उर आगि न लगाइए।[19]

अब तो लाखों की सम्पत्ति देने पर भी वह मानने के लिए तैयार नहीं है। यही विरोध तो उन्हें विशेष बना रहा है–

भोरहिं आय बनाय के बातनि चातुर ह्वै बिनती बहु कीजै।
ऐसिहि रीति सदा 'मतिराम' सु कैसे पियारे जु प्रेम पतीजै।
सौहैं न खाइए, जाइए ह्याँ तें, न मानहुँ जो धन लाखन दीजै।[20]

स्वकीया हो या परकीया सबकी सब नायिकाएँ अपनी स्थिति से दुखी हैं, नाराज़ हैं, खण्डिता हैं। बार-बार सवाल उठाना, असन्तोष ज़ाहिर करना, नाराज़गी जताना महज़ मानिनी नायिका के शास्त्रीय गुण मानकर अपने कर्तव्यों की इतिश्री नहीं की जा सकती। ये कहीं-न-कहीं उनकी वर्तमान दशा की ओर संकेत करते हैं कि वे अब अपनी स्थिति से सन्तुष्ट नहीं हैं और यही चेतना उनमें प्रतिरोध की भावना को जगाती है। बिहारी की नायिका चाहे जैसी भी हो पर वह भी किसी से नहीं डरती। अगर प्रिय का साथ हो तो नरक की आग का भी उसे भय नहीं है–

जौ न जुगति पिय मिलन की, धूरि मुकति-मुँह दीन।
जौ लहियै सँग सजन, तौ धरक नरक हूँ की न।[21]

जिस समाज में स्त्री पुरुषों के पैर की जूती समझी जाती थी, जहाँ स्त्री साध्य श्रम में साथ देने भर से पुरुष को शर्मिंदगी उठानी पड़ती थी, ऐसे ही समाज में मतिराम ऐसे नायक की परिकल्पना कर रहे हैं, जो प्रेम में डूबकर नयी-नवेली दुल्हन के अधीन हो चुका है–

आपने हाथ सों देत महावर, आपही बार सँवारत नीके।
आपुन ही पहिरावत आनिकें हार सँवारि कें मौरसिरी के।
हौं सखि लाजनि जात मरी, 'मतिराम' सुभाव कहा कहौं पी के।
लोग मिलें घर घैरु करैं, अबही ते ये चेरे भए दुलही के।[22]

ऐसा नहीं था कि पत्नी की उपयोगिता सिर्फ़ बिस्तर तक ही सीमित थी। हिन्दू धर्म में ऐसा माना गया है कि धर्म-कर्म में पत्नी की सहभागिता नितान्त आवश्यक है, उसके बिना सब अधूरा, असफल, यहाँ तक कि प्रयोजनहीन माना जायेगा। केशवदास जैसे शास्त्रीय मत के व्यक्ति भी इस बात का अनुमोदन करते हैं कि पत्नी के बिना यानी एक स्त्री के बिना समस्त 'कार्य-प्रयोजन' निष्फल हैं–

धर्म कर्म कछु कीजई, सफल तरुनि के साथ
तो बिन जो कछु कीजई, निष्फल सोयी नाथ।[23]

स्त्रियों की दशा का देव ने भी बहुत ही मार्मिक वर्णन किया है। एक नवयौवना के लिए घर के हालात हवालात से भी बदतर हैं। वह न हँस सकती

है, न बोल सकती है, सिर्फ़ निगाहें नीची कर घर में घुसी रहती है, अन्यथा वह तुरन्त बदनाम कर दी जायेगी–

चोरी लगै चहुँ ओर चितौत कलंक लगै मग में पग दै री।
दंतनि दाबि रहौं अँगुरी, अँगुरी कहुँ नैंकु जु पै उघरै री।।
देव दुरे रहिये, हँसिये नहीं, बैरिनि बैस कियौ जग बैरी।
जो न घिरे रहिये घर में तौ घुरे घिरि आवत हैं घर घैरी।।[24]

बिहारी की नायिका के बारे में हमेशा यह कहा जाता है कि वह अपूर्व सुन्दरी है, कोमलांगिनी है, गाँव की ऐसी गँवार है जिसकी देहयष्टि बहुत आकर्षक है, नायक के साथ रमण करने वाली है। पर सिर्फ़ ऐसा नहीं है बिहारी के यहाँ स्त्री की सामाजिक स्थिति का भी चित्रण देखने को मिलता है, जो अत्यन्त मनोवैज्ञानिक है–

कहति न देवर की कुबत कुल–तिय कलह डराति।
पंजर–गत मंजार–ढिग सुक ज्यौं सूकति जाति।।[25]

वहीं दूसरी तरफ़ प्रताप साहि हैं जो ससुराल में आयी नयी बहू की स्थितियों का वर्णन कर रहे हैं कि किस तरह एक नयी बहू को ससुराल में खुद को स्थापित करने में कितनी कठिनाइयों का सामना करना पड़ता है–

नंदउ जिठानी अनखानी रहैं आठौं जाम, बरबस बातन बनाय आय अरतीं।
रचि–रचि बचन अलीक बहुभाँतिन के, करि–करि अनख पिया के कान भरतीं।
कहै परताप कैसें बसिये निकसिये क्यों, मौन गहि रहिए तऊ न नैकु टरतीं।
निज–निज मन्दिर में साँझ तें सबेरे दीप मेरे केलिमन्दिर में दीपकौं न धरतीं।[26]

इन पंक्तियों को पढ़कर सहज अनुमान लगाया जा सकता है कि जिन आरोपों के आधार पर रीतिकालीन साहित्य को ख़ारिज किया जाता रहा है, उसे एक बार फिर पढ़ने व समझने की आवश्यकता है।

सामाजिक मान्यता और पुरुषवादी नैतिकता के आधार पर देखा जाये तो ये परकीया नायिकाएँ भले घर की दबी–कुचली, सती–सावित्री, पतिव्रता स्त्री से अलग बिगड़ी हुई हैं। उन्होंने जो किया खुद किया, अपने दम पर किया और सबसे बड़ी बात यह है कि वे सहज रूप से उसे स्वीकार करती हैं और इस आत्मस्वीकार में कितनी मार्मिकता है, लेशमात्र भी शर्मिंदगी नहीं है, क्योंकि इन्होंने इसे ही अपनी नियति मान लिया है–

अब का समझावती को समझै बदनामी के बीजन बोइ चुकी री
इतनो हूँ विचार करौ तौ सखी यह लाज की साज तौ धोइ चुकी री।

कवि ठाकुर काम न या सबको करि प्रीति पतिव्रत खोइ चुकी री।
नेकी बदी जो लिखी हुती भाल मैं होनी हुती सु तौ होइ चुकी री।[27]

इन नायिकाओं ने न केवल तत्कालीन समाज का तिरस्कार झेला, बल्कि आज तक तिरस्कृत हो रही हैं। कारण यह है कि वह स्वेच्छाचारिणी थीं, पवित्र हिन्दू स्त्री के खाँचे में फिट नहीं बैठती थीं। पवित्रता, पातिव्रत्य, शील, कौमार्य आदि कुछ ऐसे शब्द हैं, जो सिर्फ़ स्त्री-देह के लिए बनाये गये हैं और दुःख तो इस बात का है कि आज तक ये शब्द स्त्री-शोषण के उपकरण बने हुए हैं। आज भी इन्हीं कसौटियों पर स्त्री के अच्छे या बुरे होने का आकलन किया जाता है। यौन- भावना जैसी अत्यन्त प्राकृतिक चीज़ भी उसकी इच्छा पर निर्भर न होकर पति की कृपा पर निर्भर है। ऐसे में अगर उस काव्य की स्त्रियों को समाज की परवाह नहीं थी, उनके कटाक्ष, उनके तिरस्कारों का भय नहीं था, तो यह बहुत बड़ी बात है–

ये जौ कहैं तो भले कहिबो करैं मानस हाँसी सबै सहि लीजै।
ते बकि आपुहि तें चुप होहिंगी, काहे कौं काहु वै ऊतर दीजै।
ठाकुर मेरे मते की यहै धनि मानि कें जोबन रूप पतीजै।
या जग में जनमे को जिये को यहै फल है हरि सों हित कीजै।[28]

मध्यकालीन नायिका अब अपनी चुप्पी तोड़कर प्रियतम से सवाल पूछ रही है–'काहू के रंग रँगे दृग रावरे।'[29]

अब वह हाथ-पर-हाथ रखकर बैठने वाली नहीं है, अब उसकी आँखों में क्रोध है, त्यौरियाँ चढ़ी हुई हैं। इसी का विस्फोट हमें आधुनिक युग में दिखाई पड़ता है।

रीतिकाल में जो कुछ भी कहा या लिखा गया वो किसी नायिका का नहीं, बल्कि पुरुष कवि का अपना मंतव्य है। लेकिन इतना तो स्पष्ट है कि उस कवि मन ने अपने आसपास की नायिकाओं के मन में झाँकने का प्रयास ज़रूर किया होगा, तभी तो कहीं-कहीं इतनी जीवन्त तथा मार्मिक रचना बन सकी है। यह ठीक है कि शब्द रीतिकालीन कवियों के थे, लेकिन इस बात से इनकार नहीं किया जा सकता कि काव्यगत बेचैनी, सवाल, घुटन, चुप्पी ज़रूर उन नायिकाओं के होंगे, जिन्हें बार-बार काल्पनिक करार दिया जाता है।

सन्दर्भ

1. जॉन स्टुअर्ट मिल, स्त्रियों की पराधीनता, प्रगति सक्सेना (अनु.) पृ. 46
2. सुधा सिंह, ज्ञान का स्त्रीवादी पाठ, पृ. 15-16

3. मैरी ई. जॉन और जानकी नायर (संपा.), कामसूत्र से 'कामसूत्र' तक, अभय दुबे (अनु.), पृ. 14
4. महावीर प्रसाद द्विवेदी रचना संचयन, भारत यायावर (संपा.), पृ. 527
5. लक्ष्मीधर मालवीय (संपा.), देव ग्रन्थावली, खण्ड-3, पृ. 91
6. रामजी मिश्र (संपा.), मतिराम कृत रसराज, पृ. 11
7. महावीर प्रसाद द्विवेदी रचना संचयन, भारत यायावर (संपा. एवं चयन), पृ. 177-179
8. डॉ. सुधीश पचौरी, रीतिकाल में फूको विचरण, बहुवचन, अंक-9, पृ. 176-184
9. डॉ. सुधीश पचौरी, उत्तर आधुनिक साहित्यिक विमर्श, पृ. 123
10. लाला भगवानदीन (संपा.), ठाकुर ठसक, पृ. 150
11. वही, पृ. 162
12. विश्वनाथ प्रसाद मिश्र (संपा.), पद्माकर ग्रन्थावली, पृ. 322
13. रामजी मिश्र (संपा.), मतिराम कृत रसराज, पृ. 70
14. विद्यानिवास मिश्र, शिवदत्त चतुर्वेदी (संपा.), देव की दीपशिखा, पृ. 36
15. वही, पृ. 75
16. लाला भगवानदीन (संपा.), ठाकुर ठसक, पृ. 165
17. आचार्य विश्वनाथ प्रसाद मिश्र (संपा.), पद्माकर ग्रन्थावली, जगद्विनोद, पृ. 91
18. रामजी मिश्र (संपा.), मतिराम कृत रसराज, पृ. 22
19. वही, पृ. 143
20. वही, पृ. 71
21. जगन्नाथदास रत्नाकर (संपा.), बिहारी रत्नाकर, पृ. 58, छन्द-75
22. रामजी मिश्र (संपा.), मतिराम कृत रसराज, पृ. 99
23. आचार्य विश्वनाथ प्रसाद मिश्र (संपा.), केशव ग्रन्थावली, खण्ड-2, रामचन्द्रिका, पृ. 402
24. विद्यानिवास मिश्र, शिवदत्त चतुर्वेदी (संपा.), देव की दीपशिखा, पृ. 12
25. जगन्नाथदास रत्नाकर (संपा.), बिहारी रत्नाकर, पृ. 54
26. व्यंग्यार्थ कौमुदी, (पुस्तक पर सम्पादक का नाम अनुपलब्ध), पृ. 31
27. लाला भगवानदीन (संपा.), ठाकुर ठसक, पृ. 151
28. वही, पृ. 161
29. विद्यानिवास मिश्र, शिवदत्त चतुर्वेदी (संपा.), देव की दीपशिखा, पृ. 55

नायिका-भेद परम्परा, रीतिकाल और पद्माकर

आरती रानी प्रजापति

आधुनिक साहित्य में नायिका किसी भी वर्ग, समुदाय, जाति की हो सकती है, किन्तु मध्यकाल तक ऐसा नहीं था। हालाँकि जाति, वर्ग, समुदाय तब भी मायने नहीं रखते थे, पर तब स्त्री को सामन्ती सौन्दर्य के प्रतिमानों पर खरा उतारा जाता था। स्त्री को तब पुरुष की नज़र से देखा गया।

मध्यकालीन कवियों ने नायिका उस स्त्री को माना, जिसे देखकर पुरुष के मन में श्रृंगार उत्पन्न हो। इस तरह वहाँ हर स्त्री नायिका बन जाती है। स्त्री को इस नज़र से देखने के कारण ही रीतिकाल आलोचना का शिकार बना। स्त्री को मात्र श्रृंगार के क्षेत्र में इन कवियों ने चित्रित किया। पर क्या श्रृंगार की बात करना ग़लत है? क्या साहित्य में सिर्फ़ रीतिकाल में ही श्रृंगार की बात की गयी है? क्या श्रृंगार पक्ष में बात करना स्त्री-आज़ादी की बात करना नहीं होता? क्या स्त्री के सेक्स-सम्बन्धों, उसकी सेक्स इच्छाओं की बात करना ग़लत है? यदि स्त्री के सन्दर्भ में यह ग़लत है तो पुरुष के सन्दर्भ में भी होना चाहिए। किन्तु समाज की पितृसत्ता से निकली आलोचना हमेशा उस साहित्य को ग़लत साबित कर देती है, जिसमें बिना किसी आवरण के स्त्री के अधिकारों, इच्छाओं की बात की जाती है। भक्ति की चाशनी में अश्लीलता प्रस्तुत की जाये तो उन्हें कालिदास से लेकर विद्यापति तक स्वीकार्य हो जाते हैं, किन्तु यदि सीधी बात की जाये तो सहन करने लायक नहीं होती। फिर साहित्य को हम आज भी उसी पैमाने पर कैसे देख सकते हैं, जबकि समाज बदला है। आज समाज में पोर्नोग्राफी तक प्रचलित है और सभी उसे देखना पसन्द करते हैं। हिन्दी साहित्य के एक बड़े भाग को, जिसमें सब कुछ सेक्स आधारित नहीं है, अश्लील घोषित कर दिया गया। आलोचक से लेकर शिक्षक तक इस बात को समझना नहीं चाहते कि रीतिकालीन साहित्य में उस काल की स्त्री की पीड़ा क़ैद है। उसकी विवशता को कवि ने चित्रित किया है, यह कोई नहीं समझना चाहता। बस आरोप है कि इस

साहित्य में ऐसा कुछ नहीं, जिसके लिए इसको पढ़ा जाना चाहिए। रीतिकालीन साहित्य में प्रचलित नायिका-भेद को आज के समय में क्यों पढ़ा जाना चाहिए, यहाँ इस बात को समझने की कोशिश की गयी है।

साहित्य में नायिका-भेद प्रचुर मात्रा में लिखे गये। कवियों का उद्देश्य स्त्रियों को अपनी काव्य-रचना का माध्यम बनाना था। नायिका-भेद की परम्परा बहुत पुरानी है। वात्स्यायन का कामसूत्र नायिका-भेद का पहला ग्रन्थ माना जाता है। "नायिका-भेद सम्बन्धी अन्य ग्रन्थ हैं कक्कोक का 'रति रहस्य', कल्याणमल्ल का 'अनंगरंग' और ज्योतिरीश्वर का 'पंचसायक'। कामसूत्र में रतिभोग की दृष्टि से नायिकाओं के चार भेद किये गये–बाला (12-16 वर्ष), तरुणी (17-20), प्रौढ़ा (21 से 50) तथा वृद्धा (50 से ऊपर)।"[1]

'नायक-नायिका-भेद-निरूपण के दूसरे ग्रन्थ वे हैं, जिन्हें काव्यशास्त्रीय ग्रन्थ कहते हैं। इनमें रुद्रट का 'काव्यालंकार', भोजकृत ग्रन्थद्वय 'शृंगारप्रकाश' एवं 'सरस्वती कंठाभरण' और विश्वनाथ-प्रणीत 'साहित्यदर्पण' विशेष उल्लेख्य हैं। इन ग्रन्थों में नायक-नायिका-भेद-निरूपण शृंगार रस के आलम्बन विभाव के अन्तर्गत किया गया है। इन ग्रन्थों के अतिरिक्त कुछ ऐसे भी ग्रन्थ हैं, जिनमें इस प्रकरण को स्थान तो मिला है, लेकिन नवीनता कुछ नहीं है। ये ग्रन्थ हैं–'अग्निपुराण', हेमचन्द्र विरचित 'काव्यानुशासन', शारदातनय प्रणीत 'भावप्रकाशन', विद्यानाथ कृत 'प्रतापरुद्रीय' तथा शृंगभूपाल रचित 'रसार्णव सुधाकर'। इन्हीं काव्यशास्त्रीय ग्रन्थों के अतिरिक्त कुछ ऐसे भी ग्रन्थ हैं, जिनमें केवल नायिका-भेद-निरूपण ही है। जैसे भानुमिश्र की 'रसमंजरी', रूपगोस्वामी विरचित 'उज्ज्वलनीलमणि' तथा अकबर साहि कृत 'शृंगारमंजरी।'[2]

ऊपर कहा जा चुका है, ऐसी कोई भी स्त्री, जिसे देखकर हृदय में शृंगार का भाव उत्पन्न हो, वह नायिका है। अधिकतर कवियों ने नायिका-भेद की ऐसी ही परिभाषा दी है। पद्माकर नायिका की परिभाषा देते हुए लिखते हैं–

रस सिंगार को भाव उर उपजत जाहि निहारि।
ताही कों कबि नाइका बरनत बिबिध बिचारि।[3]

देव नायिका-भेद को औपचारिक मानते हैं। उनके अनुसार नायिका केवल एक प्रकार की ही होती है। सामान्य गुण (पुरुष को आकर्षित करना, प्रेमरस पिलाना आदि) सभी में विद्यमान होते हैं। इनका भेद-विवेचन तो मात्र कहने-सुनने के लिए है–

तातें कामिनि एक ही, कहन-सुनन को भेद।
राचैं पाचैं प्रेमरस, मेटै मन को खेद।[4]

स्त्री के प्रति कवियों का यह दृष्टिकोण उन्हें आज प्रासंगिक बनाता है।

आज जब समाज कई तरह से विभक्त हो गया है, ऐसे में रीतिकाल के कवि द्वारा हर स्त्री को नायिका बनाना महत्त्वपूर्ण है।

भक्तिकालीन साहित्य में रहीम व गंग नायिका-भेद में प्रमुख माने जाते हैं। दोनों ही कवि अकबर के दरबार में थे, पर इनकी नायिकाएँ एक-दूसरे से बहुत अलग हैं। रहीम की नायिका कहती है-

निस दिन सासु ननदिया, मुहि घर हेर।
सुनन न देत मुरलिया मधुरी टेर।[5]

यहाँ नायिका परेशान है। संयुक्त परिवार है और सास-ननद के कारण कृष्ण की बाँसुरी की आवाज़ नहीं सुन पाती है। यह विवाहिता (ऊढ़ा) नायिका का उदाहरण है। वह विद्रोह नहीं कर रही। नायिका का प्रेम कृष्ण से है पर इस बात का किसी को पता नहीं है। वह घर के कार्यों में लगी कृष्ण की मुरली को सुनना चाहती है, पर सुन नहीं पा रही है। रहीम का नायिका-भेद दरबारी काव्य का अंग ज़रूर है, पर उसमें नायिका का वह स्वच्छन्द, स्वतन्त्र रूप नहीं मिलता। उनकी नायिका सीधी-सादी नायिका है। वाचाल नहीं है। साधारण ग्रामीण स्त्री है। रहीम के समकालीन और अकबर के ही दरबारी कवि गंग की नायिका भक्तिकाल में ही स्वतन्त्र होने लगती है। वह ऐसी नायिका है, जो समाज को ताक पर रखकर कहती है-

मेरी तेरी प्रीति को चबाव चहूँ ओर भयो,
नेक नेक बातन सों मीत कहा डरि है।
नैना जब लागे अन-लागे तो न ह्वैहैं अब,
प्रेम-रस पागे तासों भागे सहा सरिहै।
कहै कवि गंग जो भलाई तें बुराई ओढ़ी,
खोटी-खोटी बातन तें प्रेम-छन्द परिहै।
ताँत जब बाजी तब भन्यो राग-साजी जहाँ,
दोऊ भए राजी तहाँ काजी कहा करिहै।[6]

गंग की नायिका प्रेम में सब कुछ सहने को तैयार है। वह प्रेम में बदनामी से भी नहीं डरती। प्रेम का यदि एक पल मिल जाये तो वह कोई भी बात सहन कर ले, लेकिन मन की अभी हुई ही नहीं, नाम पहले ही निकल गया। यदि क्षण-भर को प्रिय का स्पर्श मिल पाता तो कलंक भी बुरा नहीं लगता। गंग की नायिका कहती है-

प्यासे रहे दृग पापी सदा, न पिये सुख पाइकें पानिप पी को।
भूषन साज अनेक करौ, सु लगे बिन पीय लगै सब फीको।

नाहक हौं बदनाम भई, न भयौ कबि गंग मनोरथ जी को।
जौ छिनहू छतिया लगते, तौ कलंक लगे मोहिं सौगुनो नीको।[7]

रीतिकालीन कवियों (चिन्तामणि, केशव, देव, पद्माकर, भिखारीदास, ग्वाल, मतिराम, रसलीन, भूषन, कृपाराम, जसवंतसिंह, सोमनाथ, कालिदास त्रिवेदी, रसिक गोविंद, प्रताप साहि, अमीरदास, याकूब खाँ, द्विजदेव) ने नायिकाओं के प्रचलित रूप स्वकीया, परकीया, गणिका में सामान्य भेद किये हैं। सभी ने लगभग एक-सी ही नायिकाएँ स्वीकृत की हैं। रीतिकाल के कवि देव ने ना. यिकाओं के अन्य भेद भी बताये हैं। वे मुग्धा, मध्या, प्रौढ़ा के बाद नायिकाओं को उनकी जाति, कार्य के आधार पर बाँटते हैं। किन्तु उन्होंने सभी स्त्रियों को अन्तत: काम के हेतु चित्रित कर दिया है। मतलब वे नायिकाएँ बाज़ार में बैठने वाली अलग-अलग कामगार तबके से संबंधित हैं। पर उनका एक ही उद्देश्य दिखाया गया है, पुरुष को आकर्षित करना। इससे इतर वे उनका कोई उपयोग नहीं दिखाते। फिर भी मध्यकालीन साहित्य में हर प्रकार की स्त्री को नायिका के रूप में लाना बड़ी उपलब्धि है। यह वह समय था, जब साहित्य और समाज दोनों में कामगार तबके को अच्छी निगाह से नहीं देखा जाता था। ऐसे में कवि देव हर स्त्री को नायिका कहलाने लायक बना देते हैं। देव के साहित्य से इस बात को समझ सकते हैं कि तत्कालीन समाज में कितने प्रकार के व्यवसाय थे, स्त्रियाँ किस प्रकार व्यापार करती थीं, व्यापार में उन्हें किस तरह परेशानी आती थी, समाज ऐसी स्त्रियों को किस निगाह से देखता था।

माना जाता है कि रीतिकाल के कवियों ने संस्कृत के काव्य का अनुकरण किया। उनके पास अपना कुछ नहीं था, जिसे वह साहित्य को प्रदान करते। बेशक रीतिकालीन कवियों ने लक्षण तो संस्कृत परम्परा से लिए हैं, किन्तु उनके उदाहरण मध्यकालीन समाज के गर्भ से निकले हुए हैं। रीतिकालीन कवियों ने उदाहरण के लिए प्राय: राधा के मिथ को अपनाया है, किन्तु उसे अपने समय की परिस्थितियों में ढाल दिया। रीतिकालीन कवि कहीं भी रूढ़ हो चुकी परम्परा को नहीं निभाते। यही कारण है कि उनके साहित्य में स्वतन्त्र होती स्त्री दिखाई देती है। रीतिकालीन कवियों की स्त्री ऐसी नहीं है, जो पति के कहने पर अग्निपरीक्षा दे, वनवास चली जाये या हँसते हुए सती हो जाये। रीतिकाल की स्त्री अपने जीवन के मूल्य को समझती थी। इसलिए वह अपने अधिकार के लिए लड़ना जानती थी। आज भी स्त्री इतना साहस नहीं कर पाती कि पति यदि दूसरी स्त्री के पास गया है तो वहाँ पति से लड़ने चली जाये। स्त्री के समाजीकरण ने कभी उसे ऐसा बनने नहीं दिया, जबकि पुरुष को यदि पता

लगे तो वह तुरन्त उस जगह पहुँचना चाहता है। स्त्री को पुरुष अपनी सम्पत्ति समझता है, इसलिए वह ऐसा कदम उठा सकता है। मध्यकालीन कवि पद्माकर स्त्री को इस बात की स्वतन्त्रता देते हैं कि वह पड़ोस में दूसरी स्त्री के पास गये पति को पकड़कर ले आये–

रोस करि पकरि परोस तें लियाई घरै पी कों प्रानप्यारी भुजलतनि भरै भरै।
कहै पदमाकर न ऐसो दोस कीज्यो फिरि सखिन समीप यों सुनावति खरै खरै।
प्यौ छल छपावै बात हँसि बहरावै तिय गदगद कंठ दृग आँसुन झरै झरै।
ऐसी धनि धन्य धनी धन्य है सु वैसो जाहि फूल की छरी सों खरी हनति हरै हरै।[8]

नायिका-भेद के इस अंग के कारण हम यह समझ पाते हैं कि उस समय, जिसे हम मध्यकाल कहते हैं ऐसी भी स्त्रियाँ थीं, जो कोई भी कदम उठा लेती थीं, यह सोचे बिना कि उसका परिणाम क्या होगा। घूँघट में बन्द रहने वाली स्त्री ऐसा नहीं कर सकती। यह कदम वही उठा सकती है, जिसे अपने अधिकारों का ज्ञान हो। अपने अस्तित्व के लिए जागरूकता हो। नायिका-भेद को आलोचक बुरी निगाह से देखते हैं। वे नायिका-भेद के माध्यम से स्त्रियों की दशा को नहीं समझना चाहते, बस आलोचना करते हैं। हिन्दी के परिष्कारक महावीर प्रसाद द्विवेदी नायिका-भेद के बारे में कहते हैं–"जहाँ तक हम देखते हैं स्त्रियों के भेद-वर्णन से कोई लाभ नहीं, हानि अवश्य है; और बहुत भारी हानि है। फिर हम नहीं जानते, क़्या समझकर लोग इस विषय के इतना पीछे पड़े हुए हैं। आश्चर्य की बात है कि इस भेद-शक्ति के प्रतिकूल आज तक किसी ने चकार तक मुख से नहीं निकाला।"[9]

द्विवेदी जी नायिका-भेद को बुरा-भला कहते हैं। मान लेते हैं कि उनकी बात ठीक भी है, पर क्या उस काल के साहित्य में ऐसा कुछ नहीं है, जिसके कारण उसे पढ़ा जाना चाहिए? नायिका-भेद हमें उस समाज में स्त्रियों की जो दशा थी, उसे बताता है। स्त्री का मनोविज्ञान पेश करता है। यह बात हम तभी समझ सकते हैं, जब हम स्त्री की दशा, उसके उत्पीड़न को समझने की ज़रूरत महसूस करें। जिन स्वतन्त्र स्त्रियों की रीतिकाल में कल्पना की गयी है, वह पितृसत्तात्मक सोच वाले समाज को पसन्द आनी मुश्किल है। हमारे प्रिय आलोचकों को खण्डिता नायिका पसन्द आती है, जो अपने पति के दूसरी स्त्री के पास जाने पर चित्रित की गयी है। रोती हुई और मन मारकर बैठने वाली। विद्रोह करने वाली या अपने मन के अनुसार प्रेमी का चयन करने वाली स्त्रियाँ इन्हें पसन्द नहीं आतीं। इन्हें पितृसत्तात्मक ढाँचे में ढली हुई औरत ही श्रेयस्कर लगती है।

मध्यकालीन स्त्री अपना विद्रोह भी साहित्य में दर्ज करवा रही थी। मीराँ ने परम्पराओं के विरुद्ध आवाज़ उठाई, क्योंकि स्त्री को भक्ति का अधिकार नहीं था, किन्तु रीतिकाल की स्त्री किसी अलौकिक दायरे में बँधना नहीं चाहती। उसके लिए यह संसार कोई नश्वर जगत् नहीं है, जिससे मुक्ति की बात वह सोचती हो, बल्कि वह अपने मन की बात करती है। देह की बात करती है। देह की इच्छापूर्ति के लिए कई उपाय खोजती है। भक्तिकाल में स्त्री को सीता बनाकर पतिकेन्द्रित किया गया; वहीं रीतिकाल में स्त्री पति के घर से बाहर जाने पर अपने प्रेमी को घर बुलाने में भी पीछे नहीं है।

नायिका-भेद का मूलाधार सामाजिक-मानसिक स्थिति है। स्त्री की समाज में कैसी स्थिति है, इस पर पद्माकर का ध्यान जाता है। वह ब्याही स्वकीया है या परपुरुष से प्रेम करने वाली परकीया। धन के लिए अपना सब कुछ देने वाली गणिका को भी ये कवि नायिका का मान देते हैं।

भारतीय स्त्री की मन:स्थिति को समझना हो तो नायिका-भेद का अध्ययन करना चाहिए। कई बार घर में संकोचवश लड़की को यौवन की बातें नहीं बताई जातीं। उसे कोई जानकारी इस विषय में नहीं होती। ऐसी बाला को कवि ने अज्ञातयौवना कहा है। जब कोई किशोरी अपने शरीर के परिवर्तनों को समझ लेती है तो उसे ज्ञातयौवना की संज्ञा दी जाती है।

शादी से पहले और बाद में स्त्री-मन में कई डर होते हैं। ससुराल कैसी होगी? पति कैसे स्वभाव का होगा? सबसे ज़्यादा डर उसे शादी के बाद स्थापित होनेवाले शारीरिक सम्बन्धों से होता है। स्त्री का यह डर एक स्वाभाविक स्थिति है, हर स्त्री के मन में यह डर होता है। रीतिकालीन नायिका-भेद में स्त्री-मन के इस पक्ष पर काफ़ी लिखा गया है। स्त्री का यह डर हमारी समाज-व्यवस्था के कारण होता है। समाज स्त्री को काम-सम्बन्धों के बारे में शिक्षित नहीं करता, फलस्वरूप प्रत्येक स्त्री इस क्रिया से पहले भयभीत रहती है। काम-सम्बन्धों के बारे में यदि स्त्री और पुरुष दोनों को पता हो, तभी यह सम्बन्ध ठीक से बन पाता है वरना एक पक्ष से यह रिश्ता जबरन की गयी क्रिया-भर बन जाता है। "वात्स्यायन का कहना है कि संभोग के लिए कामशास्त्र का ज्ञान परम आवश्यक है, क्योंकि यदि स्त्री अथवा पुरुष दोनों में से कोई भी भयभीत, लज्जान्वित अथवा पराधीन होता है तो ऐसे समय जिन उपायों की आवश्यकता पड़ती है, उन्हें कामशास्त्र ही बतलाता है।"[10]

सेक्स का आनन्द लेती स्त्री का वर्णन करते हुए कवि पद्माकर लिखते हैं–

प्रीति रची बिपरीति रची रति प्रीतम संग अनंग झरी में।
त्यों पदमाकर टूटे हरा ते सरासर सेज परे सिगरी में।
यों करि केलि बिमोहित ह्वै रही आनँद की सुघरी उघरी में।
नीबी न बार सम्हारिबे की सु भई सुधि नारि कों चार घरी में।

पद्माकर नववधू को नवोढ़ा नाम देते हैं। ऐसी स्त्री जिसके मन में रति के प्रति बहुत अधिक लाज-डर है, इसलिए वह रति की चाहना भी नहीं करती। 2-3 दिन बाद जब वह अपने पति से कुछ प्रेम करने लगती है तो उसे विश्रब्धनवोढ़ा नायिका कहा जाता है। जब स्त्री की मानसिक दशा पति के प्रति कुछ और परिवर्तित होने लगती है, तब उसे मध्या नायिका और पतिप्रेम को पूरी तरह समझने और स्वयं भी आनन्द लेने वाली स्त्री प्रौढ़ा है। आज का नारी-विमर्श स्त्री-पुरुष सम्बन्धों में स्त्री की भूमिका को महत्त्व देने की बात करता है। महिला रचनाकारों ने अपनी कृतियों में संयोग के दृश्य इस सम्बन्ध के दौरान स्त्री की सकारात्मक भूमिका को दिखाने के लिए रखे हैं। पद्माकर ने रीतिकाल में ही स्त्री की इन भावनाओं को समझ अपनी लेखनी इन विषयों पर चलाई थी। वहाँ स्त्री, पुरुष को स्वामी मान उसकी पूजा नहीं करती बल्कि वह एक सामान्य स्त्री की तरह बर्ताव करती है।

रीतिकालीन साहित्य में चित्रित स्त्री अपने मन को अभिव्यक्त करती दिखाई देती है। जगद्विनोद की नायिका पुरुष को दूसरी स्त्री के पास से आने पर सुनाती है। इन स्त्रियों को पद्माकर ने मध्या अधीरा, मध्या धीराधीरा, प्रौढ़ा धीरा, प्रौढ़ा अधीरा, प्रौढ़ा धीराधीरा में विभाजित किया है। ये विभाजन भी स्त्री की मानसिक दशा को ध्यान में रखकर किया गया है। वह पति का अनादर करती है, प्रकट रूप से रोष दिखाती है तो उसे मध्या अधीरा नायिका कहा जाता है। जब स्त्री इस अधीर स्थिति में थोड़ा धैर्य रखती है, पर अधीर भी होती है तो उसे मध्याधीराधीरा नायिका कहा जाता है। वह स्त्री पति को यहाँ तक कहने का अधिकार रखती है कि तुम वहीं जाओ, जहाँ से आये हो।[11] एक छन्द में पद्माकर लिखते हैं-

कहाँ आये, तेरे धाम, कौन काम, घर जानि
तहाँ जावौ, कहाँ, जहाँ मन धरि आये हो।[12]

यहाँ स्त्री अपने अधिकारों को समझ रही है तभी अपना रोष इस तरह वह पति पर व्यक्त कर पाती है। भक्तिकाव्य में कृष्ण के अन्य स्त्रियों से सम्बन्ध बनाने पर जो स्त्रियाँ उस पर रोष नहीं जता पातीं, वे इस कमी को रीतिकाल में पूरा कर देती हैं-

पलनु पीक, अंजनु अधर, धरे महावरु भाल।
आजु मिले, सु भली करी; भले बने हौ लाल।[13]

यहाँ नायिका व्यंग्य के माध्यम से अपनी पीड़ा को कह रही है। नायक पर उसे रोष है तो वह उसे सुनाती भी है। भक्तिकाल में कोई भी स्त्री अपने पति को इस तरह नहीं कह पाती। उन कवियों की मानसिकता में ही नहीं था कि स्त्री भी पुरुष पर व्यंग्य कर सकती है। वे स्त्री को मात्र ताड़ना का अधिकारी बना देते हैं। बिना इस बात को सोचे कि उसकी मानसिक दशा क्या होती होगी, अपने भावों को कुचलते समय।

पद्माकर ने स्त्री-मन को बख़ूबी समझा और लिखा है। मानो उन्होंने स्त्री का गहरा अध्ययन किया हो और उसे समझा हो। स्त्री के हर एक पक्ष पर वह अपनी लेखनी चलाते हैं। उसके क्रियाकलाप में व्यक्त हो रहे उसके मन को समझते हैं। नायिका होली खेलकर आयी है। भीगे कपड़ों को बदलना चाहती है। इस पर पद्माकर लिखते हैं–

आयी खेलि होरी घरैं नवलकिसोरी कहूँ बोरी गयी रंग में सुगन्धन झकोरै है।
कहै पदमाकर इकंत चलि चौकी चढ़ि हारन के बारन के फंद बन्द छोरै है।
घाँघरे की घूमन सु ऊरुन दुबीचैं पारि आँगीहू उतारि सुकुमारि मुख मोरै है।
दंतनि अधर दाबि दूनर भई सी चापि चौअर पचौअर कै चूनर निचोरै है।[14]

भक्तिकाल में कृष्णकाव्य के अतिरिक्त कहीं भी परकीया (प्रेमिका) को सम्मान की नज़र से नहीं देखा गया है। उनके लिए स्त्री वही अच्छी है जो पति को अपना सब कुछ मानकर उसकी होकर रहे और विवाह के पश्चात् दूसरे पुरुष को देखे भी न। ऐसा हो सकता है कि उसका मन होता हो कि वह भी दूसरे पुरुष के साथ सम्बन्ध बनाये, प्रेम करे। समाज के बन्धनों में बँधी पद्माकर की नायिका पति के परदेस जाने पर प्रेमी को घर पर काम करने के बहाने से बुलाती है। ऐसा करके वह उससे मिलने, देखने का मौक़ा निकाल लेती है। सामाजिक बन्धनों में जकड़ी स्त्री अपनी किन स्थितियों में ऐसा कैसा कर पाती है। कितने प्रयत्नों के बाद उसने इन मौक़ों को सोचा होगा, स्त्री के इस मनोविज्ञान को पद्माकर व अन्य रीतिकालीन कवि भली-भाँति समझते हैं। इसलिए वह इन स्थितियों को बख़ूबी चित्रित कर पाते हैं।

समाज आज भी स्त्री-पुरुष के प्रेम-सम्बन्ध को स्वीकार नहीं करता। प्रेम चोरी-चोरी किया जाये, तब तो चल जाता है, किन्तु प्रेम का पता किसी को चल गया तो समाज उस स्त्री को जीने नहीं देता। समाज को ताक पर रखकर स्त्री प्रेम कर लेती है, पर उसे हर वक्त डर रहता है कि उसके प्रेम का पता किसी को न चल जाये। जगद्विनोद की नायिका, नायक से कहती है–

मुरली लै न बजाइयौ कबहुँ हमारो नाउँ।[15]

रीतिकालीन कवियों ने हर प्रकार की स्त्री को अपने काव्य का विषय बनाया है। ऐसी स्त्री भी है, जो अपने प्रेममय होने पर समाज का डर पाले हुए है और ऐसी स्त्री भी है, जो यह कहने से नहीं डरती कि यह प्रेम अब कभी कम नहीं होगा–

गोकुल के कुल के गली के गोप गाँउन के
जौ लगि कछू को कछू भारत भनैं नहीं।
कहै पद्माकर परोस पिछवारन के
द्वारन ते दौरि गुन औगुन गनैं नहीं।
तौ लौं चलि चातुर सहेली याहि कोऊ
कहूँ नीके के निचोरै ताहि करत मनै नहीं।
हौं तौ स्यामरंग में चुराइ चित चोराचोरी
बोरत तौ बोर्‌यौ पै निचोरत बनै नहीं।[16]

यहाँ हम पद्माकर की नायिका का प्रेम किसी से कम नहीं आँक सकते। अपने प्रेम के बारे में वह कहती है कि उसका रंग अब उतरेगा नहीं, क्योंकि वह प्रियतम के रंग में बार-बार रँगी है, जिससे उसके प्रेम का रंग गहरा, और गहरा होता जाता है। क्योंकि ये समाज की पितृसत्ता के ढाँचे को तोड़ने वाली स्त्री है, इसलिए हम इसे ग़लत कह सकते हैं। लेकिन यहाँ पद्माकर की नायिका समाज में स्त्री की प्रचलित छवि को बदलती है। स्त्री का भी मन होता है कि वह किसी अन्य पुरुष से सम्बन्ध बनाये, पर वह इस काम को कर नहीं पाती क्योंकि समाज नहीं चाहता। पद्माकर की नायिका समाज से विद्रोह करती है। सबके सामने वह प्रेम को स्वीकार करती है।

स्त्री अपने मन को छुपाती भी है और व्यक्त भी करती है। मना भी करती है और पछताती भी है। स्वतन्त्र भी है और प्रेम का अप्रत्यक्ष बन्धन भी है। स्त्री-पुरुष के सम्बन्ध में कलह साधारण बात है। साथ रहते हुए कई भावों का टकराव हो जाता है। स्त्री ने किसी बात पर मान किया, कलह की, फिर मन-ही-मन पछता भी रही है–

बारी बहू मुरझानी बिलोकि जिठानी करै उपचार कितीको।
त्यौं पदमाकर ऊँची उसास लखें मुख सास को ह्वै रह्यो फीको।
एक कहै इनै डीठि लगी पर भेद न कोऊ लहै दुलही को।
ह्वैके अजान जु कान्ह सों कीनो सु मान भयो वहै ज्यान है जी को।[17]

मान करने की हानि स्त्री को ही उठानी पड़ रही है, क्योंकि पुरुष तो स्त्री

के मान करने पर भी ख़ुश है। उसे तो कोई दु:ख नहीं। उसके पास परकीया है, गणिका है। पतिव्रता स्त्री ने मान किया तो उसे दूसरी के पास जाने का अवसर मिल गया। अपना कौन है? स्त्री कितनी दुखी होती होगी। पुरुष की भोगवृत्ति या नयेपन की तलाश ने स्त्री के मन को बहुत पीड़ा पहुँचाई है। आज भी स्त्री की यह स्थिति बदली नहीं है। वह अपने मन की कह भी नहीं सकती, कहेगी तो पति रूठ जायेगा, जिससे उसे मिलने वाला थोड़ा-बहुत प्यार भी छिन जायेगा। मतलब यही कि पति जो करता है, जहाँ जाता है, सब चुपचाप सहते रहो, वरना हानि भी तुम्हीं को उठानी पड़ेगी। ऐसे या वैसे, सहना स्त्री को ही है–"मानवती नायिका चाहे जितना भी तड़पा ले, पर शास्त्रीय दृष्टिकोण से अन्त में उसे मन की शान्ति अवश्य कर लेनी चाहिए अन्यथा काव्य का यह प्रसंग रसाभास और अनौचित्य का विषय बन जाता है। आवेशाधिक्य के वशीभूत हो यदि वह क्रोध में आकर नायक को कभी बाहर निकाल देती है तो उसके चले जाने के बाद कलहान्तरिता के रूप में पश्चात्ताप करना और झुँझलाना ही उसके भाग्य में लिखा रहता है। भला बेचारे नायक का यह सौभाग्य कहाँ कि वह पश्चात्ताप की अग्नि में झुलसता फिरे।"[18]

प्रिय से मिलने की उत्कंठा लिए नायिका संकेतस्थल पर जाती है, पर वहाँ पिया के न मिलने पर उसके मन की मन ही में रह जाती है। किसी से अपने मन की कह नहीं सकती कि पुरुष से मिलने जा रही थी, वह मिला नहीं इसलिए दुखी हूँ। वह कितने बहाने करके घर से निकली होगी। घर से भी अकेली नहीं जा सकती, इसलिए किसी सखी को साथ लिया होगा। उससे भी सच नहीं कह पायी। प्रिय न मिला तो मन की तड़प मन में ही रह गयी–

खेल को बहानो कै सहेलिन के संग चलि
आयी केलिमन्दिर लौं सुन्दर मजेज पर।
कहै पद्माकर तहाँ न पिय पायो तिय
त्यौं ही तन त्वै रही तमीपति के तेज पर।
बाढ़त बिथा की कथा काहूँ सौं कछू न कही
लचकि लता लौं गयी लाज ही की लेज पर।
बीरी परी बिथरि कपोल पर पीरी परी
धीरी परी धाइ गिरी सीरी परी सेज पर।[19]

स्त्री को पुरुष ने घर में बन्द कर दिया और अपने लिए उसने घर व बाहर अनेक विकल्प खोज निकाले। व्यवस्था स्त्री को अधिकार ही नहीं देती कि वह विद्रोह करे। पुरुष इतना उच्छृंखल होता है कि घर में बन्द नारी के पास अपने रतिचिह्नों को लेकर आता है। विवाहिता को समाज इतना हक़ नहीं देता कि वह

अपने पति की इस क्रिया पर कोई प्रतिकूल प्रतिक्रिया दे। स्त्री का समाजीकरण इस बात की अनुमति उसे देता ही नहीं। पुरुष चाहे जो करे, स्त्री को स्वीकार करना ही पड़ता है। रीतिकालीन कवि पद्माकर ने स्त्री के मन की इस विवशता को दिखाया है।

रीतिकाल के कवियों ने गणिका का भी वर्णन किया है। भक्तिकाल में पतिव्रता के अलावा अन्य सभी स्त्रियाँ हेय दृष्टि से देखी जाती हैं। रीतिकालीन कवि गणिका को भी सम्मान से देखते हैं, उसके मनोभावों का वैसा ही चित्रण करते हैं। गणिका अपनी क्रियाओं द्वारा पुरुष को अपने मोह में करती है, ताकि उसे धन मिले। समाज में गणिका के लिए कोई और कार्य स्वीकार्य नहीं है, उसे शरीर ही बेचना है, ऐसे में वह अधिक प्रयास करती है कि अपने कार्यों द्वारा पुरुष को आकर्षित करे। उसका धन के लिए पुरुष को रिझाना स्वयं को ज़िन्दा रखने की प्रक्रिया है। देव लिखते हैं–

चाट उचाट सो चेटक-सी चुकुटी भृकुटीन जम्हात अमेठी।
जोबन के इतराहट सों अठिलात अठोठनि ओठनि ऐंठी।
सौति भई सब नारिन की सगरै नर मोहि मनो मन पैठी।
देव दृगंचल छोरनि सों चित चोरनि यों चित चोरती बैठी।[20]

गणिका अपने कार्य के अनुसार व्यक्ति का चयन करके ही उससे प्रेम करती है–'हम करी तुम सों प्रीति बिचारि।'[21]

इस चयन में नायिका को कितने द्वन्द्व से गुज़रना पड़ा होगा? वह पुरुष को देख-समझकर ही उससे प्रीति रखती होगी। जगद्विनोद में गणिका के इन मनोभावों को कवि ने बख़ूबी चित्रित किया है।

पति के विदेश जाने-आने, दूसरी स्त्री से सम्बन्ध, दाम्पत्य-कलह, स्त्री की उत्कण्ठा, मिलने की आशा लिए स्त्री का सजना-सँवरना, चोरी-छिपे जाना, आदि के समय स्त्री के क्या मनोभाव हो सकते हैं, पद्माकर इन सबको जगद्विनोद में दिखाते हैं। साथ ही वह उन स्त्रियों का भी वर्णन करते हैं, जो पति के दोषों पर ध्यान नहीं देतीं और पति के साथ स्नेह बनाये रखती हैं–

पिय गुनाह चित चाह लखि करै मान सनमान।
ताही तिय कों मध्यमा भाषत सुकबि सुजान।[22]

ऐसी स्थिति में स्त्री को किन मानसिक पीड़ाओं से गुज़रना पड़ा होगा। कवि स्त्री के मन को समझ रहे थे तभी वह उसके व्यवहार को अपने काव्य में स्थान देते हैं। स्त्री वह नहीं जो पति के दूर जाने पर चुपचाप गुड़िया बनी, आदर्शों के तले अपनी भावनाओं.को दबा दे, ऐसी स्त्री आपको समाज में नहीं मिलेगी। मिलेगी तो वैसे ही

दम तोड़ती हुई। स्त्री अपनी बात को कह नहीं पा रही है, पर क्या उसे पीड़ा होती नहीं है? इस प्रकार स्त्री की भावनाओं को रीतिकालीन कवि स्थान देते हैं।

भक्तिकाल की महत्त्वपूर्ण रचना 'पद्मावत' में नायिका में ईश्वर की झलक दिखाई गयी है। रीतिकाल के कवि स्त्री को ईश्वर बनाने की कोशिश नहीं करते बल्कि उसकी दयनीय दशा को बताते हैं। रीतिकाल में स्त्री को केन्द्र बनाकर काव्य-रचना की गयी है। भक्तिकाल में जो स्त्री ताड़ना की अधिकारी थी, वही रीतिकाल में मान करती, प्रेम के लिए अपने प्रियतम को बुलाती दिखाई देती है। वहाँ स्त्री को किसी कवि ने तुच्छ साबित करने की कोशिश नहीं की। रीतिकाल में भले ही परकीया महत्त्वपूर्ण है, पर वहाँ स्वकीया भी अपनी आदर्श स्थिति में दिखाई देती है। रीतिकाल में कवि सामंजस्य करके चलते हैं। स्वकीया और परकीया दोनों को समभाव से वहाँ चित्रित किया गया है। रीतिकाल में नारी पूरी तरह स्वतन्त्र है। वह कामातुर होने पर प्रियतम को बुलाना भी जानती है और यदि उनका प्रियतम किसी दूसरी स्त्री के पास जाकर आता है तो वह उसे सुनाती भी खूब है। कवि उसे ये अधिकार देते हैं कि वह अपने पति (जिसे भक्तिकाल की पितृसत्तात्मक व्यवस्था परमेश्वर बना देती है) को व्यंग्यात्मक स्वर में तथा प्रत्यक्ष रूप से सुनाकर अपना रोष प्रकट कर सके। पद्माकर रीतिकाल के अन्तिम श्रेष्ठ कवियों में से एक हैं।

पद्माकर का जगद्विनोद नायिका-भेद ग्रन्थ है। इसमें पद्माकर ने समाज में व्याप्त स्त्रियों की दशा को मनोवैज्ञानिक और सामाजिक आधार पर प्रस्तुत किया है। पद्माकर किसी एक स्त्री को लेकर काव्य-रचना नहीं करते, बल्कि अलग-अलग स्त्रियों के पक्षों को उन्होंने उभारा है। भक्तिकाल के कवि अवश्य दरबार में बैठकर रचना कर रहे थे, पर उनके द्वारा रची हुई स्त्री घर-घर में मिल जायेगी, जिसका ऊपर वर्णन किया गया है। इन ग्रन्थों के माध्यम से हम रीतिकाल और आज की स्त्री को समझ सकते हैं। ये ग्रन्थ आज के स्त्री-विमर्श को भी काफ़ी सामग्री प्रदान करते हैं। यही इन ग्रन्थों की प्रासंगिकता है। आज भी स्त्री अपने पति के व्यवहार पर सिर्फ़ रो रही है। आज तक हमारे समाज में स्त्रियाँ इसी पीड़ा को झेल रही हैं। स्त्री कदम बढ़ाकर कोई चीज़ तय नहीं कर पाती, क्योंकि समाज की व्यवस्था उसे ऐसा करने नहीं देती। स्त्री आज स्वावलम्बी होने के बावजूद अपने अधिकारों के प्रति सचेत नहीं है। वह आज भी अपने प्रति हो रहे शोषण के ख़िलाफ़ आवाज़ उठाने में समर्थ नहीं है, क्योंकि वह जानती ही नहीं कि वह किसी सत्ता की गुलाम है। आधुनिक सन्दर्भों में जब ऐसी स्थिति है तो मध्यकालीन समाज की स्त्री कितनी मानसिक यातनाओं को सहन करती होगी, यह सहज ही समझा जा सकता है। ये कवि दरबारी काव्य लिख रहे थे और दरबार के लिए लौकिक चीज़ें ही लिखी

जा सकती हैं। यही कारण है कि स्त्री-पीड़ा की अभिव्यक्ति इस साहित्य में हो पायी। यदि रीतिकाल साहित्य में न आया होता तो भक्तिकाल की भाँति रीतिकाल में भी पतिव्रता के रूप में पुरुष द्वारा की गयी निंदा को सहती स्त्री ही दिखाई देती।

सन्दर्भ

1. डॉ. दीनदयाल, देव और उनका रसविलास, नवलोक प्रकाशन, 2004, पृ. 71
2. रामनाथ मेहता, हिन्दी के रीतिग्रन्थों का काव्यशास्त्रीय विवेचन, नेशनल पब्लिशिंग हाउस, प्रथम संस्करण-1993, पृ. 131
3. पद्माकर, जगद्विनोद, सम्पादक विश्वनाथप्रसाद मिश्र, वाणी वितान प्रकाशन, छन्द 11
4. डॉ. दीनदयाल, देव और उनका रसविलास, पृ. 73
5. रहीम ग्रन्थावली, सम्पादक विश्वनाथ प्रसाद मिश्र और गोविंद रजनीश, पृ. 121, पद 16
6. कवि गंग रचनावली, बटेकृष्ण, पृ. 113, छन्द-152
7. वही, पृ. 121, छन्द-192
8. जगद्विनोद, छन्द-70
9. महावीरप्रसाद द्विवेदी रचना-संचयन, भारत यायावर, पृ. 179
10. श्री देवदत्त शास्त्री, आमुख, कामसूत्रम्, वात्स्यायन, चौखंभा संस्कृत संस्थान, वाराणसी, तृतीय संस्करण-वि. संवत् 2039, पृ. 11
11. जगद्विनोद, छन्द-53
12. वही, छन्द-61
13. बिहारी रत्नाकर, जगन्नाथदास रत्नाकर, दोहा संख्या 22
14. जगद्विनोद, छन्द-14
15. वही, छन्द 226
16. वही, छन्द-80
17. वही, छन्द-172
18. हिन्दी साहित्य का वृहत् इतिहास, छठा भाग, पृ. 111
19. जगद्विनोद, छन्द-183
20. डॉ. दीनदयाल, देव और उनका रसविलास, पृ. 162
21. जगद्विनोद, छन्द-170
22. वही, छन्द-274

मैत्रेयी पुष्पा से साक्षात्कार

भेंटकर्ता आरती रानी प्रजापति

प्रश्न : आज के समय में आप रीतिकाल को किस नज़र से देखती हैं?

मैत्रेयी : वह एक शृंगारकाल है जिस तरह से मैंने देखा। जहाँ तक मैंने बिहारी आदि को पढ़ा है, तब से वह 'ब्यूटी पार्लर' तक आ गया है। रीतिकाल में नायकप्रधान कविताएँ कम हुई हैं, उनमें मुझे नायिकाएँ ही याद रह गयी हैं जैसे मुग्धा नायिका, मध्या नायिका। नायक के भी भेद हैं, पर जो मुझे ठीक से याद नहीं, शायद स्त्री होना इसका कारण था। एक सम्मोहन था कच्ची उम्र में। बिहारी के दोहों को पढ़-पढ़कर मैंने शादी करवा ली। इतना प्रभावित हुई कि कहना ही पड़ा कि शादी कर दो। माँ नहीं चाहती थी करना, पर मुझे लगता था कि मैं बिहारी के शृंगार से वंचित रह जाऊँगी। माँ चाहती थी कि मैं सरोजनी नायडू जैसी बनूँ, पर मैं नायिका बनना चाहती थी। रीतिकाल में चित्रित नायिका शृंगारप्रधान है, कर्मप्रधान नहीं। छोटी उम्र में जो लड़की होती है, उसे ऐसा नहीं पढ़ाना चाहिए। पढ़कर उस पर ग़लत असर पड़ता है, जैसा मेरे साथ हुआ। बाल कैसे हों, नख-शिख कैसा हो, आदि। जैसा फ़िल्मों के साथ होता है। लड़कियाँ फ़िल्में देख-देखकर विश्वसुन्दरी बनना चाहती हैं। ऐसे में रीतिकाल का प्रभाव घटा नहीं, बढ़ा है। नहीं तो फ़ैशन परेड, विश्वसुंदरियाँ, विज्ञापन कहाँ से आ गये? पहले जो किताबों में लिखा रहता था, अब वही होर्डिंग्स पर है।

प्रश्न : रीतिकालीन कविता पुरुषों ने लिखी, उसकी आलोचना भी पुरुषों ने लिखी। पर रीतिकाल का अधिकांश लेखन नायिकाओं यानी स्त्री पर है। इस परिस्थिति को आप कैसे देखती हैं?

मैत्रेयी : मैं बार-बार कहती हूँ कि जो पुरुषों ने लिखा, अपने मन से लिखा।

स्त्री के मन से नहीं लिखा। स्त्री लिखती तो इतनी 'टाइप्ड' सजावट वाली नहीं होती। आज भी स्त्री जो शृंगार के माध्यम से चल रही है वह पुरुषों की नज़र से खुद को देखती है। औरत की सोच होती है कि मैं बूढ़ी होकर पुरुष को अच्छी नहीं लगूँगी। ऐसे में मैं प्रश्न करती हूँ कि बूढ़ा पुरुष हमें क्यों अच्छा लगेगा? हम क्यों चाहेंगे उसे? वह क्यों सोचता है कि उसे जवान औरत ही पसन्द है। यह सोच पुरुष-लेखकों ने स्त्री में डाली है। रीतिकाव्य के कवियों ने यह सोच डाली है कि इस सुन्दरता से तुम इधर-उधर हुईं तो तुम्हें कोई पसन्द नहीं करेगा। इसी कमज़ोरी से इंसान मात खाता है। लेखिका भी औरत है और वह वही लिख रही है, जो औरत सोच रही है। रीतिकाल के कवियों ने स्त्री को जाने क्या-क्या उपमाएँ दे दीं। सबसे बड़ा सम्मोहन सुन्दरता का होता है, यह प्राकृतिक भी है और सबसे बड़ी कमज़ोरी भी। मनुष्य इसके पीछे भागता है। रीतिकाल की जो आलोचना हुई, ठीक हुई। लेकिन इन आलोचकों ने क्या यह लिखा है कि इन स्त्रियों को सौन्दर्य के वर्णन से निकालकर कुछ और करवाओ। चाहे वे रामचन्द्र शुक्ल हों या रामविलास शर्मा हों। मैं तब से लेकर आज तक के आलोचकों से यह सवाल करती हूँ कि आपने क्यों स्त्री का दायरा तय नहीं किया कि स्त्री को कहाँ तक जाना है? आलोचकों को कोई रास्ता तो दिखाना चाहिए। एक होता है अवलोकन, एक होती है दृष्टि। आपने कौन-सी दृष्टि दी कि स्त्री को क्या बनना चाहिए। मगर उन्होंने कोई रास्ता नहीं बनाया। ये रचनाकार का ही नहीं आलोचक का भी काम है, लेकिन आलोचक इससे बचते हैं। स्त्री छायावाद में भी इस ढाँचे से पूरी तरह बाहर नहीं निकल पायी। सुभद्राकुमारी चौहान, महादेवी वर्मा में तो घुटन मिलती है। पुरुषों का जो मन आता है वे लिखते हैं। उन्हें कर्मठ स्त्री नहीं चाहिए। छायावाद में निराला ने पत्थर तोड़ने वाली स्त्री को सुन्दर माना। कामायनी में प्रसाद ने श्रद्धा को सुन्दर बनाया है। हम भी उसी में खो गये थे। उस वक्त के लड़के भी वे ही पढ़ते थे। स्त्री को सुन्दर बनाओ, कर्मठ स्त्री अपनी मर्ज़ी की होती जायेगी। सजी-धजी स्त्री पर शासन आसानी से किया जा सकता है। रीतिकाल का जो चलन था, वह यही था।

प्रश्न : साहित्य के इतिहास में रीतिकाल को प्राय: कलंक की तरह देखा

जाता है। साहित्य के भक्तिकाल को स्वर्णयुग और रीतिकाल को कलंक की तरह देखने से आप कहाँ तक सहमत हैं?

मैत्रेयी : कलंक तो कवियों, लेखकों ने ही लिखा है। वे राजाश्रय के कवि थे। उन्हें वह लिखना पड़ता था, जो राजा को अच्छा लगे। उनकी रोज़-रोटी वहीं से चलती थी। भक्तिकाल में कुछ विद्रोही कवि आये, चाहे वे ईश्वर के वास्ते ही विद्रोह कर रहे थे। जो चल रहा था समाज में, उसको उन्होंने देखा। रीतिकाल वालों ने स्त्री को ही देखा। कभी-कभी समाज को भी देखा, पर स्त्री को ज़्यादा देखा। भक्तिकाल ने कुरीतियों पर प्रहार किया, इसलिए हम उसे ज़्यादा अच्छा मानते हैं। मीराँ तो रानी थी, उसने कोमलपन छोड़कर क्यों विद्रोह किया। क्यों वह रैदास की शरण गयी, जो जाति से दलित थे। इसीलिए हम सन्त साहित्य को अच्छा मानते हैं। सारा सन्त साहित्य समाज को, राजघरानों को निशाने पर लेता है। रचनाकार चल रही परम्परा के विरोध में आते हैं तो नया युग शुरू होता है। रीतिकाल उसे घेर-बाँध कर रजवाड़ों में ले आया। कलंक तो नहीं कहना चाहिए, किसी भी रचना को। मुग्ध करती है, कला है उसमें। लेकिन भक्ति तत्त्व की उठान नहीं है। वहाँ स्त्री एक वस्तु है, चीज़, खिलौना है, जो पुरुष का मन बहलाती है।

प्रश्न : भक्तिकाल में पुरुष को भक्ति की पूरी छूट थी, पर मीराँ जैसे ही भक्ति की बात करती हैं, समाज उनका विरोध करने लगता है। ये समाज की कैसी व्यवस्था है? आप इस पर क्या कहना चाहेंगी?

मैत्रेयी : वह व्यवस्था आज तक चली आ रही है, क्योंकि भक्ति के माध्यम से स्त्री बाहर निकलेगी। तब उसे बाहर आने की ही अनुमति नहीं थी। जैसे ही वह बाहर आयेगी, परिवार तोड़ेगी। ये चारदीवारी ही उसका समाज, उसका परिवार है। यह तय किया है हमारी मनुस्मृति ने और वही अब भी चला आ रहा है। जब मीराँ ने राजरानी होकर सन्त और साधु हो जाने का निश्चय किया तो राणा कभी नाग-पिटारी और कभी ज़हर भेजता है मीराँ के पास। इससे तो मर जाये तो अच्छा हो। आज भी ये सब है। या तो जहर दे देंगे या वह खुद ही फाँसी पर चढ़ जायेगी। वह सब गया नहीं है अभी भी। मीराँ का भी विद्रोह पितृसत्तात्मक समाज से ही है। उसी पर उसका निशाना है। तब सती-प्रथा भी थी, उसने कृष्ण को पति माना था, इसलिए सती

नहीं हुई। भक्तिकाल की ऐसी औरत का समाज विरोध करेगा ही, जो अपनी मर्ज़ी से पति चुन रही है। लेकिन कुछ बचाव मीराँ ने भी किया, समाज के कारण पति उन्हें चुनना पड़ा और पति भी कृष्ण, जो किसी को दिखाई न दे। नहीं तो समाज से ही कह सकती थी ये रहा मेरा पति। ऐसा ही महादेवी ने किया, रहस्य में रखा। मीराँ को भक्ति के पर्दे में रहना पड़ा। महादेवी को रहस्य के। ऐसा पुरुषों के साथ तो हुआ नहीं, लेकिन स्त्रियों को करना पड़ा ये सब। ये हमारी पितृसत्ता की देन है, उन्हीं स्मृतियों की देन है। अभी तक चली आ रही है। पुरुष के मन से जाती ही नहीं थी, या स्त्रियों के मन में ऐसा है कि वे भाई-बेटे के मन में ऐसा भर देती हैं।

प्रश्न : आपकी नज़र में रीतिकालीन काव्य की सीमाएँ क्या हैं?

मैत्रेयी : जब रीतिकालीन रचनाएँ हुईं तो उसका कारण इतना ही था कि राजा के आश्रय में कवि थे। हर रचना में अच्छाई होती है। उसमें भी है। स्त्री को भले ही सजाकर, कोमल बनाकर दिखा रहे थे। स्त्री की भावनाएँ कोमल होती हैं, इसमें कोई शंका नहीं है। वह संहार में कम विश्वास रखती हैं। इन चीज़ों को उभारकर लाना चाहिए था। यदि उसकी दशा बताई गयी है, उसको ख़ारिज किया गया है तो उसकी दिशा भी तय करनी चाहिए। ऊपर से सिर्फ़ शृंगार ही नहीं होता, उसके भीतर भी बहुत कुछ है, यह भी बताना चाहिए। जहाँ तक मैंने रीतिकाल पढ़ा है, उसमें बाहरी चीज़ें ही दिखाई देती हैं। नायिका-भेद में स्त्री के लिए ज्ञान की कोई चीज़ नहीं है। ये सारा कुछ शृंगार पर ही आधारित है, इसमें कहीं बौद्धिक तत्त्व नहीं है। जानो तो यौवन के बारे में, न जानो तो यौवन के बारे में; प्रौढ़ा होती है तो शरीर से होती है। बुद्धि से होगी भी तो थोड़ा बहुत। मैं कौन हूँ परकीया या स्वकीया? सारे भेद इसी हिसाब से किये गये हैं कि कब उस पर यौवन आता है? कब वह जाग जाती है? एक खेल की भाँति है यह सब। यह खेल ही मुग्ध करता है। स्त्री का मनोविज्ञान है तो वह भी पुरुष के हिसाब से चलता है और पुरुष को मुग्ध करता है। स्त्री को जो ज्ञान भी दिया गया है वह भी उसके यौवन से ही संबंधित है। हमारे समीक्षकों को इस बात को एक तरफ़ नहीं धकेल देना चाहिए। स्त्री में इसका विस्तार हो सकता है।

प्रश्न : आजकल बड़े-बड़े आलोचक आधुनिककाल तक ख़ुद को सीमित

कर देते हैं। साहित्य के अन्य काल पर वे बात भी नहीं करना चाहते। इस विषय पर आप क्या सोचती हैं?

मैत्रेयी : कई बार मुझे भी ऐसा लगता है। राजेंद्र यादव भी आलोचकों से कहते थे कि तुम महादेवी से आगे नहीं जाना चाहते हो। क्योंकि उन्होंने वही घोटा-पीसा है। इसके आगे क्या हुआ है इसके लिए उन्हें मेहनत करनी होगी। बड़े-से-बड़े आलोचक, रामचन्द्र शुक्ल, रामविलास शर्मा ने भी मेहनत नहीं की। स्त्री के लिए इन्होंने नये आयाम क्यों नहीं खोले। या तो वे मेहनत से बचे या विजन से। ये लोग स्त्री से बचना चाहते थे। हमें कितना बहकाया गया है। रीतिकालीन कवियों ने भी बहकाया और सुन्दर तरीक़े से बहकाया। स्त्री को बहुत भरमाया गया है रीतिकाल में ही नहीं शुरू से।

प्रश्न : भक्तिकाल ने लगातार अपने काव्य में नारी की उपेक्षा की, ताड़ना देने की बात की, इस बारे में आप क्या कहना चाहेंगी?

मैत्रेयी : मैं सहमत हूँ इस बात से। मीरा ने राजघराने से पितृसत्ता से, सन्त-परम्परा से विद्रोह किया। कबीर ने स्त्रियों की बहुत उपेक्षा की, माया महाठगिनी, साँपिन तक कहा। इसका कारण यह भी हो सकता है कि स्त्री के मोह में ये राजा इतने पड़ गये थे कि राजकार्य भूल गये थे। तब कहा गया कि स्त्री से दूर रहो। स्त्री सम्मोहित करती है। यह कहना आपकी ग़लती है। सन्तसाहित्य में भी आयी हैं स्त्रियाँ, पर उनका इतना मूल्यांकन नहीं हो सका। मीराँ के अलावा हमें और कोई याद भी नहीं है। बौद्धधर्म में स्त्री के लिए प्रवेश तो था, पर उसमें भी पुरुष की अनुमति चाहिए। वेश्या के लिए तो अनुमति के बिना प्रवेश था, पर घर की स्त्री को आज्ञा लेनी पड़ती थी। पुरुष आराम से छोड़कर चले गये। गृहस्थ तब टूट जाता है जब स्त्री चली जाती है। किसी भी काल में स्त्री के लिए स्वतन्त्रता नहीं है। भक्ति भी करनी हो तो भी रास्ता आसान नहीं है।

प्रश्न : आपकी नज़र में मध्यकाल का बड़ा कवि कौन है और क्यों?

मैत्रेयी : भक्तिकाल में क़बीर मुझे बड़े लगते हैं। स्त्री के मामले में हों या न हों, राजनीति आदि के तो हैं। कबीर जनता से जुड़े, आम आदमी से जुड़े, इसी कारण उन्हें बड़ा मानती हूँ। रीतिकाल में बिहारी से ज़्यादा अच्छा मुझे कोई नहीं लगता। बिहारी की कला बेजोड़ है, अगर अच्छे से पढ़ा जाये, कला के लिए पढ़ा जाये तो बिहारी से ज़्यादा कलावादी

कोई नहीं है। बिहारी का एक-एक दोहा बहुत बड़ी बात कहता है। उसी का असर था कि हमने जल्दी शादी करने का फैसला लिया।

प्रश्न : आधुनिकता के इस दौर में अश्लीलता की परिभाषा आप कैसे देंगी?

मैत्रेयी : मैंने तो ऐसा बहुत कुछ लिखा है, जिसे अश्लील माना जाता है। एक बार मैनेजर पाण्डेय भी कह रहे थे कि इन विषयों पर मैत्रेयी लिखती रही हैं। बदनाम भी हुई हूँ। पर मैंने विवादों की परवाह नहीं की और ऐसा बहुत लिखा है। अश्लील तो वह होता है, जो आपको अश्लील लगे। सबकी अश्लीलता की परिभाषा अलग होती है। मेरी नायिकाएँ अश्लील मानी जाती हैं, विवाहेतर सम्बन्धों के लिए। वे विधवा होकर भी सम्बन्ध बनाती हैं। पर क्या मेरी नायिकाओं के मकसद अश्लील थे? 'चाक' में प्रसंगवश एक स्त्री परपुरुष से संयोग करती है ताकि उसका आत्मबल लौट सके। क्या एक नपुंसक आदमी को संभोग के ज़रिये साहस देना ग़लत है? दूसरा प्रसंग सारंग का है, वह मास्टर से सम्बन्ध बनाती है ताकि गाँव बचा रहे, क्या ये अश्लील है? 'चाक' पर अश्लीलता का बहुत आरोप लगता है, जबकि ये लड़कियों का बहुत प्रिय उपन्यास है। अश्लील वह होता है, जिसका उद्देश्य अश्लील हो। अगर हमारे लक्ष्य समाज के लिए हैं तो अश्लीलता कहाँ है? जवान अपनी जान दाँव पर लगाते हैं यदि स्त्री ने शरीर को दाँव पर लगा दिया तो क्या यह इतनी बड़ी चीज़ है कि अपवित्र हो गया। मेरे यहाँ अश्लीलता की परिभाषा यह है कि उसका मक़सद क्या है? अश्लील कुछ नहीं होता, अपवित्र कुछ नहीं होता, पर स्त्री के सन्दर्भ में हर चीज़ अश्लील मान ली गयी है।

प्रश्न : रीतिकवियों ने अपने काव्य में प्रचुर मात्रा में नायिका-भेद, नख-शिख वर्णन किया, उनका ऐसा करना आपकी नज़र में स्त्री-विरोधी और अश्लील है? रीतिकाल पर अश्लीलता का आरोप आप कहाँ तक उचित समझती हैं?

मैत्रेयी : उन्होंने नख-शिख वर्णन किया, ठीक है। अगर आज का ज़माना अश्लील नहीं है तो उसे भी अश्लील नहीं कहा जा सकता। उस समय से ज़्यादा चीज़ें तो आज हैं। उन्होंने तो सिर्फ़ लिखा, पर आज साक्षात् दिखाई दे रहा है। बस वहाँ ग़लती यह रही कि स्त्री का कर्मक्षेत्र नहीं दिखाया गया है।

प्रश्न : सामाजिक, आर्थिक, राजनीतिक मुद्दों पर रीतिकाल को आप किस

नज़र से देखती हैं? क्या यह काल आपको समाज से विमुख लगता है?

मैत्रेयी : इसमें समाज तो है ही नहीं। या तो राजे-राजवाड़े हैं या स्त्री है। नायक पुरुष था वह राजा जैसा होता था। फिर भी उसमें राजाओं को भी चुनौती दी गयी। 'अलि कली ही सों बँध्यो'। सारा नख-शिख वर्णन है, लेकिन चेतावनी भी साथ-साथ है। राजा सुनना नहीं चाहते थे यह दूसरी बात है। इतना अनदेखा नहीं किया जा सकता रीतिकाल को। साहित्यिक साज़िश भी होती है, जिसके तहत एक पूरे काल को नकार दिया जाता है। हम उसे इतना ख़ारिज नहीं कर सकते कि उसमें कुछ भी नहीं था। ध्यान से पढ़ें तो उसमें बहुत कुछ अच्छा है। मनुष्य-भावना तो है ही, जो आज ख़त्म हो रही है। उसमें ऐसा जल्लादी पुरुष नहीं मिलता, जो अब मिलता है। स्त्री के प्रति सहृदय पुरुष मिलता है। बिहारी, घनानन्द की नायिकाएँ याद रह जाती हैं। अपने परिवेश, अपनी ज़मीन के प्रति उनमें घनिष्ठ प्रेम है। नीतिकाव्य में भी समाज दिखता है। बिहारी ने भी नीतिपरक लिखा है। उसे लोगों ने भुला दिया। लेकिन श्रृंगार लोगों को भा गया। आज का तो श्रृंगार भी वीभत्स है। शादी में लड़का-लड़की कार्टून जैसे दिखाई देते हैं। उससे वास्तविकता का बोध नहीं होता। वहाँ स्त्री का व्यक्तित्व रुक जाता है। ये अश्लील और वीभत्स श्रृंगार हैं। बिहारी का युग इससे अच्छा था। अश्लील यह सब है, जो आज हो रहा है। अब मेहँदी पूरे हाथ-पाँव पर लगती है, ये सब तो रीतिकाल में नहीं था। बिहारी तो शालीन तरीक़े से बर्ताव कर रहे थे। हर काल बदलाव चाहता है, पर बदलाव सकारात्मक होना चाहिए। आलोचकों को सकारात्मक चीज़ें निकालनी चाहिए। रीतिकाल की आज से तुलना की जाये तो रीतिकाल ज़्यादा अच्छा साबित होगा।

प्रश्न : रीतिकाल में गणिका भी नायिका है लेकिन आज तक समाज में गणिका को कोई स्थान नहीं है। इस पर आप क्या कहना चाहेंगी?

मैत्रेयी : तब गणिका की इतनी बुरी अवस्था नहीं थी। उसको महत्त्व मिलता था और यह पुरुषसत्ता ही देती थी। यह ग़लत है कि पुरुष ने घर में विवाहित स्त्री को रखा और बाहर गणिका को। उनकी बस्तियाँ अलग बसा दीं। आज वेश्या की जो हालत है तब उससे बेहतर थी। गणिका को बुरा तो माना जाता था, क्योंकि पत्नी का महत्त्व था।

स्त्री और गणिका के जीवन में कोई फ़र्क़ नहीं है, बस पट्टा बाँध दिया है। बाक़ी सब वही है। लेखक तो वह होता है, जो समय के पार जाता है, वह नहीं होता जो समय के साथ बँधकर रहता है। स्त्री की कमज़ोरी शृंगार भी है और शादी भी।

प्रश्न : स्त्री-विरोधी काल यानी भक्तिकाल को स्वर्णयुग और स्त्री-समर्थक काल यानी रीतिकाल को नारी-भोग का काल कह देना क्या आपकी नज़र में उचित है?

मैत्रेयी : स्त्री को नज़रअन्दाज़ करना सही नहीं है। सौन्दर्यबोध ही सही, पर स्त्री केन्द्र में तो है। एक तड़प है। जहाँ वियोग है, वहाँ मिलन-आकांक्षा भी है। वे प्रेम करते हैं, उसकी हत्या नहीं करते। ये यह नहीं कहते कि इस स्त्री को घर से निकाल दो। रीतिकाल ने प्रेम, सौन्दर्य दिया है। नायिका-भेद दिया है। पुरुष प्रधान तो है, पर उसमें प्रेम और सौन्दर्य है, किन्तु नारी की निंदा और भर्त्सना नहीं की। आलोचना हमारी समृद्ध नहीं है। एकांगी हो जाते हैं हम। बात करने से कतराते हैं।

प्रश्न : रीतिकाल स्त्री-विमर्श के लिए क्या कोई सामग्री हमें उपलब्ध करवाता है?

मैत्रेयी : स्त्री-विमर्श की परिभाषा हमें देखनी चाहिए। सकारात्मक बातें लेनी चाहिए, जो कहीं से भी ली जा सकती हैं। स्त्री-विमर्श करने वालों पर निर्भर है कि वे कहाँ से क्या उठाते हैं। स्त्री-विमर्श का अभिप्राय हम मानते हैं कि हमें देह की मुक्ति चाहिए। ठीक है पर हम इसका जो मक़सद तय करें, वह विवेक के साथ हो। विवेक या संयम स्त्री-विमर्श के लिए ज़रूरी है। भक्तिकाल से भी सामग्री ली जा सकती है। रीतिकाल ने स्त्री के लिए रास्ते नहीं दिखाए। स्त्री के लिए आत्मनिर्भर होने की चीज़ें वहाँ नहीं हैं। मानुषी प्रकृति तो वहाँ से ले सकते हैं, कर्मक्षेत्र नहीं ले सकते।

प्रश्न : भाषा, अलंकार, छन्द, संगीतात्मकता, लयात्मकता तथा अन्य शिल्पों की दृष्टि से आप रीतिकाल को किस नज़र से देखती हैं?

मैत्रेयी : बहुत बढ़िया, एक्सीलेंट, अद्‌भुत। वरना यह चलता ही नहीं।

❑❑